主编······张全之 熊飞宇

抗战文史研究

第6辑

中国社会科学出版社

图书在版编目(CIP)数据

抗战文史研究. 第6辑/张全之,熊飞宇主编. —北京:中国社会科学出版社,2020.6
ISBN 978-7-5203-3716-8

Ⅰ.①抗… Ⅱ.①张…②熊… Ⅲ.①抗日战争—文史—中国—文集 Ⅳ.①K265.07-53

中国版本图书馆 CIP 数据核字(2018)第 295098 号

出 版 人	赵剑英
责任编辑	张 湉
责任校对	姜志菊
责任印制	李寡寡

出　　版	中国社会科学出版社
社　　址	北京鼓楼西大街甲 158 号
邮　　编	100720
网　　址	http://www.csspw.cn
发 行 部	010-84083685
门 市 部	010-84029450
经　　销	新华书店及其他书店
印　　刷	北京明恒达印务有限公司
装　　订	廊坊市广阳区广增装订厂
版　　次	2020 年 6 月第 1 版
印　　次	2020 年 6 月第 1 次印刷
开　　本	710×1000　1/16
印　　张	17.5
插　　页	2
字　　数	278 千字
定　　价	85.00 元

凡购买中国社会科学出版社图书,如有质量问题请与本社营销中心联系调换
电话:010-84083683
版权所有　侵权必究

编　委　会

主　编　张全之　熊飞宇

副主编　周　勇　周晓风

编　委（按姓氏汉字拼音排序）
　　　　曹顺庆　陈三井（中国台湾）　冯宪光　关根谦［日］
　　　　古田岛洋介［日］　黄万华　黄克武（中国台湾）
　　　　靳明全　李　怡　内田知行［日］　萩原充［日］
　　　　丸田孝志［日］　小川利康［日］　岩佐昌暲［日］
　　　　杨希之　袁盛勇　熊飞宇　张汉良（中国台湾）
　　　　张福贵　张　泉　张全之　张中良　周晓风　周　勇
　　　　朱丕智

辑　刊　辞

《抗战文史研究》丛辑创于重庆，由重庆市抗战文史研究基地主办，乃历史文化及地域特殊性使然。

抗战伊始，中国战时首都重庆即与世界反法西斯战争名城莫斯科、华盛顿、伦敦齐头并肩，闻名于世。扬子江与嘉陵江怒涛澎湃，容纳世界精英，掀起抗日大潮，似奔腾江水，戮寇荡敌，涤污洗秽，奏响曲曲中华儿女悲壮之歌。

本丛辑系展示抗战之歌台，以打造抗战名城，发掘抗战文献，研讨抗战文史，弘扬抗战精神为宗旨。然重庆抗战名城话语当下仍未进入世界主流，殊为珍贵之抗战文献亟待整理，研究抗战文史有待深化，凝聚民族活力之抗战精神亟须发扬光大。鉴于此，本丛辑吁请海内外专家学者，无论何种学术流派，何种文化背景，趋于本丛辑宗旨，均可来此叱咤抗战风云，施展风貌才华；更盼有志于传承"抗战烽火"并以之潜心攻读博士硕士学位之学子，激扬文字，续写华章。

《抗战文史研究》暂定每年一辑，翘首以待同仁共筑抗战学术之长城。

目 录

抗战文艺与文艺理论

"没有意识形态斗争的战争是不可想象的战争"
　　——论《新华日报》在中国共产党党报体系中的
　　　　特殊地位与宣教特色 …………………………… 张育仁(3)
从《文艺论战》看三民主义文艺政策的论争 ……………… 熊飞宇(19)
论大后方小说题材的阶段性特征
　　——以《抗战文艺》为中心 ……………………………… 何　瑶(35)

抗战重庆

中国文化转型与陪都战时大学 ……………………………… 郝明工(51)
抗战时期重庆儿童文学期刊述评 …………………………… 黄轶斓(69)
抗战时期郭沫若与"孩子剧团"(1938—1942) ……… 付冬生　刁雨薇(88)
论刘盛亚抗战文学的叙事结构 ……………………………… 张　莉(102)
作为政治传播媒介的陪都电影及其叙事策略 ……………… 董　广(115)

国际视野下的抗战研究

西班牙反法西斯战争中的重庆英雄谢唯进 ………………… 刘　黎(127)

比较文学

抗战时期中国文学文本中的日本女性形象 …………… 刘晓琴(141)
抗战文学中的日军战俘形象 ………………………… 金安利(150)

抗战历史研究

抗日战争两个重要问题的历时认识(1949—2017) ………… 唐　旭(165)
试论中共中央南方局与新四军
　　——兼谈长江沿岸委员会、长江局对新四军组建和
　　　　发展的贡献 ……………………… 郑洪泉　王明湘(178)
重庆大轰炸档案文献采择之一
　　——《轰炸经过与人员伤亡(区县部分)》述评 …… 闫　峰　王兆辉(208)

研究生论坛

丰富多样的战时人物速写
　　——论抗战时期上海《孤岛》周刊中的
　　　　人物通讯 ……………………… 蔺玉娇　李文平(219)
论力扬抗战诗歌的美学特征 …………………………… 赵爽静(228)
论赵清阁"抗战＋恋爱"的小说创作
　　——以长篇小说《月上柳梢》为例 ……………… 徐　璐(237)
浅析《财主底儿女们》中的知识分子形象 …………… 唐　静(248)

信息传真

国家社科基金重大招标项目"抗战大后方文学史料数据库建设研究"
　　开题报告会成功举行 …………………………………… (263)

稿　约

《抗战文史研究》诚约稿件 ……………………………………… (269)

抗战文艺与文艺理论

"没有意识形态斗争的战争是不可想象的战争"
——论《新华日报》在中国共产党党报体系中的特殊地位与宣教特色

张育仁

中国共产党的党报体系是在其"党报思想"的指引下逐步建构起来的。中国共产党的"党报思想"从建党之初,就一直秉承了马克思、列宁和斯大林的一系列原则,并在其办报实践中得到全面的理解和贯彻。这些有关党性原则的内容主要包括如下一些要点:一、党报首先必须是政治性机关报,应成为"党的旗帜";二、党报必须遵守和阐释"党的纲领和策略原则",必须按"党的精神"进行采编和宣传工作;三、党报不仅是开展对敌斗争重要的政治阵地和思想武器,同时也应该是开展党内斗争的"强大思想武器";四、党报必须"在党的领导和监督下开展工作"。总而言之,党报的阶级性和党派性必须鲜明。特别是列宁在《党的组织和党的出版物》一文中关于"报纸应当成为各个党组织的机关报"[①]的党性原则,更是成为"党报思想"的一大重要原则和最基本的办报方针。因此,抗战期间,中国共产党在国民党统治中心创办的《新华日报》就是坚持这一"党报思想"的重要原则,即充分体现民族精神和国家形象,又具有比较鲜明的党派属性,亦即既高举统一战线旗帜,又坚守"独立自主"立场——这样一份新型的抗日党报。这在中国

---

① 中共中央马克思、恩格斯、列宁、斯大林著作编译局编译:《列宁全集》第12卷,人民出版社1987年版,第97页。

共产党的办报历史当中是为数不多的。《新华日报》在整个抗战时期的政治文化宣教活动，使其办报特色的发挥和政治文化地位的巩固，得到了彰显而又不可摇撼。其重要的历史贡献主要体现在这么几个方面：一、极大地促进了抗战文化的建设和发展；二、积极地启发和提高了各界民众的政治觉悟和民族意识；三、对战时民生、民主建设、民权维护、反对新闻和言论统制等等方面，进行了客观反映和恰当的舆论引导。特别是第三点，过去一直被许多的研究者所忽略。这是很不应该，也很不客观的。事实上，这一点相当重要。因为这种努力既顺应了中华民族从争取民族独立到争取民主建国的历史文化流变主潮，又极大地推动和引领了中国社会和文化的现代转型。

一 《新华日报》在中国共产党党报体系中的特殊地位

列宁的这一纲领性原则，长期以来得到中国共产党领袖和各级党组织的高度重视，并积极用以指导其报刊宣教实践活动。1921年，中国共产党"一大"通过的第一个决议案中，就明确规定了党报"须有中央执行委员会或临时中央执行委员会经办"，并强调"应有党员直接经办和编辑"，以确保党报的"无产阶级性质"的重要原则内容。这些内容，在中国共产党后来的许多有关决议、通知和报告等文件，以及党的领袖人物的演讲和文章中，一再予以重申和强化。毫无疑问，抗战初期筹办的《新华日报》就是秉持这些重要的党性原则，以"统战"的面目和姿态出现的一份新型党报。

在抗战期间，特别是1942年的"延安整风"运动中，根据各"解放区"新闻宣传工作中存在的问题和实际需要，中国共产党领导机关及其主管部门中央宣传部，又就新闻宣传工作的方针和原则等问题，做出了一系列的指示和规定，如《中宣部为改造党报的通知》《中共中央关于根据地统一对外宣传的第二次指示》《中共中央关于报纸通讯社工作的指示》，以及《中共中央西北局关于〈解放日报〉工作问题的决定》，和这个时期毛泽东、刘少奇等领袖人物的文章、讲话和指示等，从而形成和强化了中国共产党关于新闻宣传工作"党性原则"较为系统的思想观点。尤其是列宁和斯大林关于报刊工作应该是培养和选拔"党的最能干的宣传员"和"最熟练的组织者、最具有天才的党的政治领袖"的政治理念，成为抗战时期，既坚持统一战线，又强调"独立自主"原则下，办好党报的重要指导思想，并在抗战宣教实践中得到了创造性的理解和发挥。后来，毛泽东提出的"政治家办报"的思想，无疑是中国共产党"党报思想"的集中概括和提示。事实上，运作在国统区的《新华日报》就是既坚持统一战线，又强调"独立自主"原则的一个成功范例。因为其所处的特殊地理空间和政治文化环境的不同、所面对的读者群体的不同，这就使得它的地位相当特殊：它在具体的运作当中既坚持党性原则，又有策略上的奇妙性和灵活性。

中国共产党党报体系的创立和发展，有一个长期的实践过程。1921年，《新青年》改组为中共中央的理论刊物，这是中国共产党掌握的第一份机关刊物。而此前于1920年创办的《共产党月刊》和《劳动界》《劳动者》等通俗报刊，则是正式组党前具有"机关报"性质的先期试验。从1922年中国共产党"二大"以后，党中央一级的机关报刊，如《向导》《前锋》的相继出版发行，掀起了中国共产党的第一次党报党刊创办热潮，并由此形成了中国共产党初期的党报体系。这一时期，各地方党组织和共青团组织先后创办了一些较有政治宣教影响的报刊，如《政治生活》周刊、《人民周刊》《中州评论》《人声》《中国青年》《平民之友》《青年工人》《劳动青年》《少年先锋》《烈火》《北方青年》《湖南青年》，以及旅欧共青团组织创办的《少年》月刊和《赤光》半月刊等。与此同时，中国共产党领导下的"中国劳动组合书记部"及地方分支机关创办的工人报刊，为数就更为可观。第一次国共合作时期，中国共产党的党报体系得到了进一步的深化和扩展。特别是随着中国共产党领导的工人运动、农民运动、学生运动、妇女运动和军人运动等各类群众性政治运动的开展，配合这些运动蓬勃开展的各类党报党刊性质的"群众报刊"也呈现出繁荣之势，为中国共产党"党报思想"的形成和完备，提供了充足的实践依据。1927年，国民党"清党"以后，中国共产党的党报体系受到严重的打击，其办报活动随之大规模转入地下状态。这一期间，中国共产党先后在上海创刊和复刊了《布尔塞维克》《红旗》周刊、

《上海报》《红旗日报》《无产青年》《中国工人》等党报党刊,并明确提出了"在现在阶级社会里,报纸是一种阶级斗争的工具"的办报主张。这一时期,在"苏区"出版的报刊约有160余种之多,其中,以《红色中华》报、《红星报》和《青年实话》等最为著名。

抗日战争爆发后,中国共产党掀起了第二次办报高潮。在重建党报体系的过程中,中国共产党的党报事业也随着战争的进程不断走向成熟。早在1937年初,中国共产党为了团结抗日,将其中央机关报《红色中华》主动改名为《新中华报》,同时还创办了中央委员会主管的理论刊物《解放》周刊,并且于1938年首次在国民党统治区创办了公开合法的机关报《新华日报》。1939年,中共中央发出指示,要求"各抗日民主根据地尽快建立起一个以党的机关报为中心的抗日民主报刊系统",《共产党人》《八路军军政杂志》《中国青年》《中国妇女》《中国工人》《中国文化》和《边区群众报》,以及各"抗日根据地"先后创办的《晋察冀日报》《抗战日报》《大众日报》《抗敌报》《拂晓报》《江淮日报》《盐埠报》《东江民报》《前进报》《抗日新闻》《满洲红旗》《人民革命军报》《青年义勇军报》,以及《新华日报》华北版和太行版等等,都是积极响应这一号召的产物。特别是1941年5月,《解放日报》作为中共中央机关报的正式创刊,始形成重建之后政治宣传力度更为强大的党报体系。

中共党报体系的重建和"党报思想"在"民族革命战争"中的进一步深化和完善,特别是以《新华日报》为杰出代表的报业实践,不仅极大地丰富了抗日战争中中华民族的政治文化实践智慧,提供了战争宣传的独特经验和艺术手段,而且还极大地丰富了中国抗战文化的政治思想内容,为中国的现代化转型,特别是民族化的舆论传播政策及制度的建立,提供了有益的尝试和文化研究价值。

二 大后方公开合法的中国共产党抗日大报

《新华日报》是抗战时期中国共产党在国民党统治中心,即国民政府法定战时首都重庆,公开合法出版的唯一的全国性大型日报。这张具有特殊政治文化传播意义的报纸,是积极倡导抗日民族统一战线的一面醒目的旗帜。它是一份党报,但它又庄严宣誓:"本报愿将自己变成一切抗日的个人、集团、团体、党派的共同喉舌"①,也就是说,它愿扩大胸襟,作四万万人的"公共言论机关"。在中共中央南方局的领导下,它不仅发挥了民众喉舌和抗战号角的战斗作用,而且还是全面和具有创造性地实践马克思、列宁主义和斯大林思想的"党报思想"典范。《新华日报》是国共合作的产物,也是国共合作的象征;在战时首都多元化传播格局中,它所处的位置和扮演的角色十分重要。由于它的积极加入,中国抗战新闻与文化传播史的面貌,才因之有了生动和深刻的历史性变化。它还是国统区民众和国际社会了解和认识中国共产主义运动、中共边区及各"抗日根据地"的重要信息窗口。

《新华日报》于1938年1月11日正式在汉口创刊。此前,自1937年2月始,国共两党经过长达八个月的谈判,终于达成团结抗日的协议,国民党承认中国共产党的合法地位,两党重新合作成为现实。《新华日报》正是两党重新合作的成果之一,也是国民党承诺停止内战,给全国各党派、各民众团体以言论、集会、结社自由的具体体现。根据两党协议,国民党开释了一大批中国共产党"政治犯"。该报最早的一批骨干就是从中挑选出来的。这批"政治犯"中主要有潘梓年、章汉夫、钱之光、杨放之、徐迈进和袁冰等人,大多是三十年代"左联"时期的中国共产党文化人及报刊宣传能手。

最早的编委会成员主要有潘梓年、华岗、章汉夫、杨放之、楼适夷、陆诒等,总经理由潘梓年担任,1938年5月,由熊瑾玎接任,潘改任社长,华岗任总编辑;稍后增加吴克坚为总编辑,章汉夫任编辑部主任,杨放之负责写评论,石西民负责国内新闻版,何云负责国际新闻版,楼适夷负责《团结》副刊,许涤新负责经济新闻版以及《群众》周刊,陆诒任采访部主任,印刷部、营业部等分别由张尔华、寿松涛和易吉光担任。该报创刊后,很快就在西安、临汾、广州、成都、重庆设立了分馆,同时还在郑州、洛阳、潼关、长沙、南昌、黄陂、宜昌设立了分销处。到1938年8

---

① 《发刊词》,《新华日报》1938年1月11日第1版。

月，日销量已达 3000 余份，在国内外已有相当的影响。当时，苏联《真理报》以"中国人民最喜爱的报纸"为题，对其进行了热情的评价；外国驻华记者经常性地从该报获取各种信息，外报也经常性地转发该报的新闻报道和评论文章。

初创时期的《新华日报》主要是向国统区的军民及国际社会传播中国共产党的抗日主张、政策和党中央的文件，特别是中国共产党领袖人物毛泽东、张闻天、周恩来等人的文章和演讲，主要是围绕坚持抗战、坚持抗日民族统一战线、坚持持久战等为国内外读者关注的重要话题进行宣传和解析。如其在《发刊词》中所承诺的那样："愿在争取民族生存独立的伟大斗争中作一个鼓励前进的号角"；"勇敢地尽其报急的警钟的功用"；"无情地抨击一切有害抗日与企图分裂国内团结之敌探、汉奸及托派匪徒……"①中共中央在该报创办一周年时的贺电中表彰道："一年来，《新华日报》正确执行了中国共产党的路线，坦白地反映了中国同胞的意志。"

《新华日报》从创办伊始就恪守中国共产党一贯提倡的"全党办报"原则，严格按照 1938 年 4 月 2 日中共中央颁发的《关于党报问题给地方党的指示》精神行事。在这份指示中，《新华日报》和《群众》周刊、《解放》周刊，定位为"全国性的党报和杂志"，强调其既是"党的喉舌"，又是"全国民众的呼声"，因而在办报宗旨上突出其"为巩固扩大抗日民族统一战线服务"；在办报思想上，强调"读者第一位"，尤注重通讯员制度的建立和坚持"依靠群众办报"传统的发扬；在营业方针上，重视在商品化的大都市中，对报纸商品属性的认识，承认市场竞争，并逐步掌握其规律，既是办党报，又是办企业。因此，大胆探索不同于"根据地"和"边区"办报的路子，联系国统区实际，勇于打开局面。

1938 年 7 月，日寇已迫近武汉，中共中央长江局根据延安的指令，并根据"撤到新的阵地发展力量"的精神，做出了《新华日报》分批迁移的决定。首批迁移队伍由熊瑾玎率领，为移驻重庆出刊做好先期准备工作；第二批由杨放之、何云带队，撤往西安，筹备西安版；第三批由华岗、徐

---

① 《发刊词》，《新华日报》1938 年 1 月 11 日第 1 版。

光霄带队，押运机器设备和有关物资到重庆，加强重庆版出版力量；第四批由潘梓年率领，乘轮船赴川，其余人员分派到后方各大中城市，建立分销机构和采访据点。1938年10月23日下午，该报最后一批人员乘坐的"新升隆"号轮船行至湖北嘉鱼县燕子窝，不幸被寇机炸沉，报馆遇难人员共计16人。侥幸脱险的人员于同年11月23日全部到达重庆。报社最后一批人员抵渝为1939年1月14日。大部队走后，陆续留驻武汉坚持武汉版出刊工作的尚有章汉夫、吴克坚、林肖峡、朱世纶、金映光等五人。

三 抗战中坚民族喉舌及强大的采编阵容

《新华日报》移驻重庆后，于1938年10月25日在战时首都出版了它的第一期报纸。与此同时，武汉版也在抗日的战火中与重庆版一并推出。到1947年2月28日，《新华日报》在国统区共存在了八年零四个月。

《新华日报》创办之初，即在《大公报》《武汉日报》等报刊上以显著位置刊登广告，向全社会昭示其办报宗旨和基本的资讯格局："本报任务是：团结全国抗战力量，巩固民族统一战线，发表正确救亡言论，讨论救亡实际问题；内容有：社论短评、战地通讯、电讯要闻、特约专论、本市消息、警辟副刊、救亡情报、星期文艺"，并强调它"是抗战中坚，民族喉舌，是非常时期人人必读的报纸"。移驻重庆后，其基本的任务、宗旨和格局都很好地承续下来。

该报长江局和南方局时期，社长都为潘梓年；先后担任总编辑的有：华岗、吴克坚、章汉夫、夏衍、张友渔、熊复；编辑部以下，分设新闻编辑室、采访部、副刊编辑室、资料室、校对室、社会服务处等。有段时期，还设有研究室。编辑委员会由总编辑和各分设机构负责人共同组成。先后在编辑室和采访部工作过的有何云、楼适夷、杨放之、胡绳、徐迈进、张国泰、曹若茗、毕朔望、石西民、许涤新、朱世纶、戈宝权、徐光霄、陆诒、孟秋江、陈克寒、乔冠华、廖沫沙、张黎群、李慎之、沈国光、范元甄、李普、刘白羽、林默涵、周而复、邵子南、胡乔木、李亚群、漆鲁鱼、龚澎等近一百多名，大多是在中国共产党革命史和政治文化传播史上产生过一定影响的人物。潘梓年既是《新华日报》的社长，也是

《群众》周刊的主编;但实际负责《群众》周刊的是许涤新,戈宝权和乔冠华等为副主编。新华社重庆分社也设在该报编辑部内,内部称其为"电台",为编辑部的一个部门,社长为熊复,实际负责人为陈文,分社人员主要由武英、孟心田、陶浩、彭瑾等十余人。

《新华日报》移驻重庆后,为了建立广泛的社会联系,以便迅速打开局面,特举办了一次宴会,邀请驻渝各军政机关社会团体及各界知名人士共100余人。程沧波在讲话中说:"在这个宴会上,各党各派各界人士济济一堂,实在是全国精诚团结的具体表现,所以我觉得中国的前途非常光明……我希望大家在民族至上、国家至上的原则之下,为三民主义之实现共同努力,以期抗战必胜,建国必成。"① 通过这类联谊活动,《新华日报》广交朋友,增强团结,收到了很好的社会效果,为其在抗战陪都站稳脚跟,打下了坚实的社会情感基础。

《新华日报》在重庆期间的作为,从大的方面来讲,主要是致力于新形势下,针对中国共产党工作重点的转移,开展舆论宣传工作,扩大中国共产党在国内和国际的影响。用毛泽东的话来说,就是:在军事战线上,要把主力放在开辟"敌后抗日根据地";在文化战线上,"要夺取全国性的舆论阵地,在国民党统治区办好党报党刊",他还特别强调:抗战中的紧迫任务,就是要"搞好办学校培养干部和办报宣传党的主张这两件大事";周恩来认为:"这是确保中共在抗日民族统一战线中牢牢掌握政治领导权的根本条件。"② 因此,从政治文化传播与宣教的实质来看,《新华日报》所有的工作都是围绕中国共产党这一宏大的政治文化战略而展开的。所以,毛泽东等中国共产党领袖从战略的高度评价该报,认为它是中国共产党在国统区的"一个方面军"。

《新华日报》的传播与宣教业绩是多方面的,主要体现在着力宣传中国共产党的"全面抗战和坚持持久战"的路线;支持和推动蒋介石和国民政府坚持长期抗战;全面、忠实、客观地记录和报道正面战场和敌后游击战争;积极鼓动和支持以工人、学生为主体的救亡运动;积极开展国际统

---

① 《新华日报》1939年1月27日。
② 熊复:《周恩来与〈新华日报〉》,《南方局党史资料》1988年第2期。

一战线工作；积极开展党内斗争，特别是"与王明机会主义的斗争"等，这样一些宏大叙事的方面。

《新华日报》创办之前，国内曾一度弥漫着一股浑浊的"亡国论"妥协气息。以汪精卫为代表的亲日派不断散布"再战必亡，非求和不可"的消极妥协论调。为此，毛泽东在延安《解放》周刊1937年第12期上，有针对性地发表了《反对日本进攻的方针、办法和前途》的专论。《新华日报》从创刊之日起，即根据毛泽东的战略思想，连续刊发多篇社论和专论进行深入浅出地解读和呼吁，主要篇什有：《动员全体人民参加抗战》《论抗战时期的民众运动》《动员全国人力物力财力增强抗战力量》，以及《抗战中的民权主义》《抗战与改善民生》《建立广大民众武装》《加强民众组织》等等。它还强调：民力要在民族意识发扬、民权自由的增进中才能焕发。而集会、结社和言论出版自由，乃是增进和发展民力的首要。抗日团体只有取得合法地位，才有可能促进民众运动发展，有机地配合国民政府的政略和战略；政治民主于动员民众之关系尤为重大而密切。"凡不违背三民主义原则，依照《抗战建国纲领》和政府法令进行救亡工作的团体，政府应当承认其合法，并给予支持。"[①]

应该说，这些思想、方针和原则，不仅正确，而且卓越，是建立在对中日战争冷静、客观分析与透视的基础上的。这种正确、理性又充满民族情感的舆论动员，既体现了民族的实力，也体现了中国共产党的实力。移驻重庆以后，《新华日报》继续坚持这一舆论动员思想，在批评"亡国论"的同时，更集中对"速胜论"盲目乐观的社会思潮进行批评和引导。与这一时期，即台儿庄大捷之后，在国内，尤其是在重庆及大后方民众动员中，一些政府报刊和民众报刊所持有的兴奋和盲目乐观意态大异，《新华日报》的报道和言论的确显示出中国共产党在总体政略和战略背景之下的理智和冷静，体现出中国共产党"言论机关"与其他党派和民间"言论机关"，在对战争态势的分析与把握上的一些区别。

[①] 《新华日报》1938年4月15日。

四　民族解放伟大史迹的忠实记录者

在支持和推动蒋介石和国民政府坚持长期抗战的舆论策应中,《新华日报》也做过积极的努力,给予竭诚的配合。早在始创之初,便多次在社论中摘引或转述蒋介石的"抗战警语",并作正面的评价和深入的阐释。如蒋介石《告国民书》中的警语:"今日大祸当前,义无反顾,故为抗战全局最后之胜利,今日之形势,毋宁谓于我有利,且中国持久战,其最后决胜之中心,不在各都市而实寄于全国乡村与广大强固民心",就得到该报的高度肯定和赞扬。该报还坚持以团结抗战为焦点话题,不断刊发社论反复强调"团结则生,分裂则死"的战略思想和原则,指出:只有加强国内团结,巩固抗日民族统一战线,我们才能挽救时局;只有不断扩大全民族的团结,我们才能抗战到底。而国共合作是抗日民族统一战线的重要基石。《新华日报》在刊发国民政府及最高军事委员会的政令、文告时,尤其注重对其中反对投降、抵拒日寇诱和方面的内容,进行旗帜鲜明的支持、拥护和鼓励。如,就国民政府发表的《全力维护领土主权完整,暴力之下绝无和平可言》的重要声明,以及蒋介石就此发表的谈话,该报及时撰写社论《国民政府的重要声明》,站在国家民族的正义立场上,明确而坚决地予以支持和拥护。

移驻重庆后,该报更不惜以大量的版面和重要位置,经常性地刊发国民政府和蒋介石等军政要员"坚持抗战、团结御侮"的演讲、谈话、题词和专访,如蒋介石关于抗战政略的通电,以及给国民党各省党部关于"激励同胞奋起报国"的指令;如孙科、孔祥熙、邵力子、张治中、白崇禧、陈诚等人的抗日言论;如冯玉祥、柳亚子等国民党左派人物的言论和诗文,都是《新华日报》格外重视的、有利于"团结抗战、共同御侮"的宣传依据。不仅如此,该报还专辟有"友声"专栏,经常性地刊发其他党派的声明、通电,特别是这些党派领导人的抗日政见和言论;文艺界、工商界、新闻传播界,以及工运、青运、妇运组织和团体的抗日爱国呼吁和建议、要求等,努力将各个社会政治文化层面、各个社会利益群体的呼声和意见全都毫无保留地予以刊登,并表示肯定和支持的态度。"《新华日报》

的工作人员，几乎人人会做统战工作，个个广交抗战朋友。他们专访国民党上层人士，举办茶话会、酒会等，与社会各界广泛接触，广结人缘，争取他们投入到抗日救亡的洪流。"① 这些颇具匠心和创意性的舆论动员和策应活动，无不显示出中国共产党在构建战时国家意识形态，影响官方政略方针和战略决策方面所做出的积极努力；另一方面，也显示出在政治文化多元呈现的抗战时期，中国共产党所构建的这个资讯和言论平台，不仅经受住了读者市场需求的考验，而且还大大增加了其舆论引导能力，最终奠定了其作为陪都时期重要的和不可替代的舆论领袖的地位。

1939年7月，为配合中国共产党中央委员会《纪念抗战两周年而发表的时局宣言》，《新华日报》在舆论引导中呼吁"坚持抗战到底，反对中途妥协；巩固国共团结，反对内部分裂；力求全国进步，反对向后倒退"的政略主张，就很快得到广泛的社会回应和拥护。该报针对汪精卫集团叛国投敌而发表的一系列言论，如《声讨汉奸汪精卫陈璧君通电》和《卖国贼不容逍遥法外》，以及《抗战到底反对投降》《严防敌人造谣中伤和挑拨离间》等，不仅在陪都舆论界获得了"政治正确"的好评，而且对大后方乃至全国民众而言，其舆论领袖的地位不断上升，并得到了进一步的巩固。

诚如《新华日报》所昭示的那样，它不仅仅是"党的喉舌"，而且更强调它自己是"一切抗日的个人、集团、党派的共同喉舌"。这样的身份和定位，决定了它在抗战资讯传播中，以真实、客观、全面和负责的态度，去忠实地记录和报道全民抗战的动态和业绩。在舆论引导中，它不会只满足于作一份"言论纸"，而力争去作一份"新闻纸"；强调用"事实性意见"，即真实、客观、全面和负责的报道，去引导和征服受众；用"事实性意见"去印证和支持它的"观念性意见"，因为只有遵循新闻规律，才能收到更好的宣教和引导效果。

正因为如此，该报非常重视战地新闻的传播价值。它将大量的战地记者派往抗日前线进行采访，其中一小部分被派到中国共产党控制的敌后战场，而绝大部分都被派往国民党军担负的正面战场。在移驻重庆之前，

---

① 重庆抗战丛书编委会：《抗战时期重庆的新闻界》，重庆出版社1995年版，第51页。

"不仅派出的前线记者是国统区各报最多的;报纸刊登的战地消息、通讯,也比一般报纸及时、活跃。九个月内,仅战地通讯就有一百多篇。其中报道台儿庄战役和徐州战役的,就达三十篇之多"①,忠实地履行了其创刊时向全国军民所做的庄严承诺:

> 本报愿为前方将士在浴血苦斗中,一切可歌可泣的伟大的史迹之忠实报道者、记录者;本报愿为一切受残暴的寇贼蹂躏践踏的同胞之痛苦的呼吁者、描述者。②

因为"抗日高于一切,一切服从抗日"的新闻报道思想,是必须尊重而不允许犹疑的。在报道中国共产党所领导的各敌后抗日游击战场战况的同时,国民党各大战区,特别是近二十次大的会战,它都做了及时和客观的报道。当然,在报道正面战场"可歌可泣的伟大史迹"的时候,也同样忠实、客观地披露国民党军队的一些失误和弊端。如,1944年3月,日军为了打通大陆交通线,以扭转其在太平洋战争中的被动局面,因而发动了从河南开始的战略进攻。《新华日报》在报道河南战情的同时,连续发表《先下手为强》和《争取主动出击》的军事评论,支持和鼓励正面战场的中国军队抢先制敌,彻底击退日寇的战略进攻。当时日军精锐7万余人对抗中国军队40万人,战况空前惨烈。激战30多天,中国军队以伤亡20余万人的代价,最终也未能阻止河南的沦陷。《新华日报》适时指出中国军队指挥上的失误,并对国军内部"官兵完全脱节"的现象也作了善意的批评。再如,同年5月下旬,日军开始进攻湖南,于6月16日攻陷长沙,8月18日攻占衡阳。在衡阳保卫战艰苦卓绝的47天中,该报都进行了连续的追踪报道,并且发表社论《向衡阳守军致敬》,对国军将士英勇卫国的壮举作了高度的评价和表扬。衡阳保卫战唯一的败笔是:曾一度英勇抗敌的第十军军长方先觉,最后关头竟"打白旗率部投降"。为了维护抗战大局,根据中国共产党领袖毛泽东的指示:"力避刺激国民党","第十军将

---

① 廖永祥:《新华日报史新编》,重庆出版社1998年版,第20页。
② 《发刊词》,《新华日报》1938年1月11日第1版。

士坚守衡阳四十七天英勇抗战，付出了很大牺牲，给全国民众深刻的印象，不要损伤民众心里的这个印象，防备日寇在宣传上加以利用"。①《新华日报》一方面认真循照新闻的真实、客观、全面和负责的规律进行报道和评论，另一方面，也十分注意维护团结抗战的大局，在事实选择和舆论宣传上采取有理、有利、有节的原则和方法。

五 "意识形态战争"中的思辨风格和论争艺术

"没有意识形态斗争的战争是不可想象的战争。"②《新华日报》在抗战中的舆论动员和宣传活动，就鲜明地体现了战争的这种政治文化特性。《新华日报》在对国内、国际战局和战况的报道和评论中，将这种"意识形态的斗争"艺术操作得非常娴熟。具体而言，这种"意识形态"不仅具有鲜明的爱国主义特色，而且还具有崇高的国际主义风范。在国内报道中强调团结抗日，巩固抗日民族统一战线，在国际报道中同样强调反法西斯盟国之间的团结，强调加强国际统一战线的重要性和必要性。

早在1937年12月，中国共产党中央政治局会议就明确制定了国际宣传的一整套措施和原则。其中特别提出这样的思路：驻国统区的中国共产党代表团，要重视和加强国际统一战线工作，国际宣传委员会由长江局负责。从那时起，就设立了中国共产党自己的国际宣传委员会及办事机构。具体工作由王安娜、章汉夫、许孟雄、毕朔望等人组成的国际宣传组承担；领导委员会由周恩来总负责。主要任务包括翻译、出版和对外发行毛泽东等中国共产党领袖的文章和著述，以及组织撰写文章供稿给共产国际的刊物，使新闻与言论真正成为一种战略资源，为巩固国际统一战线，为使战争朝着有利于中国和反法西斯盟国的方向发展，而进行制作。

《新华日报》非常重视广泛联络在华的外国记者。移驻重庆后，更广泛地采用美联社、路透社、合众社、哈瓦斯社的新闻稿。不过，在使用时尽量改写成"综合报道"，突出"意识形态斗争"中的爱国主义和国际主

---

① 韩辛茹：《新华日报史》，重庆出版社1990年版，第280页。
② ［苏］N. A. 谢涅兹列夫：《心理战——战争与意识形态斗争》，张俊英译，吉林人民出版社1981年版，第14页。

义内涵。在技术性上，尤注意避免内容的重复和负面作用，通过把关取得很好的宣传效果。《新华日报》国际报道的另一个方面，是对中国领导人与来华记者、作家，以及援华抗战专业人士的友好交往的报道。如斯诺、斯特朗、史沫特莱、白求恩、柯棣华、爱德、伊文斯等援华人士的活动，如美国、加拿大、印度援华医疗队的活动，都是重要的报道内容。

《新华日报》每日固定以一个整版来集中报道和评论国际战争局势和重大国际问题。除按规定采用中央社的国际通稿外，更多采用的是苏联塔斯社和共产国际"宇宙通讯社"的稿件。早在始创时期，就曾对西班牙反法西斯内战予以极大的关注，发表过专论《援助西班牙击败国际法西斯》等系列文章。在绥靖主义思潮席卷欧美政坛时，曾连续刊发过大量的言论文章，明确而且尖锐地抨击欧美政坛的妥协政策，指出：对德、意、日法西斯主义的容忍和迁就，最终受损害的不仅是弱小国家和民族的利益，而且将危害欧美国家自身。如《张伯伦外交与欧洲危机》《艾登辞职与英国政府危机》《论美国外交》《侵略罪恶与集体制裁》和《奥国大事变》等精彩言论，都是其进行"意识形态战争"的绝佳表现。

太平洋战争之初，日军以闪击战攻势接连取胜，英美受挫于南洋，盟国政府焦躁不安，失败主义情绪一度弥漫欧美政坛。对此，该报又接连刊发《保卫新缅》《星洲陷落与战争发展前途》《太平洋战争与动员人力》等社论和观察员评论，在批评英美消极抗敌情绪的同时，"采取以外喻内的方法，借以宣传中共的国内主张，指出，广泛动员人民参战，在敌后开展游击战争"[①] 的重要性和紧迫性，强调巩固国内和国际统一战线政略和战略的必要性。1942年2月，在苏联红军建军二十四周年时，还掀起了一次宣传苏联的热潮，以刊发慰问文告的方式，指出："抗战五年来，苏联一直是我们最忠诚的友人……我们真是患难与共祸福相连的挚友"；并刊发毛泽东亲自撰写的《庆祝苏联红军廿四周年》的代论，希望欧美盟国向苏联这一反侵略典范学习。尽管斯大林一直对中国共产党和中国革命持有怀疑和不信任的看法，但中国共产党从国内和国际战争的大局出发，仍然

---

① 韩辛茹：《新华日报史》，重庆出版社1990年版，第241页。

坚持不懈地宣传苏联，以维护国内国际统一战线的团结，称赞"苏联是国际和平最巩固的堡垒"，"苏联的强大存在，与我抗战胜利有不可分割的关系"。《新华日报》的"国际述评"专栏，也颇受中国军政界和知识界的欢迎。尤其是乔冠华和夏衍的评述文章，对传播中国共产党对重大国际问题的看法，发挥了很大的作用。如乔冠华的《共产国际的解散》和《墨索里尼的垮台》等，都是传颂一时的佳篇。

对党内以王明为代表的"机会主义"展开论战，也是《新华日报》进行"意识形态战争"的一个重要内容。该报初创时期，王明曾担任中共长江局和《新华日报》董事长，并且还兼有"共产国际执行委员会和主席团委员"的身份，因此，带着"共产国际的指示和任务"的"尚方宝剑"，反对在抗战中提"无产阶级的领导权和独立自主"的主张，坚持"一切通过统一战线"，"军队要在五个方面统一受国民政府的指挥"。并以"欧洲经验"，即季米特洛夫提出的"一切为了人民阵线，一切经过人民阵线"为蓝本，主张建立"完全统一的国防军"等等。1938年6月至9月，《新华日报》发表的一系列社论，就集中代表和反映了王明的这一"意识形态"立场。直到1938年9月，中共六届六中全会决定撤销长江局，设立以周恩来为书记的南方局，并由周恩来担任《新华日报》董事长后，这一局面才有所扭转。该报在同年10月连续刊发数篇社论，对王明"机会主义"进行了剖析和批评，最终使该报的舆论领导权回到了"独立自主"的立场上来。

党内"意识形态战争"的另一个重要内容，是对所谓的"托洛茨基分子"展开斗争。如1942年8月21日，《群众》周刊发表了范文澜的文章《论王实味同志的思想意识》，紧接着，《新华日报》连续刊发了艾青和潘梓年的《现实不容歪曲》《王实味所给我的教训》等文章，进行了尖锐的批评；而此前对陈独秀之类的"托派"分子展开的"意识形态战争"那就更是为党内外所熟知的了。

不仅如此，这种"意识形态战争"，还体现在与党外报刊的论争方面，如积极参与文艺界重大的文化论战、批评疏离抗战主题的文艺思想；在讨论文艺的民族形式问题时，提倡"抗战的内容与民族形式相结合"，支持以老舍为代表的"正确文艺主张"；如围绕"民主政治与学术自由"

所展开的论战中，对张申府的坦率建议明确予以支持和赞赏，特是对其称赏《新华日报》"虽是党报，但同时也是天下人的报——天下一切反法西斯的人的报"的观感表示钦敬等。再如，针对张君劢《致毛泽东先生一封公开信》中要求中国共产党将八路军"完全托于蒋先生手中"，"将马克思主义暂搁一边"①的主张，也通过"旁敲侧击"的方法，适时进行了反驳。值得一提的还有与《商务日报》所展开的论争。1939年9月8日，《商务日报》发表了《汪精卫为什么做汉奸》的社论，文章认为："做汉奸的人固然是反共，但反共的人，不一定是汉奸，并且不是做了汉奸，方可以反共的。"②针对这一观点，《新华日报》连续发表吴克坚的署名文章作了辨析，在《驳商务日报的有害谬论》和《再斥商务日报的有害谬论》两文中，认为"反共是汉奸卖国的旗帜"，既重申了中国共产党的原则立场和逻辑思路，又通过论争力图澄清抗战营垒中的"模糊认识"。如是种种，同样表现了其"意识形态战争"的论争艺术水平。

《新华日报》的专刊也办得丰富多彩，颇显宣教艺术水平。该报定期推出的专栏和专版主要有《工人园地》《青年生活》《妇女之路》《社会服务》《团结》《友声》等；其文艺副刊《新华副刊》也是抗战文艺界的一个主要论坛。这块文化阵地所刊发的剧评、影评、文艺争鸣、书刊介绍，以及各类文艺作品等，连同《新华日报》整个的政治文化宣教内容，都对抗战文化的建设和发展，起到了积极的推动作用；对战时民生、民主建设、民权维护、反对新闻和言论统制等，都做了客观反映和舆论引导，这些努力，不仅顺应了抗战军民从争取民族独立到争取民主建国这样的历史方向，而且通过这些传播努力积极地推动和引领着中国中华民族向现代文明的愿景迈进。

基金项目：重庆市抗战文史研究"两江学者"计划的阶段性成果。
作者单位：重庆师范大学重庆市抗战文史研究基地

---

① 张君劢：《致毛泽东先生的一封公开信》，《再生》1938年10月号。
② 张友鸾：《战时新闻纸》，中山文化教育馆1938年版，第2页。

从《文艺论战》看三民主义文艺政策的论争

熊飞宇

1942年9月1日，国民党中央文化运动委员会主任委员张道藩，在《文化先锋》的创刊号，发表《我们所需要的文艺政策》（第5—16页）一文，引发一场关于三民主义文艺政策的论争。后来的研究者多有论述与阐发，但其着眼点大都落在梁实秋的异议和左翼文人的批判上，至于右翼作家和其他文人的意见，则不得其详。不过，围绕这场论争所产生的文章，后经过汰选，结集为《文艺论战》。《文艺论战》系中央文化运动委员会"文化运动丛书"第五种，张道藩主编，"中华民国三十三年七月出版"[①]。现对此书内容略作论列，借以窥知这场论争的全貌。

一 《我们所需要的文艺政策》的主要内容

《我们所需要的文艺政策》（以下简称"张文"）署名张道藩，但实际执笔者却是李辰冬。该文是在两人讨论的基础上，由李辰冬拟稿，张道藩订正，并请戴季陶、陈果夫审阅而定。张道藩原本想向国民党中央正式提出自己设计的文艺政策，但考虑到中央内部意见不易统一，遂改用个人名义发表，故这篇论文并非国民政府或国民党有关文艺政策的正式文件，不

[①] 该书发行者：中央文化运动委员会（重庆民生路会府曹家庵十六号）；总经售：正中书局（总局：重庆中一路；分局：各大都市）。张道藩题签，封面有"中央文化运动委员会赠"的字样。其所收文章，如《序》所云："正面"参加论战的文章不下三十余篇，淘去意见重复者，实得十五篇，加上原文与两次答辩，共十八篇。

过，在总的指导思想上却与官方意识形态相一致。

作者认为，抗战使中国文艺界开始走出象牙塔而"趋向社会，趋向大众"。文艺成为抗战的生力军，担负着"唤起民众，组织民众的积极责任"。与此同时，中国文艺界"已逃出死板地模拟西洋的时代"，"走向创造之路"。"独立自由的国家与独立自由的文艺都在放着曙光"。因此，应当"从现实的，切实的理论来坚定这点曙光，使之灿烂辉煌"。

文章回答了三种疑问。首先，封建社会、资本社会、共产社会都有其"独特的文艺"，三民主义作为"另一样社会意识的形态"，为何不能建立自己的文艺？其次，文艺作品是用"意象"来表现，政治理论是用"观念"来显示，二者判然殊异，如何并为一谈？再次，"文艺作品的效果在美感，政治理论的效用在行动"，是则行动怎能变成美感，而美感又怎能产生行动？

关于三民主义与文艺，有四条基本原则，可以作为文艺政策的根据。第一，三民主义是"图全国人民的生存"，所以文艺要"以全民为对象"。第二，"事实定解决问题的方法"。第三，"仁爱为民生的重心"。第四，"国族至上"。

由此，可以推论新的文艺政策。先从反面讲：一、"不专写社会的黑暗"。二、"不挑拨阶级的仇恨"。三、"不带悲观的色彩"。四、"不表现浪漫的情调"。所谓"浪漫情调"就是"幻想，热情，色狂，悲观，伤感，主观，种种特征组织的心境"。五、"不写无意义的作品"。所谓"无意义"，更多的是指形式主义者。六、"不表现不正确的意识"。所谓"不正确的意识"，包括"落伍的意识"和"极左倾或极右倾而不合现时需要的意识"三种。以上是根据三民主义的四种主要意识，批判现代文艺的"歧途"，归纳为"六不政策"。

若从正面立论，则有"五要政策"。一、"要创造我们的民族文艺"。中国的民族意识是什么？就是"忠孝仁爱信义和平"。由此"八德的错综夹杂"，产生各种各样的意识形态，表现在文艺里，亦是各种各样的典型。二、"要为最受苦痛的平民而写作"。中国革命的目的，是要"解决民生问题"，尤其是"最大多数最受苦痛的平民的生存问题"。这也规定了文学工作者的"写作对象与范围"。三、"要以民族的立场来写作"。四、"要从理智里产作品"。理智可使"内容丰富,作品深刻";理智可使"意识显明,作品生动";理智可使"技巧熟练,作品伟大"。五、"要用现实的形式"。要建立"现实的、通俗的、富理想的、有生命力的形式"①。

二 梁实秋、赵友培、张道藩之间的驳辩

对于张文,梁实秋"感想"颇多。首先是针对文艺政策所发。他认为,文艺而有政策,始于苏联。就"文艺的立场"而言,世界各国只有两个类型,一是"由着文艺自由发展",一是"用鲜明的政策统制着文艺的活动"。前者如英、美,后者如苏、德、意。在此基础上,梁实秋对"文艺政策"和文学上的各种主义做出区别。在他看来,各种主义,本出于"几个私人(且时常是无意的)的倡导",不过是"一种风气的提倡","既无明确的条文,更没有具体的补行的机构与办法"。而"文艺政策"则必然是"配合"某种"政治主张经济主张而建立","有明确条文","有缜密的步骤,以求其实现"。所以,各种文学主义,乃是"文艺范围以内的事";而文艺政策,则是"站在文学范围以外",谋"如何利用管理文艺的一种企图"。而任何文艺政策,"欲求其有实效",当注意下列几点:第一,政策之外,还要另有"切实推行的办法"。所谓办法,不外奖励与取缔两项。取缔有赖于审查制度,但若从严,必将步苏联、德、意的后尘,"酿成惨酷的文字狱"。同时还要注意,"凡是文艺运动,不能单有运动而无文艺"。

其次,对张道藩的主张,梁实秋也有意见:一是"文艺要以全民为对象"。他认为此一主张,很是合理。文学描写的对象,是"人性",亦即"人类所同有的基本感情与普遍性格"。文学作品只有"成功失败"与"好坏"之分,无须追问属于哪个阶级。因此对张文主张的"为资产社会而写作",梁实秋表示不能苟同。至于文艺应否"绝不挑拨阶级的仇恨阶级的战争",纯粹是"政治策略"的问题,并非"文艺范围以内的事"。张文又

---

① 张道藩:《我们所需要的文艺政策》,《文艺论战》,正中书局1944年版,第1—46页。

说中国新文艺受到西洋文艺的束缚,梁实秋则认为,"束缚"二字,有"妨碍发展"之意。西洋文艺的确影响了中国的新文艺,但并未束缚。唯有"外来影响的激荡",新文艺才"更容易发扬滋长"。二是针对张文对写作范围的界定与框限,梁实秋认为,这和"不专写社会的黑暗"的含意有所冲突。况且,前面既说"要绝对泯灭阶级的痕迹而创造全民性的文艺",则"不必再特别强调劳苦工农与统治阶级资本阶级地主阶级的对立"。[1]

对于梁实秋的批评,张道藩撰文作出"答辩"。在他看来,梁实秋是以自由主义的观点来看文艺政策,当然另有一种说法。他"郑重声明"的是:"三民主义不是独裁主义,也不是劳工劳农的专制主义",因此,不希望将三民主义的文艺政策与日、苏、德、意的文艺政策"相提并论"。这"不特非事实而且不公道"。文艺政策的提出,"并没有要政府施行统治文艺的意思",而是"赤诚地"建议"怎样可以达到创造适合国情的作品","使志同道合的文艺界同仁有一个共同努力的方向",并进而建立一种"文艺的规律"。具体而言,张道藩与梁实秋的主张,有如下差异:

一是梁实秋将三民主义文艺政策与战前上海普罗文学运动的比较,张道藩认为:三民主义文艺政策,绝非"奉命开场",也不会"奉命收场"。之所以称为"我们所需要的文艺政策",并未称作"政府的文艺政策"或"中国的文艺政策",是"盼全国的文艺界来批评,补充","以求一全国一致同意的文艺政策"。

二是梁实秋认为文艺运动"不能预先从理论入手",须有"具体的""成功的"作品"奠定基础","才不致落空",张道藩则认为,这"不能一概而论"。历史已进入一个"有计划,有政策"的时代,提出文艺政策,旨在"供献给文艺界一种草案","引起全国作家来作一个严密的计划"。因为"严密的做法"比"散漫的写作"更容易产生效果。

三是梁实秋认为"文艺政策和过去文学上的各种主义不同",张道藩则以为二者正相仿,所不同的是,文艺政策"对现实更有深刻的认识,对理论更有激底的主张,对推行更有计划的方法"。各种主义的文艺,随生

---

[1] 梁实秋:《关于"文艺政策"》,《文艺论战》,正中书局1944年版,第47—55页。该文初刊于《文化先锋》1942年第1卷第8期。

活意识的演变而演变。"其主义内涵",绝不是"对于文艺之某一元素特别加以重视",而是整个内容与形式彻头彻尾的改变。而文艺政策就是"认清现实的需要","策动全国文艺界有计划的向一个目标迈进",同样也是"文艺范围以内的事"。

对梁实秋在文中的另外一些批评,张道藩亦有答辩。如,梁实秋认为"文学是表现'人性'为中心",人性不变,所以文学也不变。张道藩却以为:人性的不一致,随处可见;同时,梁实秋在其著述中,也并未给出一个明确的解释。又如,梁实秋说:"文艺应否绝不挑拨阶级的仇恨,阶级的斗争,那可说纯粹是政治策略的问题,并不是文艺范围以内的事"。张道藩却认为,"政治是生活意识的推行手段,文艺是生活意识的组织发扬",二者关系密切;而阶级作为"人为的不平等现象",各阶级"必须联合一致",共谋幸福,很显然,文艺不应挑拨阶级的仇恨与战争。①

有感于张道藩和梁实秋的意见,赵友培认为:国家的"立国精神之所寄",在于"哲学""科学"与"文艺"。中国既奉行三民主义,自应融合"哲学的善"和"科学的真","创造合于现代美的精神的文艺"。文艺领域,至少有两个问题可以肯定:第一,需要文艺;第二,需要文艺政策。文艺是人类精神的"食粮与药饵",文艺政策则是"'人类精神必需品'的计划生产者和监制者"。梁实秋赞扬英美的文艺,没有统制;这只是表面的看法。英美在经济上运用的是自由政策,文艺上也采用同样的政策,这只是"政策不同"的问题,而不是"政策有无"的问题。其次,梁实秋以为文艺政策不是文艺范围以内的事,也值得商榷。再次,梁实秋以为文艺不能先从理论入手,要看货色。这一点,张道藩虽有答辩,但还不够。文艺应先从"生活"入手,作家或批评家,要想建立正确的人生观和世界观,对三民主义的"认识""体验"与"陶冶",则尤为重要。所以,剩下的问题便是:(一)中国需要怎样的文艺?(二)中国需要怎样的文艺政策?正因为如此,张道藩站在文艺立场上,阐明政治与文艺的关系及其异同之所在,有着"特殊的贡献"。不过,为使这一文艺政策更"鲜明""精

---

① 张道藩:《关于文艺政策的答辩》,《文艺论战》,正中书局1944年版,第229—242页。该文初刊于《文化先锋》1942年第1卷第8期。

密""澈底",赵友培"不得不有所批评,辩论,补充,乃至修正"。

首先,张道藩所提出的"六不政策"和"五要政策",近似胡适之当年提出的"八不主义",但大体偏重在"现实所需要的文艺规律",故只能作为文艺政策的一部分,不足以包括全部,因此还有补充的必要。

其次,"不专写社会的黑暗","不挑拨阶级的仇恨"和"要为最受苦痛的平民而写作"的内容,确有矛盾之处。张道藩一方面不要作家暴露黑暗,强调阶级;另一方面又要求作家以各种阶级为描写的对象,表现统治阶级的"暴虐"与"荒淫"和被统治阶级的"痛苦"与"悲惨",这在理论上,相当牵强。而梁实秋则认为,文艺的园地原本广大,大可不必"专为最受痛苦的平民而写作"。由于对文艺"尊严"与"健康"的过分重视,结果流于重形式论者,不承认文艺必须负有使命,如创作方面,梁实秋就曾提出"与抗战无关"的口号,表现出观念的"偏狭"。赵友培则以为:三者之间,并无特定的关联。因为"问题的中心,不在作家所取的题材,是否为黑暗面,所用的技术,是否为暴露的手法;而在作家的立场是否正确"。只是张道藩的措辞,似乎尚有斟酌的余地。

再次,"要从理智里产作品"这一创见,本意当是要"矫正一般粗制滥造的作者,全凭感情冲动,不用理智思考",但矫枉过正。赵友培认为:写作之前的设计,以及写作之后的修改,是需要理智来"控制"和"调和"感情,"但在表现意象的时候,除了极少数的特殊例外,最好不要让理智跑进来捣乱"。

更次,"要用现实的形式"一节的意见也"稍嫌笼统"。赵友培以为:"要提倡三民主义文艺,必须建立三民主义文艺的形式;也唯有三民主义的形式,才是现实的形式"。这一形式,当包含三个原则:(一)"中国化的——发扬中国民族文艺优良的传统";(二)"现代化的——吸收世界各国文艺提炼的精华";(三)"普遍化的——培养中国国民文艺深厚的根性"。

在此基础上,赵友培提出自己的主张。首先是政策原则方面,第一,文艺"不仅是政党的宣传问题,而且是国家的内政问题";第二,文艺政策,"不仅是文艺与政治关联的问题,而且是文艺与三民主义的融合问题";第三,三民主义文艺政策,"不仅有关于文化事业的推行,而且有关于革命事业的实践"。它不是"自由"的,"统制"的,而是"计划"的。次则是文艺本身方面,第一,"要确定三民主义文艺的哲学基础";第二,"要建立三民主义的理论体系";第三,"要提挈三民主义文艺的创作纲领"。再则是实践范围方面,一是"要建立三民主义文艺的机构,以文会友,共同努力";二是"要宽筹三民主义文艺的经费,善加运用,制造纸弹";三是"要培养三民主义文艺的干部,努力创作,完成使命"。①

对以上质疑与批评,张道藩又做出"再答辩"。在他看来,通过讨论,"文艺政策的必须建立",大概已无问题。"一个有计划的国家","对文艺也当有计划"。即便是自由主义国家的英美,文艺也有统制的趋势。

原文最易引起误解的部分,是"要为最受苦痛的平民而写作"里关于"全民组成份子"的分析。张道藩认为,这是由于论者"没有将上下文连读,断章取义"所致。

其次容易引起误会的地方是"要用现实的形式"一段。张道藩认为,形式是意象,内容是意象所表现的意识。创作的步骤,一为"创作的戟因,即要表现的意识";二为"组合意象";三为"表现意象"。意识是无形式的,然一组为意象,即具形式。对于文艺形式,赵友培提出的三个标准:中国化、现代化和普遍化,均与内容息息相关,不可分割。赵友培又说:"必须有了合乎这些原则的三民主义文艺形式,才能创造优良的三民主义文艺作品"。这即是说,先有形式而后有内容,换言之,便是形式决定内容。而赵友培一则不赞成"内容与形式分离",再则说"内容与形式不可分割",无疑会导致逻辑上的矛盾。

还有一段易致误解的地方,就是"要从理智里产作品"。如赵友培所说:"当情感奔流笔底的时候,也就是创作力最丰富的时候"。其实,当"情感"奔流时,"确确是最停顿的时候"。如把"情感"改为"兴会"(inspiration),则较正确。"情感"与"兴会"不同,前者是"热情的、奔放的、不可分析的";而后者则是"创造欲的冲动,理智的,可分析的"。

---

① 赵友培:《我们需要"文艺政策"——兼评张梁两先生关于本问题的意见》,《文艺论战》,正中书局1944年版,第56—69页。该文初刊于《文化先锋》1943年第1卷第20期。

"理智"是"创造时的心理状态","情感"则是"创造的产品的效果"。二者需要分开。①

三 其余论者的观点

参加这场论战的,还有丁伯骝、夏贯中、王梦鸥、常任侠、易君左、王平陵、太虚、罗正纬、陈铨等,现将其观点,作如下提要。

丁伯骝②认为,《我们所需的文艺政策》还只是"原则的提出",而且仅限于写作原则的提出;至于"文艺活动如何开展","作家如何鼓舞和保障"等,也应包括在文艺政策之内。不过,张文"实是当前一个有价值的,有力的号召",确立这样的政策,至少可有下列收获:(一)文艺可以达成"辅佐政治","完成国民革命和新中国社会建设"的任务;(二)消极方面,可在无形中阻止"不正当作品"的再产生;(三)积极方面,因为有"正确的写作标准",故易于产生"时代所需""大众所欢迎"的伟大作品。③

对张道藩的"皇皇大文",夏贯中④亦有许多感想。首先,文艺既是教育民众的有力工具,且与政治"脱离不了关系",因此,文艺需要"正确的政策","自是天经地义的事"。不过,三民主义只是提示"若干救国建国的原则原理",究竟"应该怎样根据这些原则原理创造文艺,阐扬主义,

---

① 张道藩:《关于文艺政策的再答辩》,《文艺论战》,正中书局1944年版,第243—252页。该文初刊于《文化先锋》1943年第1卷第20期。署名"本社"。
② 丁伯骝,戏剧作家、演员、导演。生平不详。编著有:《戏剧欣赏法》(南京正中书局1936年版),《歼灭:三幕剧》(与塞克、周伯勋合著,重庆生活书店1939年版),《洪炉:四幕剧》(重庆青年出版社1941年版),《东望集》(重庆独立出版社1943年版),《启示录:又名四骑士》(戏剧工作社1943年版),《乱世忠良:三幕剧》(军事委员会政治部1945年版),《再嫁者的逃婚:现代短篇小说集》(重庆亚洲图书社1945年版)。1937年2月,曹禺《日出》在上海卡尔登大戏院首演,丁伯骝饰方达生。又曾导演《河山春晓》(戏剧工作社演出,吴铁翼编剧)。
③ 丁伯骝:《从建国的理论说到文艺政策——〈我们所需要的文艺政策〉读后感》,《文艺论战》,正中书局1944年版,第70—80页。该文发表于《文化先锋》1942年第1卷第8期。文章末署"三十一年九月十六日"。
④ 夏贯中,湖北人,国立编译馆最后一任总务主任。"比较年长,曾任某县长,老成持重,嫉恶刚肠,乃廉正有为之士,足当大任,而竟长守笔砚"。后"策划还都事宜,不免得罪于人,为群小所嫉。"(梁实秋:《北碚旧游》,《梁实秋散文集》,中国社会出版社2004年版,第173页)编有高级小学和初级中学的《公民》课本等。

教育民众",则尚待全国文艺作家"个人的修养,集体的磋商,广泛的吸取题材,精心的从事写作"。复次,文艺的写作对象必须确定,而张文却未能将"写作的范围"和"写作的对象"统一起来。写作文艺,只要能够"直接或间接有益抗战有利建国",就当"尽量扩张"写作范围,"绝不能作茧自缚",以致发生"窒息"的现象。最后,关于文艺的形式问题,夏贯中以为,文艺作品的浪漫主义或古典主义成分,是内容问题,不是形式问题。同一形式,可表现各种不同的内容;同一内容,也可用各种不同的形式写作。所谓"内容决定形式",不一定完全可靠。而张道藩所谓文艺"要领导社会,在社会发生效力,要有理想,要大众化,要富生命化",其中,"要有理想","要富生命化",仍然是内容问题,不是形式问题;而"要大众化",虽然是指形式问题,但怎样才算大众化,也很难确定。①

王梦鸥②则戴着"老光镜"来品读张道藩的"文艺政策"。作者欲扬先抑,正话反说,首先从根本上讨论了"中国人的基本意识"和"中国的正统思想",接着指出"六不五要"作为纲目条文,其间虽"界限未清",而"含义大小不一",或可合并,或可补充。但条文的增减,并无妨"我们所需要的文艺政策"这一意见的成立。最后说明:"张之本意",在于希望"以文艺政策的力量,廓清苟怪,助长可大可久的文艺创作"。③

---

① 夏贯中:《读张先生的"文艺政策"后》,《文艺论战》,正中书局1944年版,第81—86页。该文发表于《文化先锋》1943年第1卷第20期。
② 王梦鸥(1907—2002),笔名梁宗之,福建长乐人。其研究领域遍及经学、文学、小学、美学。初,任教于国立厦门大学。抗战期间,厦大多次内迁,王梦鸥于颠沛流离之际,创作剧本《燕市风沙录》《宝石花》《生命之花》等。后至重庆,在中央政治学校授课,同时专注于《礼记》的研究。抗战胜利之后,朱家骅邀其入中央研究院协助,直至迁台。曾参与制作中央电影公司的影片,并兼任编剧委员。1983年11月15日,郑朝宗写有短章《怀王梦鸥先生》(《海滨感旧集》增订本,厦门大学出版社2014年版),为其留下生动的白描:"一个白面书生,戴着一副金边眼镜","博学多能、天分极高","是一个典型的福州才子"。"他心灵手敏,不仅工书善画,写得一笔娟秀的赵体字,而且擅长工艺美术","教书之外还会导演话剧"。"梦鸥天性敦厚,是个极好相处的人。他对人谦虚诚恳,从不卖弄才华,对学生尤其热情,几乎是有求必应。"(第25页)
③ 王梦鸥:《戴老光镜读"文艺政策"》,《文艺论战》,正中书局1944年版,第87—106页。该文初刊于《文化先锋》1943年第1卷第21期。

常任侠①首先肯定"六不""五要","很切合实际";"尤其对于提倡旧诗者的攻击,言人所不敢言",使新诗人"得到有力的援助"。在此基础上,补充了两点意见:(一)"要发扬边疆文艺"②。三民主义的民族主义,规定国内各民族一律平等。对边胞的民族文艺,"必须时时介绍转译,使其与内地文艺相互沟通"。(二)"要采辑民间文艺"。民间文艺堪称"一个民族的灵魂"。其"风格,韵律,形式,用辞造句,都可供创造民族文艺的取法"。③

翁大草④认为,张道藩"烛照抗战以来的文艺的趋势,折衷近人分歧的理论,纵论古今文人的得失,比较中西学者的思想,以阐扬国父三民主义文艺方面的微言大义,发而为《我们所需要的文艺政策》一文",其合乎时代要求,自不待言。但对于张文"忽略情感,偏重理智"一点,则"深有疑虑"。他认为,文艺作品的"动机"和"期待的效果"都是"情感的";"创作的过程则不但是理智的而且是情感的","绝对理智的思想方法""违反中国国情";故"三民主义的文艺"也应该是"热情的"。⑤

对张文,易君左表示"不一定完全同意",也还有一些"补充的意见"。首先是正名。张文的标题,毋宁标为"三民主义的文艺政策"。其次,政策是依据主义,先有三民主义,然后才有三民主义的文艺政策。但文艺本身的建树比政策的运用更为"重要"和"根本"。再次,关于建设三民主义文艺原则,易君左对张文的主张作出归并、引申或集纳。"民族"

---

① 常任侠(1904—1996),安徽颍上人。艺术史论家、艺术考古学家、诗人。1938年,在国民政府军委政治部第三厅从事抗日文化宣传工作,后任周恩来秘书。年底,随三厅转移重庆。1939—1941年,任中英庚款董事会艺术考古研究会研究员。1942年,转任国立艺专教授,编辑《学术杂志》。1944年,转任昆明国立东方语专教授。1945年,应泰戈尔之邀,赴印度国际大学讲授中国文化史。1949年3月,由周恩来电召回国。有新诗集《毋忘草》《收获期》等。

② 据作者文中自述,此项意见,曾以"怀英"的笔名,在《文艺月刊》上论述过。暂未查到有关文章。

③ 常任侠:《关于"文艺政策"的补充》,《文艺论战》,正中书局1944年版,第107—112页。该文初发表于《文化先锋》1943年第1卷第21期。

④ 翁大草,民国报人。生平事迹不详。著有《西南行散记》(光亭出版社1943年版)、《现阶段地理教学诸问题》(商务印书馆1950年版)、《黄巢论》(商务印书馆1950年版)、《洪杨史话》(四联出版社1954年版)等。

⑤ 翁大草:《论情感与理智》,《文艺论战》,正中书局1944年版,第113—122页。

方面，积极的原则有四：1."要以民族的立场而写作"；2."要写联合扶植弱小民族的作品"；3."要鼓励同盟国的反攻并讴歌胜利的争取"；4."要倡导世界永久的和平与人类全体的幸福"。消极的原则也有四：1."不带悲观的色彩"；2."不表现浪漫的情调"；3."不存种族的偏见"；4."不作依赖的幻想"。"民权"方面，积极的原则有四：1."要以国家的立场而写作"；2."要写与全民有利益的作品"；3."要宣扬平等、自由、民主的真谛"；4."要拥护国家的政治设施，或加善意的建议与批评"。消极的原则也有四：1."不专写社会的黑暗"；2."不挑拨阶级的仇恨"；3."不歪曲真理"；4."不说风凉话"。"民生"方面，积极的原则有四：1."要为最受痛苦的平民而写作"；2."要鼓励劳动、服务、生产"；3."要提倡国防科学之建设"；4."要拥护国家的经济政策、财政政策，或加以善意的建议与批评"。消极的原则也有四个：1."不专写人民的痛苦"；2."不放松敌人及元凶巨恶"；3."不做尾巴主义"；4."不装活死人"。①

王平陵②由张文联想到苏联的文艺政策，认为："为了宣传某种政策而写出的文艺，常是政策的附庸，政策的配合，至多是在政策的推动上能够发生宣传作用的一个因素；对于文艺本身，殊无丝毫的补益"。但"希望有一个远大的方针"，使文艺循此可以"研究，学习，创作"。而张文"对主义的认识，及其所揭橥的要点，原则和主张"，既未"狃于'急功近利'的短见"，也并未"无视""文艺本身的存在"，而是"站在主义和国家民族的立场，提出文艺的建设性和永久性的法则"，"尤为允当而适切"。这对于作家，虽"不免有相当的制限"，但并非"死板的公式"，"在性质上有其充分的宽度与自由"。作家们只要遵循这些"宏远的法则"，努力于文艺创作，则"整个的文运"，必将得到"光辉的发扬"。③

---

① 易君左：《我们所需要的文艺原则纲要》，《文艺论战》，正中书局1944年版，第123—144页。该文是"三十二年三月二十三日写于渝郊"。
② 王平陵（1898—1964），原名王仰嵩，笔名西冷、史痕、秋涛、草莱、疾风。江苏溧阳人。1938年3月，奉国民党中宣部之令，成立"中华全国文艺界抗敌协会"并任常务理事。后到重庆出任《扫荡报》编辑。1943年，为商务印书馆主编"大时代文艺丛书"二十册。抗战胜利后，留任重庆巴蜀中学教员。1949年，迁居台湾。
③ 王平陵：《评〈我们所需要的文艺政策〉》，《文艺论战》，正中书局1944年版，第145—150页。该文初刊于《中央周刊》1942年第5卷第16期。

应张道藩之询，太虚法师"详阅"该文，觉其所标示"六不五要"，既甚"惬当"，而阐明文艺与政治的联系，及"三民主义应有文艺政策"之意义，"尤为精彩"。需要补充的是，"新中国之新文艺"，一方面要"恢复固有文化，从根救起"；另一方面，则要"吸收现代文明，迎头赶上"。但"恢复与吸收"，应以"三民主义之精意为标准，为选择"。就固有文化而言，"古化"的周秦诸子与"佛化"的隋唐诸宗，构成中国民族文化最主要的因素。故必须以三民主义为准则，"抉择"周秦、隋唐两大阶段的文化，加以批判扬弃，"整理"成三民主义的中国文化史。就现代文明而言，是指基督宗教，历史哲学，自然科学，工业经济，国族主义、民治主义、社会主义的政治。三民主义应对此加以分析综合，批判抉择，"融成一体"而又"统持超越"于其上。①

罗正纬②"顷读"之下，则感张文"详尽扼要"，"文艺前途，必有创造之异彩"。文艺效用，一在"理论"，二在"记事"，三在"抒情"。三者具有一贯联系之精神。"文艺内容，情理事三者充实以后，形式力当求新"。其要义有三："一足划时代，表著文艺新彩色"；"二足重质量，增进作者创造新精神"；"三足昭正气，发扬国家民族新风格"。而张道藩的主张，可谓"以文艺技术阐明正义人道"，"起坠足于深渊，出焦头于烈火"。③

陈铨则从对欧洲政治思想的考察入手。在他看来，自希腊至今，有两大潮流，即亚里士多德的个体主义和柏拉图的集团主义。二者的消长，可说明历史的变迁。现代社会，柏拉图的集体主义，正风行一时。"国家至

---

① 太虚：《对于文艺政策之管见》，《文艺论战》，正中书局1944年版，第201—204页。此文是1943年3月21日作于狮子山。狮子山位于重庆南岸玄坛庙，有名刹慈云寺。
② 罗正纬（1848—1951），字达存，号涵原，湖南湘潭人。湖南优级师范毕业，曾执教省立一中，为毛泽东师。1939年携眷入蜀，居重庆金刚坡，与画家傅抱石为邻。后任国民党国史馆编审委员兼顾问，被聘为行政院参议，居歌乐山。1943年，复迁蛤蟆石五号，其邻为孔学会长柯璜。著《大学讲义》十二讲，自序云："抗战吃紧，友人邀约讲学，义在灌输精神粮食，坚定信念。"抗战胜利后，毛泽东亲赴重庆，参加国共两党和平谈判，发表《沁园春·雪》，山城为之轰动。罗正纬奉和一词，其末有："且掀须把盏，莞尔今朝"。毛泽东返延安，词由周恩来转达。参见罗立洲《罗正纬先生事略》（《株洲文史》1985年第8辑）。
③ 罗正纬：《我之文艺谈》，《文艺论战》，正中书局1944年版，第205—213页。该文初刊于《文化先锋》1942年第1卷第14期。

上，民族至上",不仅是中国抗战的口号,也是全世界人类的共同呼声。军事、政治、经济、教育、社会各方面,无不"定下争取全民族生存自由的政策"。如果文艺也要制定政策,则"更是柏拉图政治思想进一步的表现"。而所谓政策,是指"用政府的力量","就民族生存的情势",来规定是否需要文艺,或需要哪种文艺。文艺是否需要政策,取决于民族生存的大前提下是否需要。最后,陈铨提醒:政策要有根据,没有时代需要根据的政策,也许比没有政策还要有害。①

如前所述,丁伯骝主张"作家如何鼓舞和保障",也应纳入文艺政策,或许是有鉴于此,李辰冬建议,"文艺奖助金管理委员会每年筹出四十万元(物价增涨后递增)",针对"文学、绘画、雕刻、音乐"(建筑、应用艺术俟战后举办)等,"选出二十种水准以上的作品,每种予以两万元奖金";"每年再在二十种当选作品中,选出三种,分甲乙丙,予以孙总理、蒋总裁、林主席勋章以示尊崇"。原则是"以作品不以作家""给予"。②

四 王集丛对论战的总结

对于这场论争,带有总结性质的,是王集丛的两篇文章。

王集丛认为,张文虽是一篇关于文艺政策的论文,但依其内容,却可说是"三民主义的文艺政策"。此文一出,引发诸多讨论。中国文艺政策问题,成为文坛议论的中心。这是"抗战建国期中中国文艺界的一件大事"。因其指导思想是三民主义,故也可说是"在三民主义指导抗战建国过程中产生的一件大事"。

首先来看三民主义文艺政策的提出。三民主义文艺政策,即是"建设三民主义文艺的根本计划"。其正式提出,具有如下重大意义:一、说明"大多数的中国人和先进的文艺工作者",在数十年的历史教训中,认识了中国和中国的需要,知道"三民主义是中国文艺前进的灯"。"那些走不通

---

① 陈铨:《柏拉图的文艺政策》,《文艺论战》,正中书局1944年版,第215—225页。该文发表于《文化先锋》1943年第1卷第20期。
② 李辰冬:《推行文艺政策的一种办法——对文艺奖助金管理委员会的一点希望》,《文艺论战》,正中书局1944年版,第226—228页。该文发表于《文化先锋》1943年第1卷第21期。

的歧途","将日益失去惑乱中国作家前进的效用"。二、"五四以来由外国搬运来"的文艺思潮,"已证明其不合中国民族要求",此后"将日益失去阻碍中国文艺发展的力量"。三、可使中国文艺工作者不再跟着外人走,"不去为外人歌功颂德",而"一心服务于自己的祖国"。四、可使文艺运动"渐与政治运动相配合","表现出密切的联系"。五、可"迅速终止"过去中国文艺的"盲目发展",从而有"计划"和"目的意识性"地建立中国自己所需要的文艺。①

除是否需要文艺政策外,讨论的中心,还有关于三民主义文艺创作的几个重要问题。

(一)写作对象与为谁写作。张文再三反对阶级斗争,同时又提出"为最受苦痛的平民而写作"的主张,并在说明中,提出写作的对象和写作的范围。此种主张和说明,颇引起一些非议。如梁实秋、赵友培、夏贯中均认为其前后矛盾。王集丛则认为张文的理论在原则上并无"矛盾之处",既未"显示阶级对立",而其目的正在于"协调阶级关系"。反观梁实秋的论说,却是把为谁写作与文艺题材混为一事。而赵友培和夏贯中的批评,与张文在原则上并无差异。

(二)暴露黑暗与写作立场。张文主张"不专写社会的黑暗",其意是在反对"专写"社会的黑暗,并非主张根本不写。近年中国有些作家,确以"专写社会黑暗"为能事,忘却了文艺"改进现实,发展社会,美化生活的责任"。如赵友培所说,问题的中心是在写作立场,不在是否暴露黑暗,也不在专门或偶尔、全部或部分描写社会的黑暗。"我们的新文艺,就是要站在三民主义立场,用写实主义的笔法,去描写人民的生活",即使是所写的题材有"破坏或黑暗"的意味,也可在写作中"显明建设和光明的价值"。因此,"问题的中心"是"写作立场和方法","不在是否暴露黑暗"。

(三)理智控制与感情奔放。针对这一问题,赵友培对张道藩所做的辩难,在王集丛看来,不仅是"应不应该的问题",而是"根本上的是非

---

① 王集丛:《三民主义文艺政策的提出和其意义》,《文艺论战》,正中书局1944年版,第151—171页。该文发表于《时代青年》1943年第1卷第5、6期合刊。

问题"。对张道藩的意见,王集丛表示"完全同意"。"文艺的根本特质是组织或表现意象","既要组织或表现,就非通过理智作用不可"。问题不在重不重视理智,而在于"如何重视与运用理智"。

(四)内容与形式的关系。内容决定形式,如张道藩所说,"这是颠扑不破的真理"。不过,形式虽为内容所决定,但它的重要性也不能忽视。王集丛认为,"坚定立场,应着思想意识的要求,研究文学遗产,面对现实生活,努力于新的形式创造,这实在是新文艺运动者的第一个问题。"①

上引文章,多见刊于《文化先锋》。其第一卷第二十期的《编后补白》云:"自本刊发行人张道藩先生的《我们所需要的文艺政策》在创刊号发表后,陆续收到三四十篇讨论的文字。本打算出一单行本将几篇重要文章集起,以作讨论的方便,但因种种物质条件,一时不克实现,故再在这里出两次特辑。这一期容纳三篇,附答辩一篇。陈铨先生系西南联大教授,去年暑期后休假一年在渝任中国电影制片厂编导。他对西洋文学造诣湛深,这是常读他文章的人都[称]道的。他这篇《柏拉图的文艺政策》给文艺政策在西洋找一根据,使我们[推]动这种运动的人更增加了勇气。赵友培先生现任中央政校训导,他有一部三民主义文学论将在正中书局出版,他这篇《我们需要文艺政策》中颇多精深的见解,给予张先生的文章很大的补充并指正。夏贯中先生是国立编译馆编审,学问的范围很广,他对文艺政策的本身是赞同的,不过对张先生的内容颇有不敢苟同之处。本刊站在张先生的立场答辩赵夏两先生的意见,将三文对[看],定给读者一些启示。"②第一卷第二十一期的《编后记》又云:"本期接续上期出文艺政策特辑下。执笔者王梦鸥先生是中央政治学校教授,他[用]老光眼镜看文艺政策,使我们所提倡的文艺政策在文学史上得到了理论的根据。常任侠先生是中央大学教授,他用同意的态度,给我们许多补充意见,其所提几点,均极可贵。丁伯骝先生是中央政治学校训导。他的主张已见本刊第八期第一次文艺政策讨论特辑,这里又替我们翻译有关文艺政策的文

---

① 王集丛:《三民主义文艺创作的几个重要问题》,《文艺论战》,正中书局1944年版,第172—200页。该文发表于《三民主义半月刊》1944年第4卷第8期。

② 《编后补白》,《文化先锋》1943年第1卷第20期。

字，热诚实在可感。李辰冬先生则更进一步设计推行的办法，因为此问题经过大家一再讨论的结果，文艺之需要政策已不成问题，所要讨论的只是技术问题了，所以他在此提供出具体的办法。此后我们讨论的中心将移转到技术问题上去"①。这些说明，对于读者了解作者、理解题意，将不无帮助。

综上以观，三民主义文艺政策的提出，如其《序》所说：抗战，不但使国家，也使学术潮流开始"就轨"。同时，也使中国的国际地位和个人的思想人生"改观"。抗战后的文艺，在"国家至上、民族至上、军事第一、胜利第一"的号召下，逐渐形成"一致的看法，一致的表现"。这种表现与看法，诉诸"清楚易解的文字"，就是《我们所需要的文艺政策》。文章发表后不久，梁实秋首先提出"异议"，接着笔战即行"激烈展开"，即便阵容"微有混乱"，却是在认定需要文艺政策的前提下展开讨论。② 虽然"左派的文章"，因"写得激烈""被排除在外"③，但《文艺论战》的编纂和出版，仍比较全面地反映了这次论战的过程，为三民主义文艺政策的提出与退场，提供了不为熟知的文献与视角，值得当下的研究者参考。

基金项目：国家社科基金重大项目"抗战大后方文学史料数据库建设研究"（项目批准号：16ZDA191）、重庆市抗战文史研究"两江学者"计划的阶段性成果。

作者单位：重庆师范大学重庆市抗战文史研究基地

---

① 《编后记》，《文化先锋》1943年第1卷第21期。
② 张道藩：《序》，《文艺论战》，正中书局1944年版，第1—3页。
③ 古远清：《张道藩：右翼文艺政策的制定者》，《古远清自选集》，（马来西亚）燧火出版社2002年版，第83页。

论大后方小说题材的阶段性特征
——以《抗战文艺》为中心

何 瑶

中国抗战文学诞生于抗日民族解放战争的烽火中，展现了灾难深重的岁月里中华民族救亡与复兴那波澜壮阔、曲折复杂的历史过程，是20世纪中国文学史上辉煌的一页。大后方文学是中国抗战文学的主要组成部分，是中国抗战文学的特殊风貌的典型代表。

《抗战文艺》是抗战时期最能代表大后方文学风貌的文艺期刊。理论上，《抗战文艺》是对战时文学的组织与领导。在《抗战文艺》第七卷第二、三期合刊中，"文协"出版部报告曾明确指出，"《抗战文艺》在它的任务上应是推动全国抗战文艺运动的中心指导刊物"[①]。创作实践上，《抗战文艺》是抗战时期全国文艺界同人的一个刊物，"在内容上，我们敢说它是在抗战中文艺刊物里最整齐严肃的。从投稿人方面说，它更是空前的……现在，我们敢说，全国的文艺工作者都尊敬这旗帜，都愿借它发出救亡抗战的呼声"[②]。老舍在《一年来文协会务的检讨》中对《抗战文艺》作过这样的评价。然而，综观以往对大后方文学与《抗战文艺》的研究可以发现，学界对两者的研究都谈不上全面深入，尤其是对《抗战文艺》的研

---

① 《出版部报告》（文协成立三周年时），文天行、王大明、廖全京编：《中华全国文艺界抗敌协会资料汇编》，四川省社会科学院出版社1983年版，第146页。

② 老舍：《一年来文协会务的检讨——四月九日在年会上的报告》，文天行、王大明、廖全京编：《中华全国文艺界抗敌协会资料汇编》，四川省社会科学院出版社1983年版，第53页。

究，大多是总体性概览式的观照。

　　1941年11月至1942年11月一年的时间里，《抗战文艺》只出版了一期，即第七卷第六期。通观这一期及这一期的前后，没有任何文字对此做出解释。与此形成强烈对比的是，第七卷第四、五期合刊脱期半年，在这一期的"本刊紧要启事"里，不仅详细说明了脱期的原委，而且还对此致歉。根据《抗战文艺》以往的惯例，凡是有延期或脱期的情况，在该期出版时编者总会在"本期启事"或"编后记"中做详细说明，第七卷第六期的这种现象显然是反常的。联系太平洋战争全面爆发的时间：1941年12月8日，不难发现第七卷第六期正好是太平洋战争全面爆发后《抗战文艺》的第一次出版。再回到《抗战文艺》本身，第七卷第六期所刊载的内容为三个特辑的合印，没有刊出一篇文艺作品。结合以上情况，可以做出这样的判断：《抗战文艺》的办刊方针因抗日战争进程的改变在进行重大调整，第七卷第六期就是一个分界线。据此，笔者将采取两个阶段的划分方法，将《抗战文艺》上的小说以第七卷第六期（即1942年）为界，分为前后两个时期来研究。笔者尝试从期刊文学的角度入手，立足于文学研究本身，对《抗战文艺》上的小说文本进行收集、整理与研究，从文学的角度加以细读，通过纵向整体的考察，理清大后方小说的发展脉络，着力复现大后方小说发展的原生态图景，从而更准确地揭示抗战时期大后方小说题材的阶段性特征。

一　抗战前期战争生活的真实描绘

　　抗战前期，文艺作为抗日战线重要的一翼，肩负起了时代与民族的使命，在震天动地的抗战的炮火声中，号召人们投身于神圣的民族抗战。抗日救亡统率一切，成为全民族意志与行动的中心。但由于战事的紧迫，作家任务的艰巨等诸种原因，要作家拿出充裕的时间从容地创作中、长篇小说在当时比较困难。因此，这一时期《抗战文艺》上发表的文学作品以短篇为主。

　　如火如荼的抗日战争让作家不得不正视在中国大地上燃烧着的战火这个严酷的现实，加大对其描绘的力度，从战斗的角度反映抗战救亡。战争场面作为前期《抗战文艺》上小说主要的表现方面,其正面描写的范围多是前线英勇的战士、战场、战役、战斗等,大都为直接的战斗行动。罗荪在《强调现实主义》中曾指出,目前(这里的"目前"指1939年前后)"描写的对象又多半是前线壮烈的战争","自然,在抗战期中,描写战争是对的,而且也是必然的"①。

鲁彦于1938年发表的《炮火下的孩子》记叙了一个发生在战场上的故事。小说虽然题为《炮火下的孩子》,实际上虚写孩子,实写战士。遗憾的是,小说没能深入挖掘人物的内心世界,充分展开人物内心的矛盾冲突,人物个性刻画得不够鲜明。小说记录了这次阵地战,也多次描写到战场,但大多是浮光掠影,"一味地对伟大的战士与战境,发出诗人的咏叹,倒把重要的战士和战境给忘记了"②。与此相比,刘白羽同年发表的《火》既展现出艰苦、压抑的战场氛围,又表现了战士细微的心理特征、高昂的抗战情绪,在沉闷中充满"蓬勃的生力"。小说以"火"为题,暗示着抗战之火浇不息、吹不灭,不仅能迷惑、阻止敌人,同时也能消灭敌人。小说最难能可贵的是贯彻始终的真实感。无论是战场的渲染,还是人物的刻画,作者都坚持了这一创作原则。作者传神地写出了战场的残酷,"草,大概红了一片吧!血泊里的肉体,还起着最后的,轻微的战栗……",同时将战士的行动、心理融入周围环境,"他悄悄的把一只手往那歪倒的人身上摸去……一点敏锐的感觉,倏的刺了他一下。他的手触着一片湿湿的东西是血?——血吗?像什么压紧了他的喉咙,他没言语,他把手题到鼻子上去,他看着,他深深嗅着这同伴的血污气,他看着那天际上最后一块紫靛色的云霞,悄然的敛没了。"因而小说显得更加真切,纪实性强,更令读者信服。1938年李密林遗作《完成第一次的战斗》写济南"第三路总指挥部政训处工作团"一群参加救亡工作的青年知识分子,在停薪断粮的情况下,内心经过痛苦挣扎后,冒着枪林弹雨在夜间赶往第四支队。小说将一群知识分子放入战火中去考验,旨在告诫抗日民众抗战不只是停留在口头上的事,应拿起真刀真枪勇敢地去战斗。小说无论从选材的角度还

---

① 荪:《强调现实主义》,《抗战文艺》1939年第3卷第5、6期合刊。
② 鹿地亘:《关于"艺术和宣传"的问题》,《抗战文艺》1938年第1卷第6期。

是立意都很不错,可惜的是,作者没能深刻描摹出这群青年知识分子如何克服种种心理障碍加入实际的抗战洪流。碧野的《回归见亲娘》发表于1940年,叙述了银花全团以全副兵力接应皇协军旅反正的战斗过程。这是一次规模较大的正面作战,既有整体的战况,又有个别的战事。叙事紧凑、惊心动魄,营造了一种紧迫感,读者如身临其境,在紧张、刺激之后,酣畅淋漓之感油然而生,全篇回荡着一股令人心惊肉跳的杀气。前期,正面描写战争场面不得不提到的小说还有端木蕻良1938年发表的《螺蛳谷》。这篇小说对抗日游击活动进行了正面描写,讲述了一支被困于绝境的游击队,依靠集体智慧和力量,完成了一次漂亮的突围。小说在宏大、壮烈的场面中塑造了几个颇具性格的人物,其中绰号"山柴禾"的少年游击队员马亮尤为个性鲜明。

繁复多样的抗战现实,"绝非单纯到只有描写前线,才与抗战有关"。"抗战是全面性的,它波及之广,是使每一个角落,每一纤微,都受到影响。"① 因此,前期的抗战小说不乏侧面描写战争场面的题材。作家在处理这些题材时,也是将它置于战争生活中来完成的,展现的是直接受战争所影响的生活。

梅林的《憎恶》发表于1938年,写一个出生于香港相当富裕家庭的青年女子乔英,"为了不甘寂寞",为了尽她应尽的责任,"为了对日寇的复仇",来到抗战中心武汉,参加救亡工作,"投身在抗战的激流中,受苦难,受磨折"。她服务于儿童保育会,"工作比任何人努力",但她无法忍受社会上那些"战时如平时"的荒淫无耻之徒,于是常常利用空闲时间穿梭于这些人之中,视"恶意的取笑"为战斗的武器,把"发洩内心的不平,内心的憎恶"作为她一个月来反常行动的主要"作用"。但乔英对这些无耻之徒投去的"冷酷的枪刺","辛辣严峻地教训"并没有起作用,他们依然以"追逐玩弄女性"为乐。最终乔英不得不承认自己"也许是失败了"。这篇小说着重塑造了乔英这一青年女性,她虽然没有战斗在前线战场,但她以一个"顽强的泼辣的战士"的姿态战斗在当时的抗战中心武

---

① 苏:《强调现实主义》,《抗战文艺》1939年第3卷第5、6期合刊。

汉。小说写出了她的任性、神经质，也写出了她的活跃、顽强与敢作敢当。全篇没有正面战场的叙写，甚至连硝烟味也毫无踪迹，但字里行间里却满溢着战斗的激情。李辉英发表于1939年的《宿营》从行军途中这一微小的视点切入，截取部队生活的一个横切面，采用素描手法，展现军民团结起来与汉奸进行斗争的画面。小说肯定了军民同心协力的合作，表现了军民乐观向上的精神，同时也警示抗战期间战斗无处不在，应时刻保持清醒的头脑，随时准备同一切破坏抗战的敌对势力作最艰苦的斗争。蒋弼的《多多村》发表于1940年，写多多村民革小学一群孩子在家乡沦陷后，目睹日军的残暴，遂摒弃前嫌，团结一致抗日反汉奸。小说以一群孩子为主角，不仅表现了战争与孩子们的生活密切相关，而且让孩子们也加入抗日斗争之中，成为时代的主角，推动抗日救亡工作，暗示着中国抗战力量越来越强大。小说以讲故事的方式叙事，适度运用童谣、方言，加深了故事的吸引力，增强了故事的可信度。王冶秋发表于1941年的《她》同样是从炮火中剥离出来叙事的一篇小说。作者采用倒叙手法，回忆了"我"与一位新来的曾经参加过军队的女教员之间由相识到误会及至相恋的全过程。然而正当"我"与她处于热恋之中的时候，前方来信召她回战场，"她已经决心去了，可不知为什么感觉着难过"。但为了抗日救亡，她忍痛割爱，踏上了抗战的征程。爱情最终服膺于抗战。在万般无奈之中，她只好把"我们"这份爱的延续寄予在战场上，"希望我们能在战场再见！"小说细腻地描摹了相恋的青年男女之间羞涩的情态、复杂的心理，深入挖掘了女主人公在爱情与抗战之间艰难选择的心理矛盾，还原了一位女性在战争生活中的真实爱情历程。

综上所述，战争场面是前期的抗战小说所描写的一个重要方面。直到一九四〇年，老舍在《一九四一年文学趋向的展望》中还一再强调，作家们"仍是多写正面的战争，而对后方的种种动态及生产建设便无何表现"[①]。

抗战时期时代飞速前进，社会发生着翻天覆地的变化。当全民族共赴

---

① 《一九四一年文学趋向的展望》，文天行、王大明、廖全京编：《中华全国文艺界抗敌协会资料汇编》，四川省社会科学院出版社1983年版，第168页。

国难时，文艺不仅要彰显民族英雄的勃发英姿，也要揭露与鞭挞民族败类的丑恶。唯有将旧的渣滓完全排泄出去，把新的欺骗者，新的"抗战官僚"，新的"发国难财"的暴发户，新的"卖狗皮膏药"的宣传家……新的荒淫无耻，卑劣自私，全面反映出来，以求补救与革新，才能健全民族的肌体，振奋抗战的精神。

在后方阴暗面中，较多引起作家关注的是与前线抗战紧密相关的兵役问题。丁行发表于1938年的《抽签》写黄河北岸张村的联保主任在征兵抽签的过程中，与下属勾结，用作弊的手段骗取钱财。被群众质疑后，一面以谎话缓和局势，一面利用强权连夜抓走了被抽中者。作者敏锐地提取了征兵过程中抽签作弊骗取钱财这一细节，暴露了地方基层官员在执行兵役制度时中饱私囊、贪得无厌的丑恶行径。白朗的《牺牲》发表于1939年，写地方基层官员孙甲长因垂涎良福嫂的美丽，在对其无耻纠缠不成之下，以"征募壮丁"的名义暗算齐良福，达到了占有良福嫂的目的。最终良福嫂在孙甲长残暴的玩弄与压迫下，在齐良福回乡的那一天，带着屈辱与悲痛以及对丈夫的歉疚离开了人世。这是当时基层官员肆意利用兵役制度，以权谋私，酿成的一个惨剧。小说暴露了孙甲长这个新的荒淫无耻、自私卑劣之徒的残暴、虚伪，但小说"仅止于暴露，不能于黑暗中指出光明来，也是错误的，因为事实中有漏洞，丑恶要继续存在着"。同年，曾克的《奔》从一个侧面反映兵役问题，指出当时的兵役制度在实际执行中被任意曲解利用，实已异化为滋生腐败的温床。作家抓住兵役制度执行过程中的种种丑恶现象，揭露了当局的腐朽和黑暗。欧阳山的《长子》反映了兵役制度在执行中的权钱交易现象以及由此而引发的人性扭曲，抨击了当时吏制的腐败，同时表达了对孱弱的同胞"哀其不幸，怒其不争"的复杂情感。小说表面展现一个家庭中长子身份的变更，实际上是围绕由谁服兵役在展开。作者以细微的感知审视着这个家庭的每个成员，精心刻画了他们面对兵役时各自不同的情状，写出了后母的自私卑劣、新媳妇的贪婪势利、父亲的懦弱与不安、哥哥的爱憎分明，尤其深入挖掘了孱弱的弟弟曲折矛盾的心路历程。小说的不足之处在于，对成为特务连连长后的长寿的性格特征把握不够，对这个人物后期的性格发展缺乏铺垫，这在一定程度上削弱了这个人物的形象。沙汀发表于 1940 年的《在其香居茶馆里》是一幕具有喜剧色彩的著名讽刺短篇,可以说是前期暴露兵役问题中阴暗面的集大成者。小说通过联保主任方治国与土豪邢么吵吵因抽壮丁而发生的矛盾与冲突,暴露兵役问题上的肮脏内幕,深刻地揭露了抗战中基层政权的黑暗腐败及其兵役制度的虚伪骗局。

前期抗战小说除了反映与兵役问题相关的阴暗面外,对其他旧的渣滓与新的卑劣也有不同程度的揭露与抨击。

梅林 1939 年发表的《一个战士的前身》有力地抨击了旧时代的沉渣,热辣地嘲讽置身于新时代的丑态。小说以第一人称的叙事角度,从"我"执行"严厉取缔妇女穿着奇装异服"任务这一观测点着眼,回忆了"我"在抗战前当警察时的所作所为、所见所闻。小说在暴露"我"亦步亦趋、唯唯诺诺的奴才相的同时,揭露抗战前某些政府部门的官僚假正经、真无能。最难能可贵的是,小说在抨击黑暗之余指引了做"抗日的革命军,复兴民族的战士"这样一条新生的道路。同年,陶雄的《守秘密的人》写某军老总佟守仪以"军人最讲究的就是保守机密"自诩,却又常用"其实告诉你们一点点也没有关系"为自己开脱,最后导致军事机密泄漏,他因此被军法会判决死刑。但可悲的是,他在临刑时还执迷不悟,让人在痛恨他的同时更觉得他可悲、可怜。小说尖刻地讥讽了抗战阵营中某些官员的自以为是、玩忽职守。王余杞的《警报》真实地记录了抗战时期后方的某些投机家在一次躲避警报时的前前后后,活画了华经理之流苟且偷生、大发国难财的丑恶嘴脸。作者对于这种苟安生活的暴露,"仿佛是属于消极的工作,实际和指出光明,歌颂斗争,具有同样积极的意义"。王西彦的《希腊主义者》与张天翼的《华威先生》有异曲同工之妙,较早地讽刺暴露了当时新的欺骗者腐败堕落的生活,揭露了抗战主流中藏匿着的一些黑暗现实。小说描写一位自称为"希腊主义者"的范科长,在实际工作中碌碌无为只贪恋官职,在生活上也自私自利,玩弄女性并视女性为"俘虏"。他懈怠工作、恃强凌弱,最终遭到群众的唾弃。作者"用讽刺,嘲笑,鞭挞丑恶的对象,不是消极的破坏,正相反,乃是积极的促成社会的觉醒"。黑丁的《痈》讲述了一个"痈一般的腐烂的故事"。某军政治部郭主任好空谈、不求实际,"缺少一颗勇敢的战斗心"。他专注于权术的玩弄,听不得半点对他的批评、指摘,领袖欲强,然而生活作风却相当腐败,官僚习气很大,最终招致群情激愤。在这里,作者正是通过曝光这样一个"灰色的死魂灵",旨在强调抗战中新生的这种"臃肿的,腐烂的,血脓模糊的痈"是不容忽视的,一定要坚决铲除。姚蓬子的《绝望》发表于1940年,凸显出一种潜伏于抗战阵营中的,同时也是十分危险的现象:某些知识分子轻视实际抗战工作中的琐碎、艰难,一味幻想加入壮烈的战斗,豪情满怀,一接触实际斗争即悲观绝望。当枪声切切实实地在身边响起时,又退却了,再也鼓不起勇气前进。这篇小说在平实的叙述中嘲讽了革命前最积极,革命中最落后的某些知识分子,毫不留情地鞭挞了这类失败主义者,严肃地指出抗战工作并不全是血与火的堆积,点点滴滴的工作同样重要、伟大。艾芜发表于1941年的《信》将国难时土豪劣绅为转嫁经济负担对佃户狠毒地压榨与他们的腐朽生活相对比,活画了其吝啬、狠毒、刚愎自用、飞扬跋扈的丑陋面目。这一时期在暴露阴暗面方面值得一提的还有,黄药眠的《陈国瑞先生的一群》,罗烽的《专员夫人》。总之,作家们正是通过对当时痛心的"现实"的反映,以期达到剔除脓包,克服弱点,在自我解剖中进步,争取抗日救亡的最后胜利的目的。

二 抗战后期战时生活的如实展现

抗战后期,战争已然成为人们日常生活的一部分,为人们所熟悉,作家们开始冷静地思考这场战争,反观抗战的现实,关注的对象不再仅仅局限于战争本身,视域的重心逐渐向战时人民大众的日常生活转移,更加关注抗战中所反映出的现实问题。

王启铭发表于1944年的《农村小景》从大后方农村生活这一视角来揭示战时普通民众的生活。小说以杨昭华一家为主线,辐射整个黄狮寨,对比了抗战前后杨昭华家中与寨中的变化,旨在表明当"抗战的烽火燎延了每一个角落"时,闭塞的农村也"已非昔比了"。小说突出了抗战初期散布全国的澎湃的抗战热情。同样是描写战时农村生活,周而复的《春荒》发表于1945年,描写生活在日寇扫荡区的农民在春荒与日寇扫荡的双重灾难下得到政府的帮助,重新获得生存的希望,进而重树了抗战必胜的信念。难得的是,这篇小说在号召坚持抗战的同时,提出了"建国"对于抗战的重要。

对工人日常生活的描写也是这一时期表现普通民众的一种方式。路翎发表于1944年的《卸煤台下》是这方面创作的代表。小说以作者抗战时期长期的矿区生活为题材,通过描写矿工的苦难命运和精神上的饥饿,反映了矿工的悲惨生活和自发斗争。全篇在浓郁的生活气息中,提出了坚持抗战与改善民生的关系,表现了作者对国家和人民强烈的忧患意识。同年,碧野的《期望着明天》叙述了一个窑工家庭的悲惨遭遇,反映了战时生活中的骨肉分离与亲情思念。

巴金1943年发表的《猪与鸡》讲述了战时生活在四川的冯太太为补贴家用而在院中饲养牲畜因此与邻居、房东产生纠纷的这样一件小人小事,从一个侧面表现了抗战后期生活的困苦让一些小市民对战争的反应已相当疲软,成天纠缠于一些鸡毛蒜皮的小事件,过着空虚、无聊的生活。小说由此展现了战时一些小市民日常生活状态的图景。白燕1944年发表的《角落里》以新到某机关就职的"我"为主线,跟随"我"的眼光,窥视了这个机关包括"我"在内所有人的工作作风与生活境况,凸显了战时大后方颓废、沉闷的氛围,从而折射出一群小公务员极度困窘、消沉、空虚、朝不保夕的生活状态。葛琴的《一堵板壁》发表于1944年,以"下江人"的作者视角,围绕"一堵板壁"的拆与不拆,展开了战时有关本地人与"下江人"、乡下人与城里人、传统人与现代人之间的心理对抗,赋予了小说文本相当深厚的内涵,同时也表明现代与传统之间的文化对立在战时普通民众的日常生活中无处不在。

对战时知识分子日常生活的观照是此时期小说内容的一个重要方面。在中国现代小说发展进程中,知识分子一直是备受关注的对象,进入抗战后期,作家视域的开阔促使他们再一次将视线投向知识分子。而战时的知识分子正经受着战争、动荡、污浊现实的冲击,他们以往正常的生活轨道被彻底改变,在这种情况下,他们对各自的人生道路做出了不同的规划,因此呈现出各自不同的发展轨迹。

生活的困苦是战时横在知识分子面前的一道难关,许多知识分子在生活的窘困中艰难地挣扎。列躬射1943年发表的《吃了一顿白米饭》写战后在大后方以写作为生的林雨生,收入竟不及一个排字工,只能买劣质的平价米供养孩子。因此当孩子们得知"做生意的便有白米饭吃"时,在"做生意还是打日本鬼"之间,竟毫不犹豫地选择了"做生意",使林雨生感到无比痛心。这篇小说通过叙述这样一件看似无足轻重的小事,在反映战时作家生活极度贫困的同时,敏锐地捕捉到困顿的生活可能给民族带来的威胁,及时地提出了抗战与建国并重的问题。整篇小说布局巧妙,借孩子之口,在歌谣中唱出了抗战后期所面临的重大民生问题。

梅林的《奇遇》发表于1944年,从一个侧面映射了小学教员王维实战时劳苦贫穷的生活,但生活的重压并未使他面对诱惑而臣服于奢华的生活,他虽然性格平庸,但颇为正直,最终坚守住了自己,继续前行在原来的生活道路上。如果说《奇遇》里的王维实还是在贫苦中坚守自己的话,方既于1945年发表的《烛火》里的"林"夫妇则是在贫苦中为着教育事业而奋斗,只是他们的这种向生活搏击的态度最终为困苦生活所吞噬,教员在战时悲惨的生活境况再一次触目惊心地呈现出来。这篇小说通过在六战区政治部工作的"我"对同学"林"的几次探访来连贯整个故事,以平实的笔调勾勒出投身教育事业的"林"夫妇艰难困顿的生活。

同为贫穷所困,任钧1944年发表的《抢》中的一群知识分子则是那么卑劣肮脏。小说写在战时记者张文林、教员李育才、机关职员王子敬等为了弥补生活的困难,各自用不同的方式凑集了股本。就在他们做着发财梦并为之干杯的时候,两个"不速之客"闯入了他们房间,抢走了他们的股本。极具讽刺意味的是,这两个"不速之客"也是知识分子。更令人忍俊不禁的是,这两人"行劫的直接动机,也是因为受了丰厚的商业利润的诱惑","企图藉此弄一笔款子来做生意"。作者巧妙地利用这一系列的巧合讽刺、挖苦并调侃了张文林等人,揭露了他们表面"做生意",实际投机取巧、发国难财的真相。

在描写一些穷困的知识分子的同时,后期小说还真实描绘了战时部分知识分子苦闷、失败、晦暗、颓唐和无可奈何的心境。罗荪的《寂寞》发表于1944年，以第一人称的形式，运用日记体，自我展示内心世界，抒写了在战时与恋爱和抗战工作均失之交臂的林涛苦痛、寂寞的心境。贾植芳发表于1944年的《人生赋》叙述了一个牙科医生张大夫在战时的生活变迁，记录了他从激愤到颓然、落寞的心路历程，反映了抗战进入后期心理承受能力已经接近临界点的知识分子焦虑、迷茫的生活状态。同时张大夫奢侈与落魄生活的强烈反差，暴露出大后方生活的糜烂与压抑。这篇小说采用主人公自我回忆的叙事方式，铺陈出张大夫战时的生活境遇，在过去与现在的时光更替中，充分暴露了战时部分知识分子的动摇、懦弱、卑微与无能为力感，淋漓尽致地展现出大后方沉闷的现实境况。

在持久的抗战中一些知识分子消沉了，而另一些面对艰苦的抗战现实，失却了平衡道德、操守等方面的天秤，于是变得自私堕落、唯利是图，成为投机商、暴发户，其操守、正气荡然无存。《奇遇》正是以小学教员王维实为引子，窥视了其大学同学陈军抗战六年来的生活，将陈军虚伪的面纱层层剥离，露出他丑陋的面容。小说在唾弃陈军之流的同时，将部分知识分子在后方骄奢而糜烂的生活暴露无遗。

抗战后期的小说在对战时知识分子日常生活的关注中，对知识女性生存状态的观照尤为突出。这一时期小说中的知识女性与前期的相比，生活气息明显增加，不再像前期抗战小说中的知识女性那样仅仅是作为"战士"而存在，较多展现的是知识女性战时的日常生活状态。梅林1942年发表的《疯狂》正是通过窥测四位流落到大后方的知识女性，"在心头压着一块千斤重的石头，或者在半疯的心境下，过着没有色彩，没有意义，甚至使她们自己也厌恶的'混'的日子"，呈现她们寂寞、烦躁、穷困、悲愤的生活氛围，凸显出抗战时期知识女性自身生存的艰难。白燕的《角落里》虽然是一篇描写小公务员战时生活的小说，但作者用笔的着力点是在知识女性身上。它与《疯狂》最大的不同之处在于，它是把知识女性放在职场来观照的。而这篇小说在对职场里的知识女性的展现中，陈列出了她们与失业知识女性共通的心境，"松驰的，衰老的，没有内容的日子，远离了一切幻想，希望，野心的日子，颓废的倾向代替了兴奋与振作，呵欠代替了笑与歌唱，我们是一群死水中的鱼！"从中不难看出，战时职场里的知识女性的生活也同样是步履维艰，她们与失业的知识女性相比，只"不过是个整齐点的乞丐，各处乞讨着饭碗，乞讨着同情"。

王冶秋发表于1943年的《青城山上》和1944年发表的《走出尼庵》虽然同样是展现战争年代中知识女性的日常生活，但是与上两篇小说中的知识女性有所不同，这两篇小说里的知识女性更敢于与现实搏斗。她们在成长过程中也曾悲观失望、消极迷惘，但最终认清了自己，从挫折中挣扎起来，跟自我的生活搏击，以更加高昂的情绪重新投入新的生活之中。《青城山上》写一位从富裕家庭中成长起来的女孩"鹰"，对自己污浊的生活环境极为不满，在力求改变和事与愿违中挣扎，最终找回重新活下去的勇气，决心离开那些"腐烂了臭得腥臭的人群"。在这篇小说中，虽然她对未来的生活抱着"再试这最后的一次"的心态，但她毕竟是主动地走出了那"比死还可怕的环境"，为了自己的生存寻求着新的人生出路。《走出尼庵》是一篇情节与《青城山上》相类似的作品，不过前者中的主人公李静更加勇敢、刚强，她不仅"重新站起来"，还"决定再一次的热烈的活下去"，最终她轰轰烈烈地战死疆场。《走出尼庵》细腻地展现了李静跟残酷的现实碰撞时矛盾的心理冲突，人物形象更加真实可信。

由于民主的呼声越来越高，抗战后期对于黑暗面的揭露比前期要深刻。荆有麟1942年发表的《查粮》与程远1943年发表的《蚜虫》分别揭露了抗战时期土豪劣绅与投机商无视民族大义，利用种种卑劣手段，企图大发国难的丑恶行径。何剑薰1944年发表的《元旦的故事》写佃户吴老四为能减租请东家吃饭，但东家在酒足饭饱之后，仍然拒绝了吴老四的请求。小说在暴露地主的贪婪、残酷的同时，也指出寄希望于地主的仁慈是不实际的，应早日看清地主的真实面目。

当然，抗战后期也有对战场、战斗的描写，只是较之前期已不是作家表现的重点。亦五1943年发表的《王老虎》主要讲述抗战初期在山东济南失守后，摆脱敌人追击的王大鹏（小名"老虎"）把自己所带领的一个排改编为独立游击支队，凭着这支队伍与敌人进行周旋、战斗的可歌可泣的故事。很难得的是，这篇小说对于战斗过程的描写相当详尽，具体到战略战术的介绍，较前期同类小说真实可信。除此以外，易巩的《第三班》、曹卣的《他乡的向晚》和荷子的《吕龙山之死》等也对战场、战斗进行了描写。

通过以上对《抗战文艺》上小说所进行的全面考察、分析，可以看出，抗战时期大后方小说的题材明显地以1942年为界分为前、后两个时期，呈现出对战争生活的真实描绘转向对战时生活的如实展现的阶段性特征。前期，抗战小说大都围绕战争生活而展开，以抗日救亡为总的主题，从战争场面和后方阴暗面两个方向入手，践行真实性的创作原则，在战争生活这个范畴内高举抗日救亡的旗帜。后期，作家对于战时人民生活的观照是多角度、多层面展开的。无论是城里人，还是乡下人；无论是市民、农民、工人、船夫，还是官员、职员、教员，无一不在作家的视野以内。通过对普通民众战时生活中人生场景的不同放大，展现出民族复兴曲折而复杂的全过程。大后方小说题材的这种阶段性特征，展现出战时大后方小说的发展历程；借此，可以更全面、更深入地把握大后方小说发展的面貌。

基金项目： 教育部人文社科规划项目"现代文学大家与大后方文学的整体建构"（项目批准号：17XJA751002）、重庆市抗战文史研究"两江学者"计划的阶段性成果。

作者单位： 重庆师范大学党委宣传部

抗战重庆

中国文化转型与陪都战时大学

郝明工

一 "现代国家"的转型导向

中国文化现代转型的最终目标，就是在破除传统皇权帝国专制的历史进程之中，一步步走上现代民族国家的自由发展之路，从而在不断消解自身文化发展的滞后状态的同时，与世界各国的现代化进程得以逐渐保持同步。

对于这一文化现代转型的中国畅想，当始于梁启超在1900年初发表的《少年中国说》。该文开篇即指出："日本人之称我中国也，一则曰老大帝国，再则曰老大帝国。是语也，盖袭译欧西人之言也。呜呼！我中国其果老大矣乎？任公曰，恶，是何言！是何言，吾心中自有一少年中国在"。这是因为此时被视为老大帝国的中国，已经步履蹒跚地开始了少年中国的跨世纪之行。

少年中国之国，绝对不是固有的帝国——诚如梁启超所说"夫古昔之中国者，虽有国之名，而未成国之形也，或为家族之国，或为酋长之国，或为诸侯封建之国，或为一王专制之国"，由此而考察中国历史上诸多所谓的国，其结论自然无疑就会是——"且我中国畴昔，岂尝有国家哉？不过有朝廷耳。"那么，与传统帝国相对立的国家，又应该是什么样的呢？在梁启超看来就是："夫国也者为何物也？有土地，有人民，以居于其土地之人民，而治其所居之土地之事，自制法律而自守之；有主权，有服从，人人皆主权者，人人皆服从者。夫如是，斯谓之完全成立之国。"这就表明，梁启超所说的"完全成立之国"，就是要建立完全实施民主民治的公民之国与法治之国这样的现代国家。所以,"地球上之有完全成立之国也,自百年以来也。完全成立者,壮年之事也;未能完全成立而渐进于完全成立者,少年之事也。故吾得一言以断之曰:欧洲列邦在今日为壮年国,而我中国在今日为少年国。"这样,少年中国就是处于文化现代转型过程中的中国。

最后,梁启超提出了这样一个现实命题:"制出将来之少年中国者,则中国少年之责任也。"由此指出中国少年面临着两相悖离的个人选择:"使举国之少年而果为少年也,则吾中国为未来之国,其进步未可量也;使举国之少年而亦为老大也,则吾中国为过去之国,其渐亡可跷足而待也。故今日之责任,不在他人,而全在我少年。"显然,中国少年只有承担起这样的责任,才有可能推动少年中国的不断成长——"少年智则国智,少年富则国富,少年强则国强,少年独立则国独立,少年自由则国自由"。中国少年的个人发展将成为少年中国成长的基本前提,非如是,方能如梁启超那样来欢呼:"美哉我少年中国,与天不老!壮哉我中国少年,与国无疆!"① 至此,可以说《少年中国说》实际上在中国首次倡导了现代中国的建立与现代青年的培养必须同时进行。

只不过,《少年中国说》的这一倡导,虽然令人激情澎湃而又耳目一新,但的确也难免使人有说理粗浅而美中不足之感。因此,梁启超在一年之后发表《十九世纪之欧洲与二十世纪之中国》一文,指出"十八世纪之末,法国大革命起","而自由之空气,遂遍播荡于欧洲","俄罗斯之民,前此不知有所谓平等主义自由思想者,故相与习而安焉,谓为固然,虽经百数十年不动可也。及经一度改革之后","终不能不行欧洲大陆之政体,此全世界有识者所同料也,吾中国亦若是而已",② 这就明确提出建立现代中国必须沿着平等自由的历史轨道前行。

梁启超注重政体改革以推进中国文化转型,在 1902 年初创办《新民丛报》,发表系列文章以大力鼓吹"新民说"。在第一篇发表的《论新民为今日中国第一急务》之中,就强调"新民云者,非新者一人,而新之者又

---

① 梁启超:《少年中国说》,《清议报》第 35 册,1900 年 2 月 10 日。
② 梁启超:《十九世纪之欧洲与二十世纪之中国》,《清议报》第 93 册,1901 年 10 月 3 日。

一人，则在吾民之各自新而已。孟子曰：'子力行之，亦以新子之国。'自新之谓也，新民之谓也"。企图通过人人各自新而力行，来达到这样的政治目的——"然则苟有新民，何患无新制度，无新政府！"① 由此可见，在新世纪之初，梁启超从倡导"少年中国说"，到鼓吹"新民说"，虽然主要是在文化转型的制度层面上进行个人言说，但是其社会影响还是较为深远的，在1915年新文化运动兴起之后，先后出现的少年中国学会、新民学会等社团，无疑证实了这一影响在现实中的依然存在。

不过，随着"中国少年"在新文化运动中被替换为"新青年"，本应该成为新青年中一员的青年学生，却使新文化运动的倡导者感到失望——"本志经过三年，发行已满二十册，所说的都是极平常的话，社会上却大惊小怪，八面非难，那旧人物不用说了，就是呱呱叫的青年学生，也把《新青年》看作一种邪说、怪物，离经叛道的异端，非圣无法的叛逆。本志同人，实在是惭愧得很，对于吾国革新的希望，不禁抱了无限悲观。"② 这是为什么呢？

从1901年以来，清政府开始大力推行"新政"，并于1905年废除科举制度，中国的学制便从传统的权力等级制的三级学堂，逐渐转换为现代的教育分级制的三级学校，即便是大学与大学生在数量上不断增加，但是并没有能够随之造就出相应的大批具有现代意识的新青年。也许，陈独秀等先生们面对如此大学教育的中国现状，便"抱了无限悲观"，也就成为难以避免之事。这是因为，新青年的成长需要时间，更需要人生体验，如果与先生们的求学与人生的经历相比较，似乎多少有点儿苛求意味在其中吧。

梁实秋在《清华八年》一文之中这样写道："清华是预备留美的学校，所以课程的安排与众不同"，上午的英语、数学、生物、物理、化学、政治学、社会学、心理学等等，"一律用英语讲授"；下午的国文、历史、地理、哲学史、伦理学、修辞、中国文学史等等，"都一律用国语"。"上午的老师一部分是美国人，一部分是能说英语的中国人。下午的老师是一些

---

① 梁启超：《论新民为今日中国第一急务》，《新民丛报》1902年创刊号。
② 陈独秀：《〈新青年〉罪案之答辩书》，《新青年》1919年第6卷第1号。

中国的老先生，好多都是在前清有过功名的"。按照英语和国语进行分别上课，"但是也有流弊，重点放在上午，下午的课就显得稀松。尤其是在毕业的时候，上午的成绩需要及格，下午的成绩则根本不在考虑之列。因此大部分学生轻视中文的课程，这是清华在教育上最大缺点"。

再加上中文教师"薪给特别低，集中住在比较简陋的古月堂，显然中文教师是不受尊重的。这在学生的心理上有不寻常的影响。一方面使学生蔑视本国的文化，崇拜外人；另一方面激起反感，对于洋人偏偏不肯低头"。不过，"我下午上课从来不和先生捣乱，上午在课堂里就常不驯服"。不过，求学生涯之中令人最难以忘怀的，则是梁启超先生演讲的《中国韵文里表现的情感》，"我个人对中国文学的兴趣就是被这一篇演讲所鼓动起来的"。这当然是因为"任公先生的学问事业是大家敬仰的，尤其是他心胸开朗思想赶得上潮流，在'五四'以后俨然是学术重镇"。[①]

实际上，就在1922年4月，梁启超写成《五十年中国进化概论》一文，来讨论中国文化现代转型的跨世纪进程。尽管此文是为《申报》创刊50周年而作，但实际上考察了从19世纪下半叶兴起"师夷之长技"的洋务运动，到世纪交替之中鼓吹"变法维新"的变法运动，再到20世纪初呼唤"吾人最后之觉悟"的新文化运动，也就是半个世纪以来中国文化现代转型的三期历程——首先，"第一期，先从器物层面上感觉不足"，因为"外国的船坚炮利，确是我们所不及，对于这方面的事项，觉得有舍己从人的必要"；其次，"第二期，是从制度上感觉不足"，"所以拿'变法维新'作一面大旗，在社会上开始运动"，尽管"他们的政治运动，是完全失败"；最后，"第三期，便是从文化根本上感觉不足"，也就在于"文化是整套的，要拿旧心理运用新制度，决然不可能，渐渐要求全人格的觉悟"。[②]

显而易见的是，梁启超关于中国文化转型进程的"三期说"，无疑提

---

① 梁实秋：《清华八年》，杨扬选编：《文路沧桑：中国著名作家自述》，浙江大学出版社2008年版，第172页。
② 梁启超：《五十年中国进化概论》，《梁启超全集》（7），北京出版社1999年版，第4030—4031页。

出了两大重要的文化研究命题。第一个文化研究命题是有关中国文化转型研究的现实命题,中国文化的现代转型是逐层递进式的,即从洋务运动到变法运动再到新文化运动,经过层层运动的推进,才形成了从器物层面到制度层面再到心理层面这样"整套的"文化现代转型。第二个文化研究命题则是关于文化构成的理论命题,文化的基本构成具有三大层面,即器物层、制度层、心理层,器物层是文化构成的表层,制度层是文化构成的中层,而心理层为文化构成的深层,三者之中器物层最为活跃,心理层最为稳定,而制度层作为中介层面将表层的活跃与深层的稳定紧密地联系起来,从而为中国文化为何呈现出逐层递进的现代转型,提供了理论探讨的学术思路。

  问题在于,梁启超即使在此时,实际上更为注重的是如何"运用新制度"这一政治问题,揭示出中国文化现代转型过程中已经产生出的政治化倾向。对于这一文化转型政治化倾向的大力促动,在新文化运动倡导者的言说之中,就已经显现出来。尽管早在1916年,陈独秀就提出"以伦理觉悟为吾人最后觉悟之最后觉悟",强调政治觉悟当以伦理觉悟为基础,[①]但是,在一年之后所发表的《文学革命论》一文中,他则高声呐喊"今欲革新政治,势不得不革新盘踞于运用此政治者精神界之文学","由此而求革新文学,革新政治"的趋向一致,[②] 最终促成了同人文化刊物的《新青年》转为中国共产党的理论刊物,无疑也就证实了文化现代转型政治化的中国存在。

  中国文化现代转型的政治化倾向直接影响着大学生这一青年群体。庐隐在《大学时代》一文中这样写道:"各种新学说如雨后春笋般,勃然而兴。我对于这些新学说最感兴趣,每每买些新书来看,而同学之中十有八九是对于这些新议论,都畏如洪水猛兽";"这个时候正是国家多事之秋",可"我整天为奔走国事忙乱着","这些事我是头一遭经历,所以更觉得有兴趣,竟热心到饭都不吃,觉也不睡";然后,"我整天的看书,研究社会问题","因此我的思想真有一日千里的进步了。我了解一个人在社会上的

---

  ① 陈独秀:《吾人最后之觉悟》,《青年杂志》1916年第1卷第6号。
  ② 陈独秀:《文学革命论》,《新青年》1917年第2卷第6号。

所负责任是那么大,从此我才决心要作一个社会的人"。① 中国文化现代转型的政治化对于大学生的影响由此可略见一斑。

除了中国文化现代转型呈现出政治化的倾向之外,引人关注的另一话题就是文化现代转型之中如何推进中国的现代化。首先,是否需要"中国本位的文化建设"呢? 1935年,"新年里,萨孟武、何柄松先生等十位教授发表一个《中国本位的文化建设宣言》,在这两三个月里,很引起了国内人士的注意。我细读这篇宣言,颇感失望"。这主要是因为"十教授在他们的宣言里,曾表示他们不满意于'洋务''维新'时期的'中学为体西学为用'的见解。这是很可惊异的! 因为他们的'中国本位的文化建设'正是'中学为体西学为用'的最新式的化装出现"——"'根据中国本位',不正是'中学为体'吗?'采取批评态度,吸收其所当吸收',不正是'西学为用'吗?"然而,"我的愚见是这样的,中国的旧文化的惰性实在大的可怕,我们正可以不必替'中国本位'担忧。我们肯往前看的人们,应该虚心接受这个科学工艺的世界文化和它背后的精神文明,让那个世界文化充分和我们的老文化自由接触,自由切磋琢磨,借它的朝气锐气来打掉一点我们的老文化的惰性和暮气。将来文化大变动的结晶品,当然是一个中国本位的文化,那是毫无可疑的。"②

这实际上涉及这样一个现实问题,如果否认"中国文化的本位建设",是否应该主张"全盘西化"呢? 早在1929年,胡适就进行这样的思考——"主张全盘的西化,一心一意的走上世界化的路"。只不过,由于此时"各地杂志报章上讨论'中国本位文化''全盘西化'的争论",胡适提出"为免除许多无谓的文字上或名词上的争论起见,与其说'全盘西化',不如说'充分世界化'"。③ 然而,陈序经则与胡适针锋相对,坚持为"全盘西化"进行辩护,批评"充分世界化"这一说法,"很容易被一般主张折衷,或趋于复古者当作他们的护身符",因为只是强调"充分",而无视汲取"全

---

① 庐隐:《大学时代》,林非、李晓虹、王兆胜编选:《求学:寻找我的天地》,人民文学出版社2003年版,第32页。
② 胡适:《试评所谓"中国本位的文化建设"》,朱正编选:《胡适文集》第四卷,花城出版社2013年版,第9页。
③ 胡适:《充分世界化与全盘西化》,《大公报》1935年6月23日。

盘"的西洋文化，故而坚守"全盘西化"这一个人立场。① 不过，陈序经对"全盘西化"的顽强守护，更多地出于文字之争中的个人意气，而不是来自如何进行中国文化现代转型的缜密思考。

这是因为早在两年前的 1933 年，陈序经所发表的《教育的中国化与现代化》一文中，就指出"所谓没有经过现代化的中国，不外是旧的中国。旧的中国，是旧时代的产儿。从新的时代或现代看去，旧的中国，若不是落后的中国，至少也是'古董'的中国"，因而"适合现代的中国，就是新的中国。要是整个中国是新了，是现代化了，那么教育也必定是现代化了"。"我们的见解是：全部的中国文化是要彻底的现代化的，而尤其是全部的教育，是要现代化的，而且是要彻底的现代化"，"低级教育固是要如此，高等教育也是要如此"，"惟有现代化的教育，才能叫做新的教育"。②

尽管陈序经所坚持的"全盘西化"，不过指的是全部西洋文化，也仅仅是"充分世界化"中国视野之中的世界文化重要组成部分之一，但是，当"全盘西化"从名词演变为动词，自然容易引起从时人到后人的不断误认。问题在于，陈序经所提出的现代化是中国及其教育由旧而新的转型必经之路，显然是集从少年中国到现代中国、从中国少年到现代青年之大成的个人开端，无疑是具有高度建设性的，在促成现代中国与现代青年并重这样的文化意识开始趋向举国认同的同时，更是激励着生活在大学中的青年们去身体力行。

叶君健在《去国行》中写道："1943 年我在中央大学（现改为南京大学）外文系教书，第二次世界大战打得正酣，但已开始发生了不利于以德国、意大利和日本所组成的、贯串东西方世界的所谓'轴心'法西斯联合阵线的转变"。于是乎，"英国的文化委员会开始初步尝试着开展中英的文化交流。它派来了两位学者来中国与中国的学术界人士接触"，其中，英国牛津大学的希腊文学教授道兹"来到中央大学住了一阵"，"我那时只有二十九岁。我们交谈了多次。他觉得我既是研究西方文学的，而且还译了

---

① 陈序经：《全盘西化的辩护》，《独立评论》1935 年第 160 号。
② 陈序经：《教育的中国化和现代化》，《独立评论》1933 年第 43 号。

一些西方文学名著,如果能有机会去英国进修一阵,将大有助于我的研究工作,也有助于提高和扩大我在这方面的修养和视野"。为此,道兹特地"代表英方战时宣传部对我邀请","赴英国演讲中国人民的抗战事迹";而"作为我战时工作的报酬,我可以获得一笔研究费进英国大学进修,这就属于文化交流的范围"。

经过了种种磨难,"不久我就接到指定的医院去进行全面体检的通知,看来出国有希望了"。不过,国民政府教育部又发来一个通知——"自费留学生必须参加'出国人员培训班'"。"蒋介石很重视这次对未来高级'建国'人才的思想训练。他每星期一必亲自来领导做'纪念周',由他的公子蒋经国陪同。这种'思想工作'做得那么认真,对我说来,倒是一次不寻常的经历"。"但真正成行的时候,我又犹豫起来"——"我离开这些苦难中的人只身去国外,在感情上,在道义上如何能说服自己?但一想到现在能有一个机会到国外去宣传绝大部分中国人",如何"与日本侵略者展开斗争的业绩,我又觉得有必要离开。我终于决定去英国"。① 在这里,确实使人能够看到一个大学青年教师"去国"前后的个人心路历程,展现出抗战时期的中国青年一心为国为民的现代文化底蕴。

更为重要的是,作为国民党总裁与国民政府主席的蒋中正为何如此重视这样的"思想训练"呢?事实上,在抗战期间,蒋中正不仅仅是要重视如此"思想训练",更是关注整个中国教育的战时发展,提出了如何建立现代中国与培养现代青年的战时教育基本方针。1939 年 3 月 3 日,蒋中正在陪都重庆举行的第三次全国教育会议上发表训词,称"我们第一次全国教育会议,是民国十七年五月召集的。第二次全国教育会议是在民国十九年四月召集的,这次是第三次全国教育会议,距离前届的会议,已有八年余,会议的举行,这在我们全国抗战建国积极进行的时期,所以使命是特别重大",随后对战时教育基本方针进行了两方面的具体阐释。

首先,"我们为适应抗战需要,符合战时环境,我们应该以非常时期的方法,来达成教育本来的目的,运用非常的精神来扩大教育的效果,这

---

① 叶君健:《我的青少年时代》,《叶君健全集》第 17 卷,清华大学出版社 2010 年版,第 439 页。

是应该的"。因此,"切勿为应急之故,而丢却了基本。我们这一战,一方面是争取民族生存,一方面就要于此时期中改造我们的民族,复兴我们的国家,所以我们教育上的着眼点,不仅在战时,还应当看到战后。我们要估计到我们国家要成为一个现代国家,那么我们国家的智识能力应该提高到怎样的水准,我们要建设我们的国家,成为一个现代的国家"。

其次,"我们不能说因为战时,所有一切的学制、课程和教育法都可以搁在一边;因为在战时了,我们就把所有的现代青年,无条件的都从教室、实验室、研究室里赶出来,送到另一种境遇里,无选择无目的地去做应急的工作。我们需要兵员,必要时也许要抽调到教授或大学专科学生。我们需要各种抗战的干部。我们不能不在通常教育系统之外去筹办各种专门人才的训练。但同时我们也需要各类深造的技术人才,需要专精研究的学者,而且尤其在抗战期间,更需要着各种基本教官"。①

从这一战时教育基本方针的提出,可以看到:无论是在抗战期间之内,还是在抗战胜利之后,推进并坚持现代中国的国家建立与现代青年的大学培养,无疑都是中国现代文化转型过程之中不可或缺的原动力。更为重要的是,现代国家与现代青年并重的现代意识,终于在抗战时期形成举国上下的一致共识,从而使如何建设"现代的国家"成为中国文化现代转型在抗战时期的文化导向。

二 "现代青年"的战时摇篮

二十世纪的中国文化现代转型,面临着形形色色的政治暴力,乃至战争阴云的不断威胁,成为文化转型政治化的负面构成。在这里,尽管可以对任何战争进行正义与非正义之分,但是,通常能够形成人类社会共识的,战争的正义性与非正义性主要是针对侵略战争而言的。因此,无论是中国抗日战争,还是第二次世界反法西斯战争,因为同属抗击侵略者的战争,也就必定是正义的,凡是侵略者发动的战争必定是非正义的,然而,胜利最终属于正义的反侵略的中国与世界其他国家这一方。

---

① 教育部教育年鉴编纂委员会编:《第二次中国教育年鉴》,上海商务印书馆1948年版,第二编第四章第52、53页。

尽管战争给遭受侵略的中国及其他各国带来民族劫难，但是，国家与民族在承受战争种种危机的同时，也迎来种种生机——固有的本土文化秩序在战争进程之中一边被破坏，一边又促成了前所未有的文化秩序的战时重建，而抗战时期以陪都重庆为中心的大后方高等教育体系正是在重建之中成为"现代青年"的战时摇篮，所谓抗战时期大后方以大学为主体的"文化四坝"——沙坪坝、夏坝、白沙坝、华西坝——前三坝都先后归属于重庆的行政区划。

抗日战争全面爆发之前，全国包括国立、省立、私立在内的专科以上的高等学校108所，"大都集中在都市及沿海省份，例如上海就有25校，北平14校，河北省8校，广东省7校"。自从1937年7月7日卢沟桥事变之后，到1938年8月，短短的一年间，"在108校中，有25校事实上不得不因战争而暂行停顿，继续维持者尚有83校"，"其中37校被迫迁移于后方"。与此同时，抗战全面爆发前高校教师、职工、学生三者的人数分别为7560人、4290人、41900余人；抗战全面爆发后，教职工的总人数在一年间，起码减少了五分之一，学生则更是缩减了一半以上；而"我国高等教育机关之损失，就其可知者，已达3360余万元之巨"，"关于中国各方面所搜集之材料"，"均为极足珍贵之物，今后亦无重行收集之可能，故不能徒以金钱数字为之表现"。总而言之，高等学校"关系我国文化之发展，此项之损失，实为中华文化之浩劫"。[①] 这就无可辩驳地证实，在这一中华文化浩劫之中，损失最大者在事实上就是作为现代青年主体之一的大学生群体的迅速流失，从而直接威胁到抗战时期中国高等教育的生死存亡，更是动摇着建设现代中国的文化根基。

这是因为，无论是校园，还是教室，都可以在短时间内恢复，而大学生从在校到毕业的人数恢复则需要长达数年的培养周期；更不用说，在战火纷飞之中失去学习机会，甚至失去生命的众多学子。所以，为了保护建设现代国家的青年栋梁，更为了保存中华文化的青春血脉，抗战时期的中国大学，不得不开始由东向西的迁徙。这首先是中华民族为了持久抗战而

[①] 顾毓琇：《抗战以来我国教育文化之损失》，《时事月报》1938年第19卷第5期。

进行的战略大转移，在抗战时局的急剧变动之中，尽可能地保护战火摧残之中的各类高等学校，为其发展保留一线生机；其次是中华民族为了抗战到底而进行的政略大调整，在战时体制的不断改进之中，尽可能地重建硕果仅存的各类高等学校，为其发展提供现实契机；最后是中华民族为了文化复兴而进行的现代大转型，在抗战建国的意识引导之中，尽可能地布局举国一体的各类高等学校，为其发展促成良机。因此，在整个抗战时期，只有通过各类高等学校不断地进行由东向西的战时转移，才有可能促使中国大学在战争阴霾的重重危机之中，开辟出一条走向抗战胜利的生机盎然的发展之路来。

中国大学在抗战时期是如何走出这样的生路来的呢？首先，取决于战争态势的风云变幻，最先遭受日本侵略者铁蹄践踏的地区，被迫率先向大后方的中国西部撤离。此时，距离卢沟桥事变最近的平津地区，诸多高校随即遭到了日军的暴力摧残——在北平，北京大学、清华大学等高等学校的校园纷纷被日军抢占为兵营、伤兵医院，北京大学的红楼甚至成为日本宪兵队的驻地，而其地下室则成为关押抗日人士的地牢，与此同时，北京大学的图书、仪器、教具被日军破坏与焚毁；① 在天津，南开大学更是遭到了日军的大肆蹂躏，据中央通讯社报道，从1937年7月29日至30日，"两日来，日机在天津投弹，惨炸各处，而全城视线，犹注意于八里台南开大学之烟火"。7月29日，"日炮队亦自海光寺向南大射击，其中四弹，落该院图书馆后刻已起火"。7月30日，"日方派骑兵百余名，汽车数辆，满载煤油到处放火"，最终导致整个校园成为一片废墟。②

正是在日本侵略者残暴扩张战争阴影的紧逼之中，平、津两地的诸多高校陆续开始撤离。在这一撤离过程之中，平、津两地的高校分为两个方向随着战局的进展而逐渐转移：一个转移方向是长沙，然后转向昆明；另一个转移方向是西安，然后转向汉中。

1937年7月底北平沦陷之后，国民政府教育部指令国立北京大学、国立清华大学、私立南开大学迁往长沙，成立长沙临时大学。随即在南京成

---

① 顾毓琇：《抗战以来我国教育文化之损失》，《时事月报》1938年第19卷第5期。
② 《申报》1937年7月31日。

立长沙临时大学筹备委员会，以教育部部长王世杰为主任委员，以北京大学校长蒋梦麟、清华大学校长梅贻琦、南开大学校长张伯苓为常务委员，湖南省教育厅厅长朱经农、湖南大学校长皮宗石、教育部代表杨振声为委员。随后，长沙临时大学筹备委员会致函中英庚款董事会商借 100 万元作为开办费，先借得 25 万元。9 月 13 日，长沙临时大学筹备委员会在长沙举行第一次会议；11 月 1 日，长沙临时大学正式开课，全校共有教师 148 人，学生 1459 人。① 1937 年底，随着上海、南京的相继沦陷，长沙临时大学奉命迁往昆明。1938 年 5 月 4 日，长沙临时大学在昆明正式开学，更名为国立西南联合大学。

与此同时，国民政府教育部指令国立北平大学、国立北平师范大学、国立北洋工学院迁往西安，成立西安临时大学。西安临时大学筹备委员会以教育部部长王世杰为主任委员，北平大学校长徐诵明、北平师范大学校长李蒸、北洋工学院院长李书田、教育部特派员陈剑为常务委员。9 月 10 日，在西安举行西安临时大学筹备委员会第一次会议；11 月 15 日，西安临时大学正式开课，全校共有教师 159 人，学生 1553 人。② 由于日机连续轰炸西安，1938 年 3 月，西安临时大学不得不迁往陕西城固。4 月 3 日，国民政府教育部颁令称："为发展西北高等教育，提高边省文化起见，拟令该校院逐渐向西北陕甘一带移布，并改称国立西北联合大学"。③

在这里，可以看到，从临时大学到国立联合大学，由东向西的高校转移，不再仅仅是应对战局激变的临时措施，而更应该是政府主导之下的高等教育与文化建设的西部扩张，承载着培养一代现代青年的中国使命。当然，必须看到的是，同样是由东向西的高校转移，出现了区域差异——与平津地区将私立高等学校纳入国立高等学校体系进行战略大转移不同的是，在上海地区的私立高等学校则是以政府倡导的方式展开。

1938 年 8 月 13 日，日本侵略者悍然在上海发动沪淞战役，国民政府教育部指令私立复旦大学、私立大同大学、私立大夏大学、私立光华大学

---

① 清华大学校史编写组：《清华大学校史稿》，中华书局 1981 年版，第 290 页。
② 《西安临时大学概况》，《教育杂志》1938 年第 28 卷第 3 号。
③ 西北大学校史编写组：《西北大学校史稿》，西北大学出版社 1987 年版，第 5 页。

组建临时联合大学西迁。可是因为经费原因，只有复旦大学与大夏大学分别组成临时联合大学第一部与第二部，联大第一部以复旦大学为主体，迁往江西庐山；联大第二部以大夏大学为主体，迁往贵州贵阳。1937年12月初，联大第一部师生500余人再度随校西迁，拟与联大第二部在贵阳合校，但是，最终乘轮船至宜昌候船半月后，分为三批陆续出发，于12月底到达重庆聚齐，遂以复旦大学名义在重庆复校。

复旦大学在重庆复校时，办学经费十分困难，不仅学生因战乱无法及时缴纳学费，而且政府补贴的每月1.5万元也只能到账70%。尽管如此，仍然能克服经费困难，在恢复了原有的4个学院16个学系之外，还适应战时需要，先后增设了史地、数理、统计、园艺、农艺等专业。① 显而易见的是，复旦大学之所以最终选择重庆作为复校之地，主要是因为无论是从办学资源来看，还是从办学环境来看，至少这两方面都是适应了私立大学的基本需求。这也是私立大学与国立大学在西迁过程中，对于办学之地的最终选择权存在着明显不同的一个客观原因。

相对于平津地区和上海地区的高校西迁，中央大学在西迁重庆中表现出与众不同的明显特征，其正如南开大学校长张伯苓的幽默之语："抗战开始后，中央大学和南开大学都是鸡犬不留。"② 事实上，这幽默之语内蕴的意思就是——南开大学被日本侵略者的暴虐战火摧残到鸡犬不留的地步，成为当时中国东部大学饱受日本侵略者蹂躏的鲜明缩影；而中央大学在西迁过程中所受到损失却能够减少到最小，连鸡犬等实验动物也全部运抵重庆，成为中国东部高校西迁最为成功的一个典范。这是为什么呢？从客观原因来看，不仅在国民政府的主持下，能够随同国民政府及相关行政、教育、科研等机构一起西迁重庆，得到统筹安排；而且还获得西迁途中从安全到交通的种种保障，尤其是能够利用西部后方支援东部前线的大量返程交通工具。

更为重要的是主观原因来看，中央大学的校长罗家伦早在1937年春，就预见到中日之间必有一战，一方面要求将用于学校扩建的木料制成550

---

① 邓登云编著：《中国高等教育史》，华东师范大学出版社1994年版，第258—259页。
② 刘敬坤：《中央大学迁川记》，中国人民政治协商会议西南地区文史资料协作会议编：《抗战时期内迁西南的高等学校》，贵州民族出版社1988年版，第248—249页。

个大木箱,在木箱外钉上铁皮使其更为牢固,以备长途搬运物资之用。卢沟桥事变刚刚爆发,担任中国国民党中央执行委员的罗家伦随即向总裁蒋中正建议,将东南沿海的几所主要大学和科研机构西迁重庆,蒋中正接受了这一建议,要求教育部指令中央大学、浙江大学等大学立即迁往重庆。8月13日沪淞战役爆发以后,正值暑假师生离校,罗家伦立即发出函电,催促师生立即返校,准备西迁重庆。与此同时,所有的图书仪器和教学设备,也开始装进早已做好的大木箱,时刻等待起运。

8月下旬,罗家伦在教授会上正式提出迁校重庆的方案,强调迁往重庆的理由有三:首先,抗战是长期的,文化机关与军事机关不同,不便一搬再搬;其次,迁校的新校址应以水路运输能够直达为宜;最后,重庆地处军事要地,再加上地形复杂,有利于防空。因此,迁校重庆的方案得到教授会的一致通过,会后罗家伦再向蒋中正提出迁校重庆的请求,再次得到了允准。与此同时,四川省主席刘湘率大批川军请缨抗敌,其中一路主力乘坐民生公司提供的轮船,由重庆经武汉赶赴沪淞战场,罗家伦请求民生公司总经理卢作孚将返回重庆的运兵轮船,提供给中央大学装运早已装箱的图书仪器及教学设备。卢作孚不仅同意无偿提供轮船,而且派员工打通舱房,以便装运大件设备。到10月中旬,中央大学师生及图书仪器已经陆续抵达重庆,而位于嘉陵江畔的沙坪坝松林坡新校舍也几乎同时建成。12月1日,中央大学正式开课,在校学生共1072人。[①]

更让人喜出望外的是,中央大学西迁重庆时本来打算放弃的农学院牧场的大批良种牲畜,历经一年辗转以后,在1938年11月抵达重庆,罗家伦是这样表达自己激动的心情的——"在第二年的深秋。我由沙坪坝进城,已经黄昏了,司机告诉我说,前面来了一群牛,很像中央大学的,因为他认识赶牛的人";只见赶牛的人"须发蓬松,好像苏武塞外归来一般,我的感情振动得不可言状,就是看见牛羊亦几乎看见亲人一样,要向前去和它拥抱"。[②] 于是乎,便成就了"鸡犬不留"却一个都不能少的幽默意味。

[①] 罗家伦:《炸弹下长大的中央大学》,《教育杂志》1941年第31卷第7号。
[②] 罗家伦:《抗战时期中央大学的迁校》,《罗家伦先生文存》第8册,中国国民党党史委员会、"国史馆"1989年版,第455—456页。

1938年，国民政府成立全国战时教育协会，推进东部、中部各个高等学校的西迁。随着中央大学迁入沙坪坝，复旦大学迁入夏坝，大批外地高等学校纷纷迁往重庆的沙坪坝、夏坝、白沙坝——在整个抗战八年期间，先后迁来重庆的外地高校，总数就达到39所，不仅大大地改变了中国西部的高等教育面貌，更是扭转了重庆高等教育发展滞后的现状，从战前仅存的省立重庆大学、省立四川教育学院、私立西南美术专科学校这3所高校，进入迅速扩张的战时发展。随着1940年国立女子师范学院在白沙坝成立，整个八年抗战时期，陪都重庆新建的高校多达12所。① 这也就是说，抗战时期的陪都重庆高等学校，在8年之内，从抗战爆发前的3所，剧增到抗战胜利时的54所。这不仅为战后重庆高等教育的正常发展奠定了坚实的基础，更为战后中国高等教育的合理布局提供了丰富的资源。

　　这一点，正如蒋中正在抗战胜利以后举行的教育复员会议上所说："今后国家建设，西北和西南极为重要，在这广大地区，教育文化必须发展提高。至少须有三四个极充实的大学，且必需尽量充实。除确有历史关系应迁回者外，我们必须注意西部的文化建设。战时已建设之文化基础，不能因战胜复员一概带走，而使此重要地区复归于荒凉寂漠。"② 这一高等教育战时发展，无疑是有助于现代中国的战时建设，同时也有利于现代青年的战时培养。面对这一中国高等教育体制的战时转轨，一个不可忽视的现实问题也就必然会凸显出来：战时中国大学应该怎么办？

　　有人主张："在抗战期间，大学教育应以修业两年为一阶段，使各大学学生轮流上课，及轮流在前线或后方服务，满一年或两年后再返回院校完成毕业。各大学教授亦应分别规定留校任教及调在政府服务两部分。"③ 这就是要求进行大学教育必须直接服务于抗战的战时转轨，从而促成论战。于是，有人就针锋相对地指出："一个大学生去当兵，其效果尚不及一个兵；反之，在科学上求出路，其效果有胜于十万兵的时候"，再加上

---

① 李定开：《抗战时期重庆的教育》，重庆出版社1995年版，第101—102、109—110、113页。
② 教育部教育年鉴编纂委员会编：《第二次中国教育年鉴》，上海商务印书馆1948年版，第103页。
③ 李蒸：《抗战期间大学教育之方式》，《教育杂志》1938年第28卷第9号。

"无作战经验,冒失的跑上前线,岂但送死而已,还妨碍整个军事",其结论就是——"若学生都参战,教育本身动摇"。① 学界人士之间发生的这场论战,实际上是由政界人士引发并平息的,因而成为中国高等教育进行战时体制的政略大调整的一个缩影。

这一论战的发生,其实是由国民政府教育部部长陈立夫引起的。1938年3月上任伊始,陈立夫就发表《告全国学生书》,称"今诸生所应力行之义务实为修学,此为诸生所宜身体力行之第一义","断不能任意废弃,致使国力根本动摇,将来国家有无人可用之危险"。② 刚好一年以后,促成这一论战趋向平息的则是——1939年3月3日,蒋中正在重庆举行的第三次全国教育会议上发表的训词,他一再强调:"目前教育上一般辩论最热烈的问题,就是战时教育和正常教育的问题。亦就是说我们应该一概打破所有正规教育的制度呢?还是保持着正常的教育系统而参用非常时期的方法呢?关于这个问题,我个人的意思,认为解决之道很是简单,我这几年来常常说,'平时要当战时看,战时要当平时看'。我又说,'战时生活就是现代生活。现在时代无论个人或社会,如不是实行战时生活,就不能存在,就要被淘汰灭亡'。我们若是明瞭了这一个意义,就不会有所谓平时教育与战时教育的论争。因为我们过去不能把平时当作战时看,这两个错误实在是相因而生的。"③

这就表明,从20世纪初进入中国文化的现代大转型以来,一直面临着侵略战争的威胁,抗日战争的全面爆发,才将这一威胁具体而直接地展现出来。在这样的意义上,可以说平时和战时并没有区分的必要,两者始终处于战争的威胁之中,只不过,是从没有硝烟转向硝烟弥漫的战争状态而已,诚所谓"战时生活就是现代生活"。更为重要是,无论是现代国家的建立,还是现代青年的培养,都需要随时保持一种敢于面对一切挑战的战斗姿态,才有可能走向现代生活中的个人自觉。当然,战时教育既然是平

---

① 吴景宏:《战时高等教育问题论战总检讨》,《教育杂志》1940年第30卷第1号。
② 陈立夫:《告全国学生书》,《教育通讯》1938年创刊号。
③ 教育部教育年鉴编纂委员会编:《第二次中国教育年鉴》,上海商务印书馆1948年版,第53页。

时教育在抗战时期的延续，也就需要进行相应的教育体制调整以适应中国高等教育的现实需要。事实上，1938年4月，中国国民党临时全国代表大会就通过了《战时各级教育实施方案纲要》，一方面要求"对现行学制大体应该维持现状"，因此，不仅教学课程不能变，而且教学秩序也不能变，以保障教学效率的稳步提升；另一方面更是提出"对于自然科学，依据需要，迎头赶上，以应国防与生产急需"，"对于吾国文化固有精粹所寄之文史哲艺，以科学方法加以整理发扬，以立民族之自信"，[1] 最终促进学术水准的不断提高。这就表明中国高等教育体制的战时调整导向，就是在学制稳固的基础之上，不断充实学术含金量。

因此，有必要加强扶持大学研究院所与研究生培养的力度。1939年，教育部从"抗战建国正在迈进之际，学术研究需要尤大"这一基本点出发，"对国立各大学原设有研究院所者，除令充实外，近并令人才设备较优各校，增设研究所，由部酌给各校补助费用，统令于本年度开始招收新生。为奖励研究所学生起见，每学部并由部给予研究生生活费五名，每名每年四百元。各学部之其他研究生，并令各校自行筹给津贴"。于是乎，当年在中央大学等8个国立大学所招收的研究生之中，就有160人得到由教育部给予的"研究生生活费"。[2] 这就证实了中国高等教育在抗战时期仍然坚持不懈地努力，以提升办学层次与研究水准。

国立中央大学迁入重庆沙坪坝之后，不仅办学实力继续提高，而且办学规模更是不断扩大。到抗战胜利之时，不仅保持了7个学院44个学系的固有院系设置，连续8年均招收新生，从1941年起，每年招收新生1000余人，在校学生最多时高达4000以上；而教师队伍更是颇为庞大——总计教授364人，副教授63人，讲师85人，助教204人，生师比达到7比1。[3] 由此可见，真正是做到了以一流的师资来培养一流的学生。与此同时，为了中国高等教育在抗战时期能够持续发展，将部分省立大学与私立

---

[1] 《教育通讯》1938年第4期。
[2] 《国立各大学扩充研究院所》，《教育杂志》1939年第29卷第12号。
[3] 郑体思、陆云荪：《抗战时期的国立中央大学》，中国人民政治协商会议西南地区文史资料协作会议编：《抗战时期西南的教育事业》，贵州省文史书店1994年版，第103页。

大学改为国立大学，1941年1月，私立复旦大学改为国立复旦大学，此后全校由过去的4个学院16个学系增加到5个学院18个学系，以及银行、统计、茶叶、垦殖等4个专修科，扩大了办学规模及办学实力。① 1942年2月，省立重庆大学改为国立重庆大学，此后全校由过去3个学院12个学系增加到6个学院20个学系，同样也扩大了办学规模及办学实力。② 上述大学的战时发展，无疑从一个侧面上显现出抗战时期的众多重庆高等学校，已经向着大学培养现代青年的战时摇篮发展。

更为重要的，抗战时期的重庆高等教育在整个中国高等教育中是否真正占据了极为重要的地位呢？1942年，国民政府教育部将全国高等学校分为17个学业竞试区——重庆区、成都区、乐山区、昆明区、贵阳区、桂林区、辰溪区、长汀区、坪石区、城固区、龙泉区、泰和区、镇平区、兰州区、蓝田区、武功区、恩施区。③ 在这里，所谓的"全国"是指与沦陷区相对的抗战区，包括大后方的西南地区与西北地区，以及前线的各个战区，而陪都重庆被列为首位，并非是偶然的，不仅是因为大后方是以陪都重庆为中心的，而且更是因为高等学校云集抗战时期的陪都重庆。根据相关统计，到抗战胜利之时，包括国立、省市立、私立这三类高等学校在内，"全国"高等学校共计141所，④ 较之战前的108所，增加了30.5%；而重庆区则高达54所，较之战前的3所，增长了18倍。因此，抗战时期的陪都重庆不仅成为大后方的高等教育中心，而且成为整个抗战区的高等教育核心，昭示着抗战时期中国高等教育发展的现代方向，从而为现代青年的战时培养提供了必不可少的大学摇篮。

基金项目：重庆市抗战文史研究"两江学者"计划的阶段性成果。
作者单位：重庆师范大学重庆市抗战文史研究基地

---

① 邓登云编著：《中国高等教育史》，华东师范大学出版社1994年版，第260页。
② 伍子玉：《抗战烽火中的重庆大学》，中国人民政治协商会议西南地区文史资料协作会议编：《抗战时期西南的教育事业》，贵州省文史书店1994年版，第72—73页。
③ 李定开：《抗战时期重庆的教育》，重庆出版社1995年版，第100页。
④ 教育部教育年鉴编纂委员会编：《第二次中国教育年鉴》，上海商务印书馆1948年版，第1406页。

抗战时期重庆儿童文学期刊述评

黄轶斓

二十世纪三四十年代，随着抗日战争的爆发，原来集中于北京、上海、南京、广州等地的文化资源伴随着全国政治经济中心的西迁而出现文化版图的流动，重庆作为战时首都，自然成为文化空间位移最为重要的载体，大量的文化名人、文化出版机构及文化团体来到重庆，不仅丰富并繁荣了重庆的文化，还使得重庆文化超越了地域概念，以现代文学中"重庆时期"的文化身份与"延安文艺"并峙，从而构成现代文学一道奇异的风景线。

而这种大规模的文化位移中，也不时闪现着一些著名的儿童文学作家及儿童读物出版机构的身影，是他们的努力使重庆取代上海，一跃成为抗战时期儿童文学期刊出版的中心。在艰难的出版环境中他们坚持为孩子们编辑了一个个儿童文学期刊，一方面满足了战时儿童的精神需求，另一方面也延续了中国儿童文学的发展脉络，守住了儿童文学的发展阵营，以特有的方式和姿态参与了抗战文艺的建构，使儿童文学奏出了时代的最强音。

一 抗战时期重庆儿童文学期刊概况

由于战前重庆没有自己的儿童文学期刊，只偶尔在一些成人综合性刊物上发表过少量的儿歌、童谣及巴渝传说故事等，因此纵观抗战时期的重庆儿童文学期刊，主要有两种来源。一种是从外地迁移过来的儿童文学刊物,主要有从汉口迁到重庆的《抗战儿童》(1940),从上海迁移过来的《儿童月刊》(1940),以前在上海出版后在重庆复刊的《小朋友》(1945)、《儿童世界》(1944)、《开明少年》(1945)、《小国民》(1938)、《中华少年》(1944)。另一种是抗战期间在重庆创立的儿童文学刊物,主要有《今日儿童》(1937)、《少年学园》(1944)、《现代少年》(1945)、《新少年》(1943)。除此之外,还有《中学生》(1944)、《学生杂志》(1939)、《文艺杂志》(1945)、《学习生活》(1940)、《战时青年》(1938)、《学生之友》(1940)、《东方杂志》(1944)、《世说》(1942)等综合性文艺刊物上也曾发表过一些儿童文学作品及相关文章。这些刊物在重庆的相继出版发行,极大地活跃了重庆儿童文学文化场域,为本土的重庆儿童及外来的儿童奉献了一道道精神大餐。

(一)抗战时期外迁刊物

从外地迁入的儿童文学期刊中,最有名的是被称为儿童文学发展史上具有里程碑意义[①]的《儿童世界》和《小朋友》。商务印书馆创办的《儿童世界》创刊于1922年1月7日,是我国最早的纯儿童文学刊物,由名噪一时的郑振铎主编,中国原创童话的开山之作——叶圣陶的《稻草人》系列童话就诞生在该杂志中。该杂志早期约请的撰稿人均为五四颇有影响力的作家,叶圣陶、沈雁冰、许地山、周建人、赵景深、俞平伯、顾颉刚、徐调孚、严继澄、胡愈之等都曾在杂志上留下墨宝。大量名人的加入,不仅保证了质量,而且还无形中加大了杂志的声望,以至于杂志畅销全国的同时,还远销日本及东南亚,每月达到行销十余万册[②]的高额业绩。后因战争于1941年6月在上海终刊,并决定物色合适人选在重庆复刊。恰逢曾在1935年与黄一德一起创办《儿童日报》和《儿童创造》月刊的何公超流落到重庆,于1944年8月和孩子剧团的友人们组织了"儿童世界社",并担任《儿童世界》半月刊的主编(由倪裴君女士担任社长),至此《儿童世界》复刊。在重庆出了1卷12期于抗战胜利后又迁回上海。

同样创刊于1922年的《小朋友》,先后由黎锦晖和吴翰云担任主编,

---

① 吴永贵:《民国出版史》,福建人民出版社2011年版,第496页。
② 数据来源于《儿童世界》广告,《儿童世界》1931年第28卷第9期。

由中华书局出版发行，也是最受儿童欢迎的刊物，儿童对它的喜爱程度甚至超过了《儿童世界》。周作人就曾说过："我的一个男孩，从第一号起阅看《儿童世界》和《小朋友》，不曾间断。我曾问他喜欢哪一种，他说更喜欢《小朋友》，因为去年内《儿童世界》的倾向稍近于文学的，《小朋友》却稍近于儿童的。"① 1938 年抗日战争爆发，上海沦陷，《小朋友》被迫停刊。而中华书局也西迁到重庆李子坝。1943 年陈伯吹受李楚材的推荐来到重庆北碚参与国立编译馆的小学语文教材编选工作，使得中华书局的负责人金兆梓、吴廉铭、姚绍华等人终于找到《小朋友》复刊的主编合适人选。于是从 1944 年 10 月起，陈伯吹就开始积极筹办《小朋友》的复刊，并于 1945 年 4 月 1 日即儿童节前三日在重庆最终得以复刊。此后陈伯吹只好在北碚（编译馆）和李子坝（《小朋友》编辑部）两地来回奔波。在出版的第一期上，陈伯吹向时任中华全国文艺界抗敌协会常务理事和总务部主任的老舍约稿，发表了老舍的童话《小白鼠》，借此达到"以光篇幅，以资号召"的宣传目的，并且以拟人化的口吻发表了《复刊词》：

　　诸位小朋友，我们已经七年半不见面了！我想着真要哭，但有什么办法呢？自从那年，我们的仇人，日本鬼子，包围了我的故乡——上海，他们便在四周杀人放火，无恶不作，尤其喜欢掳掠我们小孩子。

　　我们只好躲起来，不出面。

　　我们不见面这么久，诸位想必惦记着我，我也一样惦记着诸位。好了，现在我们又见面了……我早想来和诸位见面，但是连一件像样的衣服也没有，到底有点不好意思。要做衣服，这战时的后方真困难！有了这样，没有那样，勉强有了衣料，又找不着做衣服的人。好容易直到最近，才有点办法，我逼着做，要趁今年 4 月 4 日儿童节出来和诸位见面，因为这一天是我们的日子，正可做我们久别重逢的纪念……②

---

① 周作人：《关于儿童的书》，《周作人论儿童文学》，海豚出版社 2012 年版，第 204 页。
② 陈伯吹：《复刊词》，《小朋友》1945 年复刊第 1 期。

相比以前的《小朋友》对传统和民间故事的改写的重视，复刊后陈伯吹则强调其原创性和文学性，曾发表了也在重庆的儿童文学作家如何公超、卢冀野、柳无忌等的作品，也有外地作家如黄衣青、仇重、李长之等的作品，保证了杂志的质量。《小朋友》在渝出版18期后搬回到上海。

另外，外迁的比较有代表性的刊物还有《开明少年》。该刊物原名《新少年》，1936年1月在上海创刊，停刊于1937年7月的第4卷第2期。1945年7月在重庆复刊，因刊名已被他人使用，故改名《开明少年》，借此希望小读者们做全新的开明的少年。在重庆出版13期后迁上海。该杂志主要由叶圣陶、贾祖璋、唐锡光、叶至善主编，开明书店发行，1952年3月1日与《进步青年》合并成为《中学生》。主要栏目有"广播"、"也写些"、"新诗"、"大家写"、"新的历史"、"征文当选"等，属于以少年文学为主，融教育、知识、时事、图画为一体的综合性少年刊物。

著名的儿童文学作家及编辑家何公超来到重庆后还在1938年8月创办了《小国民》这一儿童文学周刊。该刊旨在鼓励儿童的抗敌工作，养成儿童的建国力量。主要内容分"小评""歌曲""童话""童谣""儿歌""游戏""抗战卫生""抗战科学""抗战英雄故事""儿童园地""小国民信箱"等栏目。载文有《我们要回老家》《打倒日本鬼子》《老子和儿子》等，具有鲜明的爱国主义倾向。另外，何公超1940年主编了创办于上海，后迁到重庆的《儿童月刊》，该刊物以"激发儿童爱国情绪，提高儿童服务热忱，促进儿童互助合作，讨论儿童实际问题，供给儿童发表创作园地"为任务，批判汪伪投降主义，报道各地儿童抗战情况，向儿童讲解战时常识及各种科学知识。因激进的办刊理念与陈模主编的1938年创办于汉口，后因汉口沦陷而于1939年迁到重庆的《抗战儿童》不谋而合，于是从第14期起两刊合并出版。

此外，1944年1月在重庆复刊的由中华书局创办的《中华少年》，以"用文艺的笔调写出宇宙的神秘"为其理想，抗战胜利后于1946年第三卷六期开始回到上海出版。这些刊物也延续了因日本侵略而几近熄灭了的儿童文学期刊火种，给深受战争之苦的孩子以精神及情感的慰藉。

（二）抗战时期自办刊物

这时期除了大量的儿童文学期刊迁入重庆外，一些有志之士也在重庆创办了相关刊物。在这些刊物中，有得到政府资助于1937年4月在重庆出版的儿童刊物《今日儿童》，它是由中华慈幼协会这个半官方半民间的组织发行的刊物。在发刊词中本着"对于'今日儿童'，不但希望他们将来能够承替国家的重任，更希望他们能把五千余年来，立国的精神与文化，发扬光大"的良好愿望及"如何培植建设新中国的基础，这实在是目前当务之急，非仅从事救济，即算了事"的深刻认知，提出办刊的目的是"使各界明了各地难童真实情况，及办理救济难童与教养管理之经验，藉供国人之参考，及唤起各界人士广大之同情与援助！"① 鉴于这样的办刊宗旨，因此选用的表现儿童苦难的现实生活及教育色彩浓厚的儿童文学作品居多。比如在创刊号上发表了吴研因的《不要再把儿童当装饰品了》、冰莹的《从炮火中锻炼出来的孩子》以及老舍的《她记得》、陶行知的《儿童节歌》等儿童作品，旗帜鲜明地体现了现实主义及教育主义的办刊原则。

1945年4月卢逮曾主编的《现代少年》创刊，由位于重庆江北香国寺上首的现代少年社编辑，独立出版社负责印刷、发行，正中书局、中国文化服务社等负责经售，属于少儿综合性文艺月刊。主要撰稿人有柳俊侯、王三玉、骆宝笙、于一奎、黎锦晖、司徒大同、何其强等。该刊以促使少年儿童掌握科学的学习方法，促成民族文化进步为宗旨。其刊载文章主要包括"万象寓言""明理散文""歌曲""小说故事""学习心得"等。每期目录前均摘录有蒋介石《中国之命运》某一段作为前言。作为少儿读物，该刊封面设计精美，每期均附有多幅插图。后因物价飞涨，在出版6期后于1945年9月停刊。办刊时间虽然短暂，但由黎锦晖创作的儿童歌曲如《少年中国》《幸福何来》《胜利之光》等却一直被人传唱。

此外，青年书店在1943年发行的《新少年》月刊也是当时比较重要的刊物。该刊由黎锦晖主编，政界要人蒋经国、文艺界著名作家陈铨等都曾在杂志上发表文章，后于1944年终刊。在发刊词中黎锦晖谈到该刊的办刊要求有四点：其一，思想是正确的，清新的，适宜于现代中国少年公民训练的；其二，认为公民训练是少年时期最重要的一件事，所以本刊要

---

① 《发刊词》，《今日儿童》1939年创刊号。

"尽量介绍许多故事和生活笔记，可以做公民模仿，可以改进一切习惯或风俗的，可以表现'独立自由之中国'国民品格行为的"；其三，在学识上，"本刊愿尽力供给，或是介绍，让少年朋友们于精神食粮渐渐得到充裕的享用"；其四，对前面三项"艺文的内容"，"本刊就想做到，倘遇着比较枯燥无味的少年们又必须接受的材料使他'艺文化'，就是用'深入浅出'的方法，加强他的趣味，使读者一点也不觉得沉闷。"① 在这样的办刊宗旨下，该刊紧跟时代，发表了许多深受少年儿童欢迎的作品。

1944年孙学也创办了双周刊《少年学园》。该刊内容丰富，包括介绍少年活动，少年自创作品，还发表一些科学小品和外国童话等。

二 抗战时期重庆儿童文学期刊内容及思想分析

冰心用寓言性的方式在《一个奇异的梦》中曾描述过这样的情境："我名叫社会，从你一出生，就零零碎碎地该了我不少的债，你父母却万万不能替你还，因为他们也自有他们应还我的债……"当生病的小孩想以死来摆脱"社会"这一"债主"的时候，它却说"就像你方才想脱离了我，你个人倒自由干净，却不知你既该了我的债，便是我的奴仆，应当替我服务。我若来告诫你，恐怕你至终不知道你的过错，因此我便应念而至。"② 可见，儿童世界始终是无法摆脱来自社会、来自成人的影响，它不是一个独立的自为空间，而是以成人世界为参照物所建构而成的，因此对成人世界的依附正是其内在本质的体现。分析抗战时期在重庆出版发行的众多儿童文学期刊，我们不难发现，叶圣陶及张天翼所开创的儿童文学创作中的现实主义及教育主义原则在这时期因民族危亡的历史际遇被极大地继承与发展了，意识形态化的儿童文学社会属性得到了前所未有的彰显。而五四时期周作人所提倡的那种纯粹的童心世界，那些"曾憧憬着'爱'和'美'的理想的和谐的天国"③ 表现儿童自然属性的作品在抗战爆发后

---

① 黎锦晖：《献给少年朋友》，《新少年》1943年第1期。
② 冰心：《一个奇异的梦》，《冰心文集》第1册，海峡文艺出版社2012年版，第111—112页。该文原载《晨报》1920年8月1日。
③ 茅盾：《〈中国新文学大系小说一集〉导言》，《中国新文学大系·小说一集》，良友图书印刷公司1935年版，第23页。

逐渐减少,取而代之的则是大量表现儿童走出家门、走向社会,去面对战争所带来的苦难和不公,进而拿起武器积极反抗,书写保家卫国的激情,去偿还冰心笔下"社会"这个"债主"的债务的作品。

(一) 战争中儿童的苦难书写

战争作为非理性的、野蛮的产物,遵循的是成人世界弱肉强食这一残酷的丛林法则,这与不谙世事的儿童世界是格格不入的。而儿童自身在外形、能力、智识等方面所显示的弱势属性以及对成人的依附关系使他们在战争中承受着比成人更多的苦难,因此表现战争给无辜儿童身心带来的摧残和折磨,呼吁成人对儿童生存困境的关注等成为抗战时期重庆儿童文学期刊重点书写的内容之一。

在这类作品中,以纪实性亲历者的笔调回忆战争中苦难生活的有《开明少年》1945年开辟的专栏"我们也写些"中蔚若所著的"抗战中度过的童年"[①] 系列,其中有《我们终于上了黄埔号》《轮船·火车·木船》《我们住在湘江的中流》《第一个在外面过的新年》《我们到云南去》,再现"我"(儿童)跟随家人所经历的颠沛流离、担惊受怕、饥寒交迫的逃难生活。另外《抗战儿童》中刊登的《敌人铁蹄下的东北儿童》[②] 一文,以一个伪满洲国军人的视角来回忆日本人占领的东北三省儿童过着怎样地狱般的生活,手无寸铁的他们如何被日本军人一个个残杀的纪实故事,让人触目惊心。还有《儿童月刊》中讲述的因为战争导致父母双亡,无依无靠的孩子只得去做小偷的无奈和心酸[③]。《雾》[④] 借重庆因为起雾敌人不能空袭而欢呼雀跃的儿童表现战争给孩子的生活所带来的阴霾和恐惧。还有谢冰莹在重庆偶遇的几个因战争与家人离散,不知家人生死的孩子故事[⑤],让人唏嘘。《玩火》[⑥] 回忆儿时在家乡的欢乐,而今饱尝背井离乡之苦,今

[①] 蔚若:《我们终于上了黄埔号》《轮船·火车·木船》《我们住在湘江的中流》《第一个在外面过的新年》《我们到云南去》,《开明少年》1945年第1、2、3、4、6期。

[②] 森木清:《敌人铁蹄下的东北儿童》,索原译,《抗战儿童》1940年第1卷第6期。

[③] 董景福:《我怎样做小偷的》,《儿童月刊》1942年第2期。

[④] 袁伯康:《雾》,《儿童月刊》1941年第15期。

[⑤] 冰莹:《炮火中锻炼出来的孩子——献给1939年的儿童节》,《今日儿童》1939年创刊号。

[⑥] 余知甯:《玩火》,《儿童月刊》1943年新3期。

昔对比之间，伤感无奈之情油然而生……这些带有强烈纪实性色彩的儿童文学作品从各个角度淋漓尽致地再现了战争给儿童带来的苦难。

一些虚构的小说和童话故事也表现了这种苦难。美国罗斯福总统给受难儿童捐献蓝布计划在上海实施后，许多因战争造成家庭困难的小学生纷纷提出了申请，但最后家园被毁，父母双亡，只能与祖母艰难度日的雷咸贵得到了那一丈珍贵的布料[1]。原本成绩优异的儿童其嘉在目睹了因未向站在学校门口的皇军行礼而被刺刀捅杀的同学，回家又看见没钱交日军摊派的所谓工本费而被抓走的父亲和站在门口痛哭不止的母亲后的绝望无助[2]……时时闪现在作者脑海中的那个因被日本飞机炸伤大腿后被迫忍受着他人"残废人""独脚人"讥笑的孩子身影以及他对日本充满仇恨的目光[3]。以童话拟人的形式含蓄地表现凶残的老鹰（日军）吃掉了鸡妈妈所有的小鸡（儿童），为了让母鸡生更多的小鸡来继续吃而抓走母鸡（成人），在高高的山顶上，母鸡看着被老鹰吃掉的小鸡的满地鸡毛以及骨头伤心不已却又无力反抗的无奈和心酸[4]……贪婪而残忍的大肚鸟王（日军）占领了扁肚鸟们（中国人）的家，每天奴役他们，让他们不停地工作，被累死的、打死的、饿死的扁肚鸟不计其数[5]……还有原本深受主人宠爱的小狗招财，因战争爆发主人一家不得不搬家逃难，无法带走招财，被丢弃的招财经历了各种不幸，最后被人毒打致死。战争改变了招财的命运，让它的人生轨迹由幸运走向了不幸[6]。与纪实性儿童文学作品相比，这些虚构的故事以曲折的情节，含蓄韵致的笔调以及虚实相间的想象同样有力地控诉了战争给儿童带来的身心伤害和苦难。

诗歌以短小的篇幅和精干的语言也书写了难童的遭遇。老舍的叙事诗《她记得》[7]就是这类作品的代表。他以对话的形式讲述了一个连自己几岁

---

[1] 易凌：《得到罗斯福蓝布的人》，《开明少年》1945年第1期。
[2] 金大勤：《奋斗》，《开明少年》1945年第4期。
[3] S.Y：《仇恨的光》，《少年学园》1944年第2卷第2期。
[4] 张志渊：《鹰和他的奴隶》，《儿童月刊》1943年新5、6期合刊。
[5] 素玉：《大肚鸟王》，《儿童月刊》1942年新2期。《大肚鸟王》在该期续完。
[6] 吉明：《幸运的狗》（连载），《中华少年》1945年第2卷第3、4期。
[7] 老舍：《她记得》，《今日儿童》1939年创刊号。

都记不得的始终含着泪的小女孩却清楚地记得"娘教炸弹打飞"以及"爸爸的手,戴着戒指的手,掉在厨房的门口"这一因战争而导致的家破人亡的可悲情景。何湘以第一人称写的诗歌"我们是难童,漂流西和东。哪儿寻父母,家乡在梦中"① 来表现战争使儿童经历了家破人亡和背井离乡的漂泊无根生活。

另外,成人对难童的关注也从侧面反映了战争给儿童带来的苦难。其中比较有代表性的是邵力子的《大家要抢救中国小儿女》②、若斯的《别忘了难童》③、杜呈祥的《救救孩子:为纪念二十八年"儿童节"而作》④ 以及何英的《拯救沦陷区的儿童》⑤ 等借杂文这种言说方式呼吁成人关心难童,帮助难童,以此来延续鲁迅五四以来"救救孩子"这一呐喊之声。

(二) 战争中儿童的反抗书写

面对日本侵略给中国儿童带来的如此深重的灾难,许多成人作家纷纷以儿童期刊为阵地,用诗歌、儿童剧、小说、童话等多种文学形式为武器,通过塑造正面积极的儿童形象来唤起他们的民族觉醒和爱国激情,激发他们的斗志和反抗意识,让儿童成为抗战洪流的重要组成部分,从而实现真正的全民抗战。

在书写儿童参与反抗的文学形式中,诗歌以它语言的简洁,形式的自由,节奏的铿锵而成了作家们的首选和最爱。据笔者不完全统计,比较有代表性的诗歌就有 20 首之多。其中陶行知借儿童节前夕所写的《儿童节歌》⑥ 直接高喊:"站起来,抗日的小孩!长起来,抗日的小孩!联起来(,)抗日的小孩!我们要帮助大人,把东洋的妖怪赶开。"又在另一首《献给儿童节》⑦ 中以回环反复的语气呼吁"小孩子们,拿出我们的力量"。而老向以轻快而又上口的三三七言诗歌《小英豪》⑧ 来赞美台儿庄大

---

① 何湘:《我们是难童》,《今日儿童》1939 年创刊号。
② 邵力子:《大家要抢救中国小儿女》,《今日儿童》1939 年创刊号。
③ 若斯:《别忘了难童》,《今日儿童》1939 年创刊号。
④ 杜呈祥:《救救孩子:为纪念二十八年"儿童节"而作》,《今日儿童》1939 年创刊号。
⑤ 何英:《拯救沦陷区的儿童》,《儿童月刊》1943 年新 5、6 期合刊。
⑥ 陶行知:《儿童节歌》,《今日儿童》1939 年创刊号。
⑦ 陶行知:《献给儿童节》,《今日儿童》1939 年创刊号。
⑧ 老向:《小英豪》,《今日儿童》1939 年创刊号。

捷中儿童王娃向敌人提供假情报帮助我军立功劳的事迹。还有化用重庆方言，用幽默夸张的语气，通俗活泼的语调反映儿童抗击日军追求温饱生活的朴素愿望的《童谣四则》①：

  （一）手拉手，上前线。打走日本，吃饱饭。
  （二）拉起弓，射起箭。射掉空中王八蛋。
  （三）机关枪，高射炮。打敌飞机，往下掉。
  （四）机关枪，手榴弹。对准鬼子脑瓜儿干。

  另外，化用问答歌和连锁调这两种传统的民间形式写成的新童谣《外婆杀矮魔》②也别具一格，颇有情趣。现摘录如下：

  你是哪一个？我是张大哥。
  你来干甚么？我来点个火。
  点火干甚么？点火找石磨。
  找了石磨干甚么？麦子磨粉用石磨。
  磨了面粉干甚么？磨了面粉做馍馍。
  做了馍馍干甚么？做了馍馍请外婆。
  外婆吃了干甚么？外婆吃了骑黑骡。
  骑了黑骡干甚么？去往东洋杀矮魔。
  杀了矮魔干甚么？天下太平吃果果。

  在一问一答，环环相扣，简单又重复的句式中其内容悬念迭出，步步推进，层层剥笋，句句抽丝，于文末处则自然得出答案，浑然一体，宛若天成，机趣无限，令人回味。
  由郭沫若写词、贺绿汀谱曲的《出钱劳军歌》③也写出了"出钱出力

---

① 《童谣四则》，《儿童月刊》1942 年新 2 期。
② 林芳：《外婆杀矮魔》，《小朋友》1945 年复刊第 6 期。
③ 郭沫若（词）、贺绿汀（曲）：《出钱劳军歌》，《儿童月刊》1941 年第 14 期。

打敌人"来实现"齐把敌人赶出境"和"大家同吃太平饭"的愿望。还有秦侠侬写词、刘雪厂谱曲的《打东洋》①以积极欢快的语调唱出了勇敢智慧的儿童群像,以及李少清写词、赵启海谱曲的《抗战儿童》②也同样讴歌了儿童英勇抗战的精神。

同时在这时期也有儿童自己创作的抗战诗歌刊登在儿童文学期刊杂志上。比如11岁的王作栋的《我想做》③,13岁的童正之所作的《小军歌》④,重庆北碚中师附小的郝柏林的《我的志愿》⑤等等都强烈地表达了想要参军报效祖国的愿望,而这正是当时许多儿童的集体心声。

小说是继诗歌之后比较突出的文体形式。有直接表现儿童参与战争的故事,比如《智多星吴容》⑥讲述了少年吴容如何巧施空城计吓退鬼子的故事。《血书》⑦当着日本人在学校视察之机,12岁的东北少年马复东大声说出:"我爹是中国人,我妈是中国人,我自然是中国人。"并在雪地上大书"我爱中国"四个大字,气得日本人嗷嗷大叫。后来马复东带领大家抗击日军不幸被捕死去,死前写下血书交与同狱之人,那血书上写着:"我们是中国人。我们的先人是中国人,我们的后人也是中国人……"用生命谱写了对国族的体认和坚守。更具有传奇色彩的则是一个十五六岁的女孩修萍智勇双全,带领全村人如何把汉奸与日军莫团长玩弄于股掌之中而不自知的故事⑧;以及周旋于敌军间谍之间的身份扑朔迷离的女孩梅耐丽如何帮助抗日激进分子文余一家脱险的故事⑨。还有李波的"冀东南儿童故事系列"中《坚守我们的岗位》⑩等小说也塑造了一个个坚贞勇敢的抗敌小英雄形象。

---

① 秦侠侬(词)、刘雪厂(曲):《打东洋》,《抗战儿童》1940年第1卷第3期。
② 李少清(词)、赵启海(曲):《抗战儿童》,《抗战儿童》1940年第1卷第2期。
③ 王作栋:《我想做》,《儿童月刊》1943年新3期。
④ 童正之:《小军歌》,《儿童月刊》1940年第7期。
⑤ 郝柏林:《我的志愿》,《小朋友》1945年复刊第3期。
⑥ 华明:《智多星吴容》,《儿童月刊》1943年新5、6期合刊。
⑦ 骆宾笙:《血书》,《新少年》1943年第1期。
⑧ 高昂:《修萍》,《新少年》1944年第2期。
⑨ 戴裕:《魔窟寒梅》,《新少年》1944年第4期。
⑩ 李波:《坚守我们的岗位》,《抗战儿童》1940年第1卷第6期。

也有一些从侧面表现或者激励儿童积极反抗的小说出现。七岁的赵明诚看到报纸上爸爸的照片旁边写着"受伤不退的勇士——赵万贵"后那份无以言表的自豪与骄傲①。住在海岛上以打鱼为生的渔家人经常遭受倭寇的欺负和袭击。为着抗敌自卫起见，年轻的女人们头上都插着类似簪子但实则为三把利剑的装饰品，号称为"三剑鬓"。而在一次男人们出海未归，又恰逢倭寇入侵，女人们纷纷反抗。其中一个女人在与倭寇周旋中用两剑杀两倭寇，被另一倭寇发现，为免受辱，取出头上利剑自杀身亡②。作者黎锦晖还特地为这个故事创造了歌曲《我不怕死》。这些故事虽然没有直接写儿童参与战争的情景，但通过塑造一个个英勇抗敌的成人形象同样点燃了儿童积极反抗敌人的激情。

童话和寓言因其特有的拟人色彩和奇幻的想象力与儿童自身的泛灵思想同构，因此这类作品也颇受儿童欢迎。一只又高又大的老公鸡跋山涉水打死了正在树林休息的三个日本兵后，胆小的母鸡和小鸡得到鼓舞，也加入反抗的行列中③。一只来自大人国的老鹰想把格列佛带到大人国去，但在路途中被大头国国王的大炮击中而从空中掉下来，格列佛来到了大头国。发现这个国家只有国王头大手小，其他人都头小手大。野心勃勃的大头国国王想要攻打邻国，让格列佛做他的战士，格列佛拒绝了他的无理要求④。一头名叫"小雪儿"的山羊不愿住在主人安排的羊圈里过着衣食无忧而又安全稳定的生活，虽然知道山里有狼，但追求自由的它依然趁主人不备，只身到山里和恶狼整整搏斗了一夜，直到猎人扛着猎枪出现⑤……慈儿看见一个黑衣人打鸟后做梦，梦见鸟儿们唱着"义勇军进行曲"团结一致反抗黑衣人的故事⑥，还有借讲述黑蚁和黄蚁打仗，黄蚁相信黑蚁的话而停战，却被背信弃义的黑蚁攻打并最终导致黄蚁亡国，心狠手辣的黑

---

① 何剑薰：《我父亲是个勇士》，《儿童月刊》1941 年第 14 期。
② 黎锦晖：《三剑鬓》，《新少年》1943 年第 1 期。
③ 拓林：《老公鸡》（连载），《儿童月刊》1943 年新 4 期，新 5、6 期合刊。
④ 何公超：《大头国游记》（连载），《儿童月刊》1943 年新 3 期、新 4 期、新 5、6 期合刊、新 7 期。
⑤ 张志渊：《小雪儿》，《儿童月刊》1942 年新 2 期。
⑥ 陈伯吹：《黑衣人》，《小朋友》1945 年复刊第 2、3 期。

蚁还杀掉了黄蚁的全部幼虫的故事①，来抨击对日本还存着幻想的一部分国人。另外，敌人杀鸡给猴看，怕流血的猴子停止反抗，只得一辈子被人奴役驱使②的故事……这些借鸟言兽语来写的反抗童话虽文学成就不及小说，有些想象略显牵强，但同样反映了大家勇于抗击强敌的愿望与决心。

散文以其形式和内容的随意性也受到作者与读者的欢迎。有对被敌军占领的故乡表达深刻怀念之情的散文，如王寿院的《我的故乡》③、史大正的《冬夜回忆故乡》④、陈汝惠的《山顶上的眺望》⑤ 等等都以抒情婉转的笔致回忆家乡昔日美景，而今却被日军蹂躏，今昔对比中表达了自己"要打回去"收复河山的决心。还有赞美时常鼓励"大家要一致努力，去负救国的责任"的老师的故事⑥，以及赞美积极参与抗战的老人的散文《游击队之母——赵老太太》⑦《可敬的韦老太太》⑧，以纪实的方式讴歌了他们在国族危亡时刻的深明大义。另外，和孩子们一起勾勒抗战胜利后的美好生活也成为散文内容的一个重要向度。如丁庄的《新中国的小孩》，想象胜利后孩子们可以"自由地想，自由地干，自由地谈，自由地看"，从而创造新世界。"自由"成为想象的关键词。李璞的《我们胜利之后》⑨ 以排比的形式想象胜利后我们有吃有穿，家人团圆，大家各司其职，全世界友好相处，其乐融融，俨然一幅现代桃源图。十岁的范钦智创作的《假如我们胜利了》⑩ 从个人和他人两个角度构想胜利之后的和美幸福的生活……这些作品虽然没直接提到抗战，但借抗战胜利后美好生活蓝图的构想来激励大家坚持抗战、决不妥协，间接地表达了抗战到底的愿望。

最后，儿童剧以集中的戏剧冲突、舞台呈现的直观性、强烈的动作性等特点也受到了儿童的青睐。早在20年代初，郑振铎就已认识到儿童剧本

---

① 何公超：《黑蚁和黄蚁》，《抗战儿童》1940年创刊号。
② 何公超：《怕流血的猴子》，《抗战儿童》1940年第1卷第2期。
③ 王寿院：《我的故乡》，《儿童月刊》1943年新7期。
④ 史大正：《冬夜回忆故乡》，《儿童月刊》1943年新4期。
⑤ 陈汝惠：《山顶上的眺望》，《小朋友》1945年复刊第3期。
⑥ 何其然：《可敬的徐老师》，《儿童月刊》1943年新3期。
⑦ 陈汝惠：《游击队之母——赵老太太》，《小朋友》1945年复刊第10期。
⑧ 吴鸿志：《可敬的韦老太太》，《小朋友》1945年复刊第8期。
⑨ 李璞：《我们胜利之后》，《儿童世界》1945年第1卷第2期。
⑩ 范钦智：《假如我们胜利了》，《儿童月刊》1943年新7期。

的重要意义，认为"儿童用的剧本，中国还没有发现过"①。因此想在自己主编的《儿童世界》上"隔两三期登一篇戏剧"，目的是"不但学校里可用，就是家庭里也可以用"。而抗战时期孩子剧团、新安旅行团等专门的儿童宣传队大多借儿童剧表演进行抗战宣传，并深受孩子们的欢迎。因此儿童剧本在儿童文学期刊中大量出现。有想尽各种办法阻止爸爸做汉奸的阿龙②，有积极赞美射倒日本旗的小狗子、用香蕉当手枪吓唬日本人的小毛子的儿童剧团集体创作的剧本《中华儿童血》③，还有以童话歌舞剧的形式塑造一群敢于反抗的羊群的故事④。借助戏剧表演的方式，塑造一个个性格鲜明，勇于反抗的儿童形象。

（三）其他书写

尽管抗战是这时期儿童文学期刊的主流话语，但仍然有其他的声音充斥于这些刊物中。它们与抗战话题保持一种或近或远的疏离关系，丰富了抗战时期儿童文学期刊的内容，与抗战这一主流话语共同滋养着这一时期儿童的精神。其中以"用文艺的笔调，写出宇宙的神秘"为办刊宗旨的《中华少年》，在战火硝烟中依然坚持"陶冶儿童性情，增进儿童智慧"办刊宗旨的《小朋友》等杂志上刊登了较多的非主流的儿童文学作品。

"在家与离家"二元情节模式一直被许多儿童文学作品反复运用和书写。离家后的冒险刺激，摆脱家人的束缚是许多少年儿童内在隐秘的愿望，因此这类作品也受到儿童极大的欢迎。有鉴于此，这时期的儿童文学期刊上也刊登了较多的探险游历类的作品。如张梦麟翻译的 C. B. Rutley 的《两少年》⑤《宝岛》⑥，陈伯吹翻译的《奇怪的旅行》⑦（现翻译为《吹牛

---

① 郑振铎：《〈儿童世界〉宣言》，《东方杂志》1921 年第 18 卷第 23 期。
② 奚立德：《爸爸不要做汉奸》（独幕剧），《抗战儿童》1940 年第 2 卷第 1、2 期合刊。
③ 儿童剧团集体创作：《中华儿童血》，《儿童月刊》1940 年第 4、5 期合刊。
④ 夏白：《羊群的战斗》，《少年学园》1944 年第 2 卷第 2 期。
⑤ C. B. Rutley：《两少年》（连载），张梦麟译，《中华少年》1944 年第 1 卷第 1—12 期，1945 年第 2 卷第 1 期。
⑥ C. B. Rutley：《宝岛》（连载），张梦麟译，《中华少年》1945 年第 2 卷第 1、2、3、4、5、6、7、8、10 期，1946 年第 3 卷第 3、4 期。
⑦ 陈伯吹：《奇怪的旅行》，《小朋友》1945 年复刊第 5、6、8、9、10 期。

大王历险记》)，老向的《三子寻宝记》① 等等正是此类作品的代表。跌宕曲折的情节设置，险象环生的奇遇想象，生动鲜明的人物塑造……都让小读者欲罢不能、爱不释手。其中《三子寻宝记》中三位王子千辛万苦寻找的宝贝是万能武力石、万能经济石、万能教育石，预示了武力、经济与教育三个宝贝正是国家富强、民族振兴的三大基石。

赞美人性的真善美，批评社会的假丑恶也是儿童文学作品经常涉足的话题。从叶圣陶的《稻草人》——我国第一部自创的童话集开始，到三十年代中国第一部优秀的长篇童话——张天翼的《大林和小林》，现实关怀和教育功利主义是我国儿童文学诞生伊始就打上的胎记，因此这时期也有一些作品属于这一范畴。因贫穷去偷甜薯果腹的叔父，却误被替人看园子的爸爸击中而最终导致叔父重伤去世、爸爸押监坐牢这一家庭悲剧②。叶至美的《大衣》③ 表现一个爱美的女孩想要一件时尚的大衣，但家穷却没法得到。母亲为了满足女儿的愿望，用旧毯子改做了一件大衣，女孩兴冲冲地穿着大衣出门，看着别人的新大衣，觉得自己的又老又土而感到非常失落的故事。小说采用意识流的手法细腻地刻画了女孩由渴望到骄傲再到自卑的心理变化过程，对社会贫富悬殊的展现以及女孩爱慕虚荣的批判都在作者不经意的叙述中一一流露出来。桐君翻译的《父亲的礼物》④ 中父亲为了给心脏不好的女儿买心爱的礼物拼命工作，承接了富人区牛奶的售卖工作。那些看似有钱的人却老拖欠奶费，其中一位富裕的老太婆，父亲三番五次登门收钱，都被各种理由搪塞，圣诞节那天父亲守在她家门口，好不容易等到她回来，开了支票，父亲连忙奔向银行，好不容易排到了队，却被银行人员告知老太婆早已取走了存在银行的钱，支票无法兑现。望着家家户户围着火炉吃着热气腾腾的烤鹅，疲惫不堪的父亲拿着空头支票在寒风中却恓惶无措。有钱人的虚伪无情，底层人士的艰辛无奈……都在作者冷峻的叙述中展露无遗。还有根据莫里哀的《冒牌医生》改译的

---

① 老向：《三子寻宝记》，《小朋友》1945年复刊第2期。
② 柳无垢：《叔父和甜薯》，《小朋友》1945年复刊第6期。
③ 叶至美：《大衣》，《中华少年》1944年第1卷第4期。
④ 桐君：《父亲的礼物》，《中华少年》1944年第1卷第6期。

《假医生》[①]借冒牌医生引发的啼笑皆非的故事来讽刺社会的虚假,《暗夜来客》[②]中借监守自盗的小税务员来表现被金钱迷失了的人性。另外,陆惠芬的《兔子的尾巴怎么会这么短》[③]以新奇的想象,把兔子因为撒谎而被鳄鱼咬掉尾巴的故事来说明欺骗他人最终会给自己带来恶果这一教育主题。龚德馨的《三个希望》[④]模仿普希金的《渔夫和金鱼的故事》,以轻松幽默的笔调讽刺了樵夫妻子的贪婪。何公超的《蜘蛛的歌》[⑤]借蜘蛛嘲笑蚕来讽刺蜘蛛的懒惰无知,何人英的《伊索和驴子》[⑥]嘲笑驴子的愚蠢,陈原翻译的俄国克里罗夫的两则寓言[⑦]《猫和夜莺》《天鹅、梭鱼和螃蟹》,借前者讽刺猫的虚伪,借后者批判天鹅、梭鱼和螃蟹的自私、不团结。也有道德判断上持肯定态度的作品,如李长之的历史故事《黔敖放赈》[⑧]赞美"不食嗟来之食"的民族气节,黎锦晖仿民谣创造的《梅花比雪》[⑨]词曲也同样赞美坚强不屈的民族精神,王辉的《夜光珠》[⑩]借民间故事表达了"好人有好报,害人终害己"这一民间伦理道德……这些叙事性作品虽题材不一,但都指向了对儿童的道德规训和教育教化,是对二三十年代儿童文学教育叙事和现实关怀的承续和发展。

另外,这时期以温情的笔调回忆自己童年的略带自传色彩的散文也颇受儿童欢迎。有卢冀野连载的《平凡的童年》[⑪],郭沫若的《小时情景二三》[⑫]等,点点滴滴中,童年成长所经历的乐趣和烦恼以及整个家族的起落变迁便跃然纸上。

[①] 易水:《假医生》,《中华少年》1944年第1卷第6期。
[②] 易水:《暗夜来客》,《中华少年》1944年第1卷第12期。
[③] 陆惠芬:《兔子的尾巴怎么会这么短的》,《小朋友》1945年复刊第6期。
[④] 龚德馨:《三个希望》,《小朋友》1945年复刊第9期。
[⑤] 何公超:《蜘蛛的歌》,《小朋友》1945年复刊第3期。
[⑥] 何人英:《伊索与驴子》,《小朋友》1945年复刊第5期。
[⑦] [俄]克里罗夫:《意在言外——寓言两则》,陈原译,《开明少年》1945年第1期。
[⑧] 李长之:《黔敖放赈》,《小朋友》1945年复刊第6期。
[⑨] 黎锦晖:《梅花比雪》,《新少年》1944年第4期。
[⑩] 王辉:《夜光珠》,《新少年》1943年第1期。
[⑪] 卢冀野:《平凡的童年》(连载),《小朋友》1945年复刊第8、9、10期,迁回上海后继续连载。
[⑫] 郭沫若:《小时情景二三》,《儿童月刊》1941年第14期。

三 抗战时期重庆儿童文学期刊的价值与意义

纵观抗战时期,大量儿童文学期刊的内迁和新兴的儿童文学期刊在重庆的出版发行,使重庆成为抗战时期儿童文学期刊最重要的出版中心和文化场域,因此钩沉和描述这一时期的儿童文学期刊出版发行状况,对抗战文艺、重庆的儿童文学,乃至整个儿童文学和现代文学都有一定的价值和意义。

首先,它是抗战文艺的一笔重要的文化财富,也是本土儿童文学发展进程中一个不可或缺的环节。在全面抗战时代,五四以来成人对儿童的启蒙内涵出现了新的变奏,民族主义和爱国教育成为这时期启蒙的主旋律,因此战争给儿童带来的苦难以及儿童的反抗成了儿童文学期刊书写的重点。据笔者不完全统计,描述儿童苦难的作品有45篇,较为明显表现儿童积极反抗的作品有153篇,书写其他的作品有89篇,可见在这时期儿童文学期刊中抗战文学书写的重要地位。另外,大量文化名人参与了儿童文学抗战话语的写作,极大地鼓舞了全国上下积极抗战的决心和士气,其中郭沫若、老舍、冰心、陶行知、黎锦晖、叶圣陶、陈伯吹、何公超、王人路等作家都积极投入抗战儿童文学作品的编辑出版与创作,丰富了抗战文艺和儿童文学的内涵,延续了晚清以来本土儿童文学的发展脉络,提升了抗战儿童文学作品的质量,并为本土儿童文学界贡献了一大批优秀的儿童文学作品,其中老舍的童话《小白船》和诗歌《她记得》,陈伯吹创作的长篇童话《黑衣人》,还有何公超改编的《大头国游记》,黎锦晖的《三剑鬟》等至今为人所传诵。

其次,打破了之前文化过于集中的局面,实现了文化版图的流动,促进了西部特别是重庆儿童文学的发展。抗战全面爆发以前,儿童文学期刊在重庆几乎是空白,只有少量的儿童文学作品发表在一些综合性成人刊物上。如1904年后在重庆《广益丛报》上曾连载小说《鲁宾孙漂流记》[①]《二十世纪西游记》[②],还刊登过白话体诗歌《劝学歌》[③] 等适合儿童阅读

---

① 《鲁宾孙漂流记》,《广益丛报》1904年第44期,1905年第60、61期合刊。
② 《二十世纪西游记》,《广益丛报》1905年第87期。
③ 《劝学歌》,《广益丛报》1905年第84期。

的作品。1934年《心力》杂志上发表了由苕之花采编的《高粱杆》《一对鹅》《燕儿》《红鸡公》《星宿》《陈三哥》《鹦鹉》七首重庆儿歌[1]，也发表过重庆民间故事《包谷娃儿》[2] 等等，数量、种类均非常有限，不能满足当时重庆儿童的需求。全面抗战爆发后，随着政治、经济、文化中心的迁移，大量的儿童文学期刊在重庆复刊或创办，给近乎荒漠的重庆儿童文学界带来了发展的契机。一方面，培养了重庆本土的儿童文学作家。儿童文学理论家彭斯远教授就曾提到抗战时期在重庆复刊的《小朋友》"还有一个不应抹杀的功绩，就是为原本较为闭塞落后的巴蜀儿童文学界，扶持和培育了一大批创作与编辑人才。如揭祥麟、喻诗骏等人即是其中的佼佼者"[3]。儿童文学人才的培养为重庆儿童文学持续发展提供了生力军，以至于新中国成立后重庆儿童文学界一直成为我国西部儿童文学界的重镇，被北京师范大学王泉根教授称为"崛起的西南儿童文学"的代表。另一方面，也肥沃了重庆儿童文学的土壤。抗战胜利后，许多儿童文学刊物因重庆物价及印刷成本过高等问题从重庆迁离，但也有一些有志之士继续在重庆创办儿童文学相关刊物，比较有代表的是由何公超主编的刊登图画故事、童话、诗歌以及儿童自创作品的《儿童创作》（1947）；郭咸中担任社长，以发表科学童话故事为主的儿童科普刊物《科学儿童》（1947.9—1948.10）；另外，还有以搜集民间故事、中外童话、名人掌故，致力于故事新编的通俗文艺刊物《故事杂志》（1946.7—1947.1）均深受儿童和各界人士喜欢。1947年《武汉时报》曾撰文评价《故事杂志》"第一期上《王抄手打鬼》的故事已为读者深深地留下了不灭的印象"，并认为该杂志"才是真正可以深入到每一个阶层的读物"[4]。解放战争时期在重庆创立的这些刊物正是对抗战时期繁荣的重庆儿童文学的回应和延续。新中国成立后国家对全国所有的刊物进行重新规范整理，《儿童生活报》等刊物落户

---

[1] 苕之花：《高粱杆》《星宿》《一对鹅》《陈三哥》《鹦哥》《燕儿》《红鸡公》，分别发表在《心力》1934年第12期。

[2] 苕：《包谷娃儿》，《心力》1933年第3期。

[3] 彭斯远：《小朋友90年》，少年儿童出版社2013年版，第46页。

[4] 《武汉时评〈故事杂志〉——载三十五年十一月三十日武汉时报读书之页》，《故事杂志》1947年第3期。

重庆，继续扛起重庆儿童文学期刊的大旗。新时期以来重庆科协主办的《课堂内外》，共青团重庆市委主管的《少年先锋报》等少儿刊物深受全国少年儿童的欢迎，发出了重庆儿童文学应有的声音。

总之，重庆抗战时期的儿童文学期刊，虽然许多刊物在重庆办刊时间不长，也不乏粗制滥造的儿童文学作品，但瑕不掩瑜，总的来说，在艰难的抗战时期它保存了儿童文学期刊的星火，促进了儿童文学期刊的持续发展，使重庆儿童文学在抗战文艺的大合唱中扮演了举足轻重的角色；另外，在文化板块的位移中也发展并繁荣了重庆本土文学，改变了重庆文学的边缘身份，使重庆文学与解放区文学作为抗战时期的两座高峰一同进入现代文学研究的视野之中。

基金项目： 海南省普通高等学校研究生创新科研项目"抗战时期青少年刊物中的鲁迅纪念研究"（项目批准号：hyb2017—32）、重庆市教育委员会人文社会科学研究项目"抗战时期重庆谍战叙事研究"（项目批准号：17SKL027）的阶段性成果。

作者单位： 重庆师范大学教育科学学院；海南师范大学文学院

抗战时期郭沫若与"孩子剧团"（1938—1942）

付冬生　刁雨薇

"八·一三"事变爆发后，以上海沪东临青学校为主的一部分中小学生，自发地在难民收容所进行抗日宣传活动。1937年9月3日，在地下党组织和共产党员吴新稼的领导下成立"孩子剧团"。5年间"孩子剧团"用演出去宣传抗日救亡的爱国思想，为国家民族做出自己的贡献。因"孩子剧团"贡献卓越，剧团工作受到中国无产阶级革命家、现代杰出作家、剧作家、历史学家、著名社会活动家，时任国民政府军事委员会政治部第三厅[①]厅长郭沫若的关心。郭沫若关心帮助"孩子剧团"的成长、发展，多次观看"孩子剧团"的演出，给其题词和写文章，并为"孩子剧团"出版的书籍《孩子剧团——从上海到武汉》和创办的刊物《抗战儿童》题字和题写刊名。其回忆录《洪波曲》中也曾专门记录"孩子剧团"事迹。他利用工作关系多方争取将"孩子剧团"纳入三厅领导并数次粉碎国民党的收编，想方设法保护被国民党迫害的"孩子剧团"成员李少清。他关怀"孩子剧团"团员生活，多次捐款捐物，指导"孩子剧团"参加其历史剧《棠棣之花》《屈原》演出等。郭沫若与"孩子剧团"的交集主要集中在武汉、重庆，即其担任国民政府军事委员会政治部第三厅厅长期间。

[①] 第三厅，全称"国民政府军事委员会政治部第三厅"，郭沫若任厅长。

一

第一次给"孩子剧团"题词。上海沦陷后，1938年1月吴新稼率领"孩子剧团"转移武汉。在武汉"孩子剧团"开展了声势浩大的争取民主、反独裁的抗日救亡演出活动，每天到街头、厂矿、难民所、医院、学校、机关等地进行戏剧表演和歌咏活动。他们演唱《大刀进行曲》《救亡进行曲》《生死已到最后关头》《打回老家去》等抗战爱国歌曲，演出《仁丹胡子》《放下你的鞭子》等戏剧，受到广大群众的热烈欢迎。为激励"孩子剧团"抗日宣传壮举，1938年1月29日，郭沫若为"孩子剧团"作了如下题词：

> 宗教家说"儿童是天国中之最伟大者"，我敢于说"儿童是中国之最伟大者"，因为他们的爱国是全出于热诚，行动是毫无打算。①

这也是有资料记载，郭沫若第一次给"孩子剧团"成员题词。

正式与"孩子剧团"团员见面。据"孩子剧团"成员许翰如回忆："1月30日，这是我们永远不能忘怀的日子。下午1时，周恩来派'红小鬼'吴志坚乘一辆大卡车来到培心小学校，接我们去八办为我们举行欢迎会。出席欢迎会的有周恩来、王明、董必武、叶剑英、博古、郭沫若、邓颖超、孟庆树、叶挺以及'八办'的工作人员和男女战士。"② 在欢迎会上，"孩子剧团"作了自我介绍，演唱了《孩子剧团团歌》《流浪儿》。周恩来和郭沫若先后发言，给"孩子剧团"成员以极大关怀和鼓励。会上，郭沫若说："真正亲爱的小兄弟小姐妹们！我回国半年，今天可说是最快乐的一天。……九岁的小弟弟，就晓得出来救亡了，是作孽么？不，是幸福。好像一株植物放在温室里虽然茂盛，但一拿出来就谢了，唯有山谷里，寒风暴雨中磨练出来的树木，才是坚强的，才能发展起来，顶天立地。中国有了你们这群不怕艰苦的儿女，中国也要在苦难中渐渐长大起来的。

---

① 郭沫若：《洪波曲》，百花文艺出版社1979年版，第40页。
② 许翰如：《从一首诗引起对周恩来和孩子剧团的回忆》，《新文化史料》1998年第1期。

你们就象征着中国，在艰难困苦中一天天长大起来吧。要建立一个国家，绝不是容易的事体，一定是流许多许多勇士的血，牺牲许多许多战士的头颅，用这些血液来作水门汀，头颅作砖块，这样才能建设得起来，中国要跟着你们一道长成起来！我不能再讲了，我的眼泪要流出来了，那样太难为情了。"① 这也是郭沫若和"孩子剧团"团员的第一次正式见面。

为书籍《孩子剧团——从上海到武汉》题字。因"孩子剧团"演出反响热烈，在武汉的《新华日报》对其抗日宣传活动进行了详细报道，《新华日报》副刊《团结》以"大时代的孩子们——在苦难中成长起来"为题，连续三天整版报道"孩子剧团"从上海到武汉传奇经历。其中刊登《孩子剧团从上海到武汉》长篇通讯，刊发《孩子剧团宣言》和《孩子剧团团歌》。大路书店还搜集了《新华日报》上刊载的文章和其他一些文章和题字、图片等编成一本书出版，书名是《孩子剧团——从上海到武汉》，郭沫若同志为该书题了字。② 1938年2月26日《抗战日报》刊登郭沫若的文章《学学孩子吧》。文中他对"孩子剧团"的抗日宣传活动高度肯定，指出："我们中国有这样的孩子，中国绝对是不会亡的。"他还号召大人们向孩子学习。

多方努力，争取"孩子剧团"被第三厅收编。早在"孩子剧团"到达武汉前，在郑州的伪国民政府军事委员会就与武汉国民党军事委员会密谋收编。由于全体成员的团结一致，粉碎了敌人第一次收编阴谋。"孩子剧团"抵达武汉后，由于其开展的抗日救亡活动影响较大，引起了国民党的注意和不安，国民党武汉市党部再次提出要收编，多次诱逼"孩子剧团"搬到市党部，被"孩子剧团"拒绝。敌人阴谋没有得逞，于是又采取突然袭击的方式，妄图以既成事实的手段扼杀"孩子剧团"。1938年2月中旬的一天，下午三点钟左右，国民党市党部秘书对吴新稼威胁说："市党部开了会，决定把你们收编到市党部去。明天早晨八点钟派车来接你们，准

---

① （陈）慧琳：《孩子剧团欢迎会上》，《新华日报》1938年2月10日第4版。
② 吴莆生：《活跃在武汉的孩子剧团》，《武汉文史资料》2015年第8、9期合刊。

备好，不要耽误了！"① 1938 年初，随着战局的变化和国民政府的转移，以周恩来为首的中共代表团从南京迁到武汉，此时周恩来任中共长江局、八路军办事处副书记。据吴新稼回忆："在支部书记王洞若的建议下和带领下，他们找到汉口的阳翰笙，在其带领下找到郭沫若家中寻求帮助。""郭老、杜老又用日语交谈了一会。然后郭老庄重地对我说：你还是到'办事处'去吧！"② 在郭沫若建议下，"孩子剧团"团长吴新稼去八路军办事处见到了周恩来，在其指示下"孩子剧团"立即转移到石灰窑。后在周恩来和郭沫若共同的努力下，多方争取，经国民政府军事委员会政治部主任陈诚同意，"孩子剧团"被国民政府军事委员会政治部第三厅收编。不久郭沫若厅长派辛汉文带着政治部部长陈诚签名的"由沪来汉之孩子剧团由本部收编的"③ 批条，将"孩子剧团"由汉口领进了武昌昙华林的第三厅驻地。"孩子剧团"具体由第六处处长田汉、第一科戏剧科科长洪深直接领导。

指导成立党支部，帮助加强文化艺术课程学习。1938 年 4 月，"孩子剧团"进驻第三厅所在地武昌昙华林，正式纳入国民政府军事委员会政治部三厅编制。周恩来和郭沫若第一时间前来看望"孩子剧团"团员。在郭沫若的帮助下，每个团员都有了新被子、新枕头、蚊帐和铺盖。郭沫若还亲自叮嘱医务室同志多帮助"孩子剧团"团员治病。在他的指导下"孩子剧团"成立了党支部，团长吴新稼任支部书记，党支部成立后发展党员数名。郭沫若敏锐地意识到，"孩子剧团"成员都是适合入学的儿童，求知欲望强烈，学习文化知识不仅重要而且迫切，郭沫若于是派陈乃昌同志任指导员领导文化学习，聘请常任侠任语文教员，曹荻秋教授英语，还邀请徐特立作"学习方法与态度"演讲，周恩来作形势与任务报告，郭沫若、田汉、石凌鹤等讲授戏剧理论、戏剧常识，郭沫若也多次亲自给团员们上课。在其帮助下团员们对文化知识学习抓得紧。"孩子剧团"团员周令谟

---

① 廖超慧：《抗战血泊中的一朵奇花——谈谈"孩子剧团"的成长道路》，《湖北大学学报》1986 年第 5 期。

② 吴新稼：《一场隐蔽的斗争——记孩子剧团一九三八年在武汉战胜国民党反动派强迫收编的斗争》，《新文学史料》1982 年第 4 期。

③ 许翰如：《周恩来关爱孩子剧团》，《百年潮》2002 年第 9 期。

在《孩子剧团的美术工作》文章中写道:"从此,郭沫若先生及第三厅地下特支,都经常抓我们的教育,要求我们上午学习,下午工作。并派三厅的不少先生,担任我们的教员。每天上午上语文、政治、戏剧、音乐等课。""孩子剧团"团员陈模、周令章回忆:"1938年4月,我们进驻三厅所在地武汉昙华林。郭沫若先生陪着周副主席(当时公开身份是军事委员会政治部副部长),到我们住处来看望我们。他们查看了每个宿舍,问长问短,答应给我们解决蚊帐的问题。多么亲切的关怀啊!不久,沫若先生和三厅党的地下组织就安排了一些大先生,给我们讲戏剧、音乐知识,也讲时事。以后又派了老党员蔡家桂同志,担任我们的指导员,经常给我们上政治课,还发展了一批党员。"[1] "孩子剧团"团员雷正先也回忆:"接受第三厅收编以后,孩子剧团结束了动荡不安,没有保障的生活。郭沫若同志说:'你们始终是自己管理自己的,一面工作,一面学习,丝毫不肯懈怠。'"[2] 纳入第三厅管理后,郭沫若经常到驻地探望"孩子剧团"成员,亲自过问团员的工作、学习和生活。郭沫若还亲自修改"孩子剧团"成员壁报稿子的错别字,鼓励大家好好学习。他还经常邀请团员去他家玩,给大家讲解如何辨识甲骨文字和团员们玩"弹豆子"游戏等等。在后来的转移过程中,郭沫若首先想到是"孩子剧团",想方设法指示调派车辆协助团员转移,确保"孩子剧团"团员安全。

在回忆录中专门记录"孩子剧团"的事迹。郭沫若对"孩子剧团"无微不至的关怀还体现在其回忆录中。郭沫若回忆录《洪波曲》第四章第四节专门记录"孩子剧团"事迹:上海成为孤岛后,他们化整为零,装成难民的孩子逃出来了。经过徐州、开封、新郑等地,逃到了武汉。在他们逃到武汉时,我正在长沙。他们分别向市政府、市党部和什么抗敌后援委员会等请求收编,但那些党老爷们、官老爷们却要解散他们,把他们分发到各处的难童收容所里面去。这,他们是死不愿意的。他们来找我想办法。这是义不容辞的,而且要解决这个问题,在我看来比第三厅的组

---

[1] 陈模、周令章:《郭老和我们在一起》,孩子剧团史编辑组编:《孩子剧团》,四川少年儿童出版社1981年版,第43页。

[2] 雷正先:《蜚声中外的孩子剧团》,《湖北文史》1995年第1期。

织还要迫切。

他还记载到:"我为了这事,专门找过陈诚,建议由政治部来收编,作为一个宣传单位,隶属第三厅。陈诚同意了。这问题便告了一个段落。不过到后来还有过一些小波折。在一次部务会议上提出这个决定来报告,有些人横生枝节。张厉生说:那些耍猴戏的娃娃们会做什么!由部里出津贴把他们安插在各小学里去好了。康泽说:要收编,只能作为民众团体,应该归第二厅管辖。但陈诚大概为了维持自己的威信,维持了原议。就这样,孩子剧团便得以隶属第三厅第六处第一科,而成为我们的一个优秀的宣传单位。"① 郭沫若还在《洪波曲》里写道:"孩子剧团的隶属第三厅,是在筹备中完成的,我自己认为是最满意的事。"②

指导"孩子剧团"团员给国外小朋友回信。1938年武汉媒体广泛报道"孩子剧团"事迹和刊发"孩子剧团"系列文章后,引起国外媒体关注。国外报刊纷纷刊登"孩子剧团"评论和报道。苏联、英国、美国、加拿大、波兰、马来西亚等16个国家的儿童团体和小朋友寄来200多封书信关心关注"孩子剧团"。对于这些书信的处理,郭沫若非常重视,他对孩子剧团成员说,这是宣传抗日争取国际上同情的好机会,指定专人负责此项工作,把工作做好。在郭沫若的指导下,"孩子剧团"按照书信的内容,写信人的年龄,分配适当的人选和对方通信,回答问题、建立友谊。这些书信寄往国外,产生了很好的效果。通过书信往来,国外小朋友了解到中国儿童的生活学习状况,加深了对中国抗战的了解。通过书信往来,"孩子剧团"正面宣传了八路军、新四军英勇的抗战事迹,宣传了中国孩子不怕困难,积极参加抗日救亡工作的成果,这对宣传抗战起到很好效果。

收编长沙儿童剧团,使之与"孩子剧团"合并。1938年4月10日,在田汉、廖沫沙的领导下,长沙儿童剧团成立,田海南为团长。长沙儿童剧团成立后,号召长沙儿童团体参加为难童募捐活动,组织联合演出三幕话剧《中华儿童血》大获成功,将收入1500元全部捐出,影响深远。1938年8月,日寇进攻武汉,"孩子剧团"冒着敌机的轰炸和炮火的袭击

---

① 郭沫若:《洪波曲》,百花文艺出版社1979年版,第41页。
② 同上书,第40页。

转战到湖南。在转移途中,因长沙儿童剧团抗日宣传产生的巨大反响,受到郭沫若的赞许。郭沫若向政治部打报告请求收编长沙儿童剧团。

> 迳呈者:职厅所属孩子剧团工作素称努力,唯自武汉迁徙以来,沿途所收纳之小朋友,已在十人以上。前月疏散人口时,复有长沙儿童剧团十余,曾经职厅援例发给疏散费,业已到达衡阳,因经费无着,将不免流离失所。因此,职拟将长沙儿童剧团收编,与孩子剧团合并。唯仍用孩子剧团之名,分为二队,将其年长者为第一队,年幼者为第二队。原有孩子剧团之经费可作为幼年队之经费。其第一队之经费,则请准许将职厅拟办而迄未举办之歌剧队一队经费移充。所拟是否可行,敬乞鉴核示遵。①

在周恩来的关怀支持下,长沙儿童剧团和"孩子剧团"合并。合并后继续沿用"孩子剧团"之名。据蔡馥生回忆,他(郭沫若)指示儿童剧团:"要进一步团结少年儿童,宣传坚持抗战,反对妥协投降,打倒汉奸和卖国贼,鼓舞全国人民的抗日热情……",他还给了两百元做经费。1938年12月,郭厅长在桂林下了一个手令,要我(蔡馥生)兼任孩子剧团的政治指导员,郑君里同志兼任孩子剧团的艺术指导员。②

鼓励"孩子剧团"牵头举办儿童联合大演出。"孩子剧团"转移途中演戏、唱歌、讲演、写标语,发传单,不仅宣传抗日爱国思想,而且联络、组织沿途学校和社会上的少年儿童团体一起参加抗日救亡运动。茅盾曾评价:"谁能说他们不象经历过二万五千里长征的红军小战士呢!谁能说他们不象征着中国抗战的胜利呢!是的,他们真正是'冲开了敌人炮灰的勇敢、天真、活泼的中国主人!'"③1938年11月中旬"孩子剧团"转移至桂林,当时陶行知创办的生活教育社在广西省府大礼堂开会。郭沫若

---

① 蔡震:《郭沫若与孩子剧团及抗战戏剧》,《郭沫若学刊》2015年第3期。
② 蔡馥生:《在革命烘炉中茁壮成长》,孩子剧团史编辑组编:《孩子剧团》,四川少年儿童出版社1981年版,第17页。
③ 茅盾:《记"孩子剧团"》,《少年先锋》1938年第2期。

参会并赞扬孩子们离家别母积极投入革命洪流，为抗日而宣传的伟大行径。他的鼓励给"孩子剧团"及其他儿童抗日组织增添了无穷的力量。在他的鼓励下"孩子剧团"和在桂林的新安旅行团、厦门儿童剧团、广州儿童剧团、桂林少年剧社、广西实验小学等组织商定每周举行一次座谈会，研究如何开展儿童工作，商定联合举行一次联合演出，以扩大宣传影响，后来演出地点定在桂林公共体育场检阅台，当天的演出规模空前，观众众多，演出非常成功。郭沫若评价："孩子剧团"由桂林步行到重庆，沿途工作者，留下了很好的影响。

二

1939年1月上旬，历经艰辛的"孩子剧团"由桂林经贵州来到大后方国民政府的"战时陪都"——重庆，后居住在沙坪坝歌乐山下赖家桥的"全家院子"，这也是抗战时期国民政府军事委员会政治部第三厅及后来"文化工作委员会"的办公地，郭沫若和"孩子剧团"都居住在此。随后"孩子剧团"在重庆开展了"抗战儿童戏剧公演"等一系列抗日、争取民主、反独裁的演出活动，成为抗战大后方陪都重庆群众进行抗日宣传的一支重要的文艺大军。

受邀参加抗日儿童团体星期座谈会并作讲座。为发动联合儿童团体和中小学校投入抗日活动，"孩子剧团"邀请十多个儿童团体和中小学代表在上海建立抗日儿童团体星期座谈会。在武汉时，"孩子剧团"继续联合在武汉的抗日儿童团体，商讨抗日救亡活动，参加第三厅主持的各种活动和召开儿童救亡座谈会。转移重庆后，"孩子剧团"与在重庆的儿童农村宣传队、儿童演剧队、朝鲜"三·一"少年宣传队、平儿院儿童战时服务团等互相访问、联欢。"孩子剧团"还走访重庆的多数小学，帮助他们建立抗日宣传队，并在此基础上成立了抗日儿童团体星期座谈会，定期开会，协调行动计划，开展讲座、公演，进行抗日宣传，每周出版一期"重庆市儿童星期座谈会通讯"，这些工作对推动抗日救亡运动都产生了积极的影响。实践也证明，召开抗日儿童团体星期座谈会是发动儿童抗日的一种好形式。郭沫若也用实际行动支持抗日儿童团体星期座谈会，并多次应邀参加讲座。他还专门为"孩子剧团"撰写文章《向着乐园前进》，文中对"孩子剧团"取得的成绩给予肯定，希望这些"永远的孩子，把我们中国造成地上乐园"。① "孩子剧团"团员陈模回忆："1939年初，我们孩子剧团来到了陪都重庆。我们在重庆连续公演后，邀请在渝的十几个抗日儿童团体，成立了抗日儿童团体星期座谈会，联合举行南岸宣传、慰问保育院儿童和星期讲座。星期讲座，第一讲就是郭沫若，听讲者700多人。他对国内外形势精辟的分析，发自肺腑的抗战激情，引起全场青少年多次暴风雨般的掌声。"② 1939年3月20日，《新华日报》曾对儿童星期讲习班进行报道：昨日请郭沫若先生讲"二期抗战中小朋友怎样做工作"，并请赵启海先生教歌。出席1939年陪都重庆"四四"儿童节庆祝大会。郭沫若对"孩子剧团"的关怀无微不至，"孩子剧团"举办的集会、演出、学习等活动，邀请他讲话、写歌词、题字等，他都欣然答应。1939年4月4日，在"孩子剧团"及其他抗日儿童团体的共同努力下，"四四"儿童节庆祝大会在抗战大后方陪都重庆隆重举行。冯玉祥、郭沫若和陶行知等应邀参加庆祝大会。十多个儿童团体和小学举行了抗战儿童戏剧节演出、演讲比赛等，还在重庆中山公园举行儿童歌咏比赛，一万多名观众观看，庆祝大会反响十分强烈。据团员陈模回忆："我跑了几天，请来了冯玉祥将军和郭沫若、陶行知两位先生。他们在会上又念诗、又和孩子们一起唱歌，使得全场特别活跃，会开得好极了。"③

反对国民党收编，保护"孩子剧团"团员李少清。1939年下半年，国民党强迫改组第三厅，令"孩子剧团"全体成员加入三青团。"孩子剧团"在郭沫若同志的领导下，采取拖延、应付的办法，与国民党对抗。④ 1941年，国民党反动派一手制造了"皖南事变"，掀起了第二次反共高潮。"孩子剧团"有个团员李少清，在郭沫若主持的文化工作委员会工作。1月下旬，李少清在文化委为新四军死难烈士募捐，分寄《皖南事变的真相》等

---

① 郭沫若：《向着乐园前进》，《新蜀报·蜀道》1941年3月27日。
② 陈模：《在孩子剧团里成长》，《红岩春秋》2001年第5期。
③ 同上。
④ 廖超慧：《抗战血泊中的一朵奇花——谈谈"孩子剧团"的成长道路》，《湖北大学学报》1986年第5期。

传单，被国民党的特务追捕。郭沫若为他掩护，让他隐藏起来。李少清不辜负党的培养、郭沫若的关怀，后来在一次战斗中英勇牺牲。① 李少清离开"孩子剧团"后积极投入革命，担任东江纵队第一支队所属猛豹大队政治委员，他骁勇善战，参与许多场战斗，革命立场坚定，是一位坚定的马克思主义战士。李少清的这些成绩都和郭沫若的关怀、指导密不可分。

大力支持创办《抗战儿童》杂志，并亲自题写刊名。1940 年春，"孩子剧团"创办《抗战儿童》杂志，傅承谟、吴克强先后担任主编，郭沫若应邀亲自为刊物题写刊名。陈模（傅承谟）回忆："我先去找郭沫若先生。他听说我们要办杂志，非常高兴，连说'好事，好事'，讲了文章要通俗、短小、有知识性、文学性。我请他为刊名题字，他拿起毛笔，写两个'抗战儿童'，笑着对我说：'你挑选一个吧！'我挑选了一个。要他为我们经常写稿子，他也答应了。不久他就写了一首歌词《我们向前走》；还写了一首儿童诗《大人物与小朋友》，都在四期发表了。"② 在郭沫若的大力支持和"孩子剧团"傅承谟、吴克强等的努力下，《抗战儿童》杂志成为发动大后方儿童参加抗日活动的一个号角。《抗战儿童》杂志前后共出版七期，因送审稿及财力困难，面临停刊危险，后与《儿童月刊》杂志合并出版。1943 年 10 月是《儿童月刊》经济上面临最困难的时期，办刊异常艰难。据主编吴克强回忆：我徒步从重庆走到赖家桥全家院子郭沫若先生居住的地方，郭先生一听到《儿童月刊》出版有困难，马上热情地为我们想办法。他思索了一下，说："你们到北碚去放电影怎么样？"我说："好。"郭先生随即亲手写了两封介绍信，一封给苏联亚洲影片公司苏秘书，通过他借到两部电影拷贝《丹娘》和《保卫斯大林格勒》；另一封给北碚管理局卢子英局长，请他们同意在北碚放电影，为《儿童月刊》募捐。尽管当时社会上一些进步人士伸出了热情之手帮助我们，可是一个民办的刊物处在物价飞涨的年月，经费问题得不到妥善解决，生存问题仍然是极其艰难

---

① 陈模、周令幸：《郭老和我们在一起》，孩子剧团史编辑组编：《孩子剧团》，四川少年儿童出版社 1981 年版，第 48 页。
② 陈模：《抗战儿童创刊记》，孩子剧团团史资料征集编辑委员会编：《孩子们站起来！——孩子剧团回忆录》，少年儿童出版社 1989 年版，第 175 页。

的。勉强支持到1943年冬,总共只出了六期。①

为参加《棠棣之花》《屈原》话剧演出的团员亲自示范。1941年"皖南事变"后到1943年春,郭沫若身处国民党统治的中心重庆,为了鼓舞全国人民的抗战热情,他以历史事件和人物为题材,借古讽今,先后创作《棠棣之花》《屈原》《虎符》《高渐离》《孔雀胆》《南冠草》等六部大型历史剧。表现反侵略、反投降、反独裁专制,争取民主、自由、人权的鲜明主题受到关注。其中《屈原》在大后方重庆连续上演三个多月,轰动山城重庆。"孩子剧团"部分团员也参加了郭沫若创作的《棠棣之花》《屈原》等话剧演出。演出过程中,郭沫若经常到后台和演员们交谈,给孩子分析故事中的人物,他用通俗浅显的语言讲解孩子不懂的诗词、历史背景。甚至为了演出效果,亲自表演示范。"孩子剧团"黎昭佶回忆:在演出过程中,郭先生经常到后台来和演员们交谈。有次为了更好地听台上效果,他主动争取在最后一幕中扮演死尸。这幕戏历时半个多小时,我见他一直一动不动地躺在暴尸台上,心里不禁暗暗赞道:"他不也是一个英雄吗!"② 参加演出的团员张素玉也回忆:我们孩子剧团有十几个团员参加了《棠棣之花》和《屈原》的演出,扮演剧中的小女孩、群众、舞蹈者、宫中侍女等角色。我们参加这场战斗成为战斗中的一员,这是郭老对我们的关怀,让我们在战斗的实践中得到进步。参加演出的每个团员好像初上战场的新战士一样,心情有些紧张。我们年纪小、文化低,对好些历史弄不清楚。郭老便亲自讲《棠棣之花》动人的故事给我们听,还给我们讲解《屈原》的诗词和语句。《棠棣之花》的导演石凌鹤,《屈原》的导演陈鲤庭,在排演的过程中,更是耐心而具体地进行帮助和指导,使我们能更好地扮演剧中角色。③

给写请战书请战的"孩子剧团"团员回信并批示。1939年1月,"孩

---

① 吴克强:《苦斗中的儿童月刊、儿童世界》,孩子剧团团史资料征集编辑委员会编:《孩子们站起来!——孩子剧团回忆录》,少年儿童出版社1989年版,第179页。
② 黎昭佶:《我们参加了棠棣之花的演出》,孩子剧团团史资料征集编辑委员会编:《孩子们站起来!——孩子剧团回忆录》,少年儿童出版社1989年版,第200页。
③ 张素玉:《在重庆参加〈棠棣之花〉〈屈原〉的演出》,孩子剧团史编辑组编:《孩子剧团》,四川少年儿童出版社1981年版,第51页。

子剧团"转移陪都重庆。受大后方重庆抗战氛围的影响，团员工作热情高涨。1939年11月"孩子剧团"团员主动给郭沫若写请战书：

> 爱护和关心我们的郭先生：
>
> 　　好久没有给您信了，您忙吗？自从那天在厅里见过您后，我们时时刻刻在想念着您，所以写这封信来问候您好。
>
> 　　我们回团本部已有两个多月了，在这段时间中，我们主要的是加紧自己每人的学习，学习宣传技术，同时在附近做了一点工作。
>
> 　　我们在第二次团务会议决定十一月半分两队出发川北川西工作。后来，蔡指导员说：
>
> 　　"郭先生为了爱护我们，怕我们冷，叫我们过了冬出发。"我们听了都不高兴，大家叫着："我们不怕冷"，"我们要出发工作"，"写信给郭先生去。"
>
> 　　亲爱的郭先生：的确我们不怕冷，我们要出发工作，因为在四川地带，并不挺冷，而且，我们都做了新大衣，在比较冷的几个月可以少布置一点工作，着重自己教育方面，您说好不好？
>
> 　　所以，今天写信来，请郭先生允许我们十二月初出发工作，我们相信郭先生，一定不会使我们失望的。敬致
>
> 允许的敬礼！
>
> 　　　　　　　　　　　　　　　　　　孩子剧团的孩子们谨上
> 　　　　　　　　　　　　　　　　民国廿八年十一月四日于陈家坝

接到来信后，11月15日郭沫若在信上批示："大家都不怕冷，可在12月初出发工作，交蔡家桂同志"。

指导话剧《乐园进行曲》《秃秃大王》的创编和演出。1939年著名导演、剧作家石凌鹤在郭沫若领导下的第三厅担任主任科员，与洪深一起主持戏剧工作。在郭沫若的大力支持下，石凌鹤以"孩子剧团"斗争经历为素材，创编了六幕抗战儿童话剧，后经郭沫若确定剧名为"乐园进行曲"。

1941年"孩子剧团"成员在重庆参加《乐园进行曲》演出并大获成功，这也是中国第一部大型儿童话剧作品。3月27日，《新蜀报》刊登郭沫若题为"向着乐园前进"的文章对演出成功表示祝贺："这一次他们在重庆第一次的大规模的公演，而所演的《乐园进行曲》，事实上就是以他们作为脚本而写出来的戏剧。现在却由他们自己把他们的生活搬上了舞台，真真是所谓'现身说法'，我相信是一定会收到莫大的成功的。"① 1942年，"孩子剧团"又参加了根据张天翼童话改编的六幕儿童话剧《秃秃大王》（后改名《猴儿大王》）演出，在当时大后方重庆引起强烈反响，受到重庆各界好评。演出过程艰难而曲折，郭沫若给予很大帮助。据"孩子剧团"团员奚里德回忆：演出《秃秃大王》时，郭沫若已经离开第三厅，但演出时无经费，大家又去找过郭老，请他支持，郭老设法借了一笔钱，促成演出完成。《乐园进行曲》与《猴儿大王》的演出，标志着"孩子剧团"的戏剧艺术活动迈向演出大型舞台剧的新阶段。

三

皖南事变后，政治形势日益恶化。1942年夏季起，第三厅被取消，"孩子剧团"处境越来越糟糕。国民党不断给第三厅施压，逼迫其集体加入国民党，遭到全体成员反对。随后，郭沫若、冯乃超等人相继离开第三厅。蒋介石改派三青团骨干分子和国民党中央政治学校教官接管"孩子剧团"。1942年9月，在政治部第三厅中共地下特支书记冯乃超的指示下，"孩子剧团"大批团员陆续分散转移、疏散。陈浩望在《开放在抗战血泊中的奇花——孩子剧团》一文提到：为了孩子们的前途，周恩来利用与蒋介石的旧谊，经过与蒋介石商量同意后，根据团员们的特长和年龄大小，对"孩子剧团"分批做出安排：一部分团员考入国立戏剧学校或国立音乐专门学校学习；一部分被输送到延安；还把一些团员分散到广东、昆明等地。② 很多孩子由此走上了终生从事艺术事业的道路，成长为有成就的音乐、戏剧、文学等文艺工作者。至此，成立五年的"孩子剧团"正式宣告结束，

---

① 郭沫若：《向着乐园前进》，《新蜀报·蜀道》1941年3月27日。
② 陈浩望：《开放在抗战血泊中的奇花——孩子剧团》，《老年人》2016年第3期。

如期完成中国共产党赋予其的光荣使命。诚如郭沫若所说，孩子剧团是周总理领导的革命文艺队伍。他们"尽可以成为一部抗战的侧面史"[①]。茅盾也称赞：孩子剧团是抗战的血泊中产生的一朵奇花。[②] 据统计，抗战期间"孩子剧团"共演出了四十多个抗战戏剧，演唱几十首抗战歌曲。在300余次的演出中，约45万人观看演出。[③]"孩子剧团"自1937年9月成立至1942年9月被迫结束，足迹遍布苏、皖、豫、鄂、湘、桂、黔、川、渝等九省57个县市和几十个农村集镇，行程一万六千余里。"孩子剧团"在抗战期间的发展得益于两个重要的因素：一是因抗日救亡运动贡献突出，工作受到周恩来、郭沫若等老一辈革命家和文化名人高度关怀、帮助、抚育和培养。尤其是郭沫若及其指导下的第三厅对"孩子剧团"的关心帮助，对"孩子剧团"发展影响深远。二是抗战时期戏剧演出的形式是官方到民间向广大民众宣传抗日救亡最有效的手段，而"孩子剧团"正是主要用戏剧表演的方式进行抗日宣传，效果明显，反响强烈，拥有较大的发展空间。剧团以戏剧、歌咏、标语等为武器，动员和鼓舞了广大少年儿童及人民群众抗日斗争的热情，为宣传抗日做出了积极贡献，对抗战时期重庆戏剧演出的空前繁荣及全国儿童戏剧创作起到巨大的推动作用，也奠定了其在抗战大后方戏剧史上的地位。

基金项目：重庆市社会科学规划项目"抗战大后方重庆'孩子剧团'研究"（项目批准号：2016YBWX075）、海南师范大学研究生创新科研项目"抗战时期郭沫若与'孩子剧团'研究"（项目批准号：Hsyx2017-35）、四川省教育厅人文社会科学（郭沫若研究）项目"抗战时期的郭沫若与'孩子剧院'研究"（项目批准号：GY2018B02）的阶段性成果。

作者单位：重庆师范大学；海南师范大学；西华师范大学

---

① 郭沫若：《洪波曲》，百花文艺出版社1979年版，第41页。
② 茅盾：《记"孩子剧团"》，《少年先锋》1938年第2期。
③ 许翰如：《我们高唱抗战歌曲——记孩子剧团在抗日战争时期的歌咏活动》，《人民音乐》1959年第1期。

论刘盛亚抗战文学的叙事结构

张 莉

在文学作品中,一段话、一个故事、一个情节都存在着开始和结尾,而在开始与结尾之间,则"存在着一种内在的形式规则和美学特征"①,这种形式规则与美学特征称之为结构。"结构"之意在于构成整体的各个部分之间的搭配及安排,犹如房屋的框架。刘盛亚是重庆抗战文学中被忽视的一位作家,在他的抗战文学中,结构模式呈现出如下特点:缀段性框架结构、单线性发展结构以及复线性交错结构。

一 缀段性框架结构

《卐字旗下》的结构特征是缀段性框架结构。"缀段性框架结构"是指将人生的一个个片段作为一个个单元连缀而成,也即是将人生的经验划分为各个小段。散文集《卐字旗下》由十六篇短篇组成,作者把在德国留学期间的经历划分为十六个小故事,看似无意安排的文章组合实则是对德国纳粹丑恶面孔的揭露。从种族歧视到纳粹党的无知、从人民对希特勒的狂热追寻到监狱中对"罪犯"的恐怖压制等,都以代表希特勒的"卐字旗"为中心,将十六个故事贯通到"卐字旗下"。"各故事不直接相通,如相通,必须经过'卐字旗下'。"②《卐字旗下》以希特勒为代表的"卐字旗下"为中心,缀段性框架结构表现为两个片段齐头并进:德国本土内,实

---

① [美]浦安迪:《中国叙事学》,北京大学出版社1996年版,第55页。
② 马晓翔:《西方小说的叙事结构》,《山东大学学报》(哲学社会科学版)2004年第2期。

施专制统治；对外则是领土侵略与种族歧视。

（一）对内：惨绝人寰的专制统治

在《卐字旗下》中，以希特勒为代表的法西斯主义在德国境内实施了惨绝人寰的专制统治。法西斯主义"是一种道德和文化危机的表现。在这种危机中，传统的价值，不管是宗教的还是人道主义的，都不再有太大的意义。法西斯主义是从第一次世界大战造成的谵妄状态中，从不安全和政治不成熟中，从反理性的造反和对社会的原子化的反应中产生出来的"①。法西斯主义从本质上是反自由、反人性、反道德、反文化的。

因此，在《卐字旗下》中，构成缀段性框架结构的片段之一是以希特勒为代表的法西斯主义对内实施的反自由、反人性、反文化、反道德的惨绝人寰的专制统治。

首先，专制统治表现在法西斯主义在德国境内对犹太人实行的种族歧视。在《卐字旗下·长街纪事》《卐字旗下·求名者》《卐字旗下·狗的故事》中均有体现。《卐字旗下·长街纪事》的故事发生在长街上，由犹太人罗尔希太太、她丈夫、失业工人在长街上所发生的一系列事件构成。"我"租住在罗尔希太太的房屋中，当罗尔希太太给我端来一盆牛肉时，"我"好奇为什么犹太人不能吃猪肉，罗尔希太太的反映是"'你怎么知道我是犹太人？'她吃惊地嘶声喊着"②。当"我"向罗尔希太太解释清楚自己的态度与希特勒是不同的，罗尔希太太终于放下了心。同住的一位国社党的小职员以前看见罗尔希太太会打招呼，而现在也不和罗尔希太太打招呼了，只在楼梯上没人见着时才是例外。肉店老板娘将肉卖给罗尔希太太便会遭到纳粹党徒的质问。希特勒承认给多育的家庭补助，但是却并没有实现他的承诺，"帮助？那是空话，只是一张纸罢了，生四个给三百马克，三百马克够什么呀？吃，喝，穿，哪一样也不够"③。希特勒不但禁止犹太人不能吃猪肉、不能得到多育的补贴，对犹太人的职业也同样排斥。在

---

① ［美］沃尔特·拉克尔：《法西斯主义——过去、现在、未来》，张峰译，北京出版社2000年版，第25页。
② 刘盛亚：《卐字旗下·长街纪事》，《刘盛亚选集》，四川人民出版社1983年版，第409页。
③ 同上书，第411页。

《卐字旗下·求名者》中,一名女戏子考试永远第一,表演演技一流,想在柏林找一个出名的机会。她写信给国立剧场,最终却石沉大海。进军电影界,又因为不适合演第三帝国而被拒绝,终于得到演《莎乐美》的机会却被驱逐出境。《卐字旗下·狗的故事》中用两条狗来比喻犹太人在德国境内的地位。第一条狗的主人是一对聋哑犹太人,由于犹太人身体自身的缺陷与犹太人不能上街的禁令,狗便担任着聋哑人上街购物的重任,作者"从他那里第一次认识了希特勒对付犹太人的残酷,嫉妒造成一切无人道的行为"①。第二条狗是求乞者身边的一条狗,只要不给钱就去取火柴的纳粹党,狗就会吠两声,而取火柴的人就会放下火柴后离开。

其次,专制统治表现在法西斯主义在德国境内对文化的摧残及恐怖政策的实施。故事发生在1934年的《卐字旗下·一个朋友的遭遇》,留学德国的朋友借暑假去作一次旅行,在途中书籍却被警局没收。经过三番五次的寻找后,朋友终于拿回了自己的书籍,只是少了三本。在希特勒上台时,德国的文化就开始被摧毁,大批的书籍被焚烧。法西斯主义所需要的文化是能够表达第三帝国精神的文化,如果不能够表达且是"布尔什维克主义的",就要被销毁。希特勒是不允许犹太人参与德国的文化,不允许不是德国的文化出现,希特勒时代的文化是为政治服务,一切不利于政治的文化都会被禁止与毁灭。"在法西斯主义的哲学中,暴力一直起着核心的作用,一旦法西斯主义和纳粹主义掌了权,人头就要落地。"② 暴力不仅表现在肉体上,还表现在对被占领国家的威胁中。《卐字旗下·死刑底判决》中"我"作为一名最高法院的旁听者,对法官那非人性化的判决充满了愤怒。《卐字旗下·恐怖的林子》将法西斯的集中营喻为一个"林子",该故事发生在1936年的黑林。黑林是一个集中营,法西斯对集中营里的"犯人"们所实施的一系列恐怖政策由黑林中一个守空房的老头子所见证,包括集中营里的白木大厅、居室、工厂、厨房等,作者都描写得极其细致。在法西斯实施的一系列恐怖政策中,希特勒及纳粹党毫无同情心与怜

---

① 刘盛亚:《卐字旗下·狗的故事》,《刘盛亚选集》,四川人民出版社1983年版,第441页。
② [美]沃尔特·拉克尔:《法西斯主义——过去、现在、未来》,张峰译,北京出版社2000年版,第67页。

悯之情，在他们的潜意识里，他们的所作所为是通过正常的渠道对"不正常"的"犯罪分子"的惩罚，并通过惩罚让"犯罪分子"能够反省。《卐字旗下·纽伦堡纪游》将德国人民对希特勒盲目的崇拜与纽伦堡的刑讯室做了对比，在对比中突显了德国人民的无知及法西斯统治阶级的"变态"。

（二）对外：侵略与歧视并存

在《卐字旗下》中，构成缀段性框架结构的片段之二是以希特勒为代表的法西斯主义对他国的领土侵略与种族歧视。

首先，表现在法西斯主义在德国境外对他国领土的非法侵略。1919年第一次世界大战结束，德国作为战败国之一承担了许多不平等的条约。希特勒受卡尔·施米特的影响，宣扬战争的观念，于1939年发动了第二次世界大战。其波及范围大，受影响的国家多达69个。在《卐字旗下·四日纪游》中，"我"到莱茵河进行了四天的旅行，途中不仅见识了德国人对有色人种的种族歧视，而且还预言了德国对边境的非法入侵。"德意志的原野与山林是美丽的，但是距那次旅行还不到一年半，奥国和捷克都先后被法西斯德国所侵略了。"① 希特勒的好战观及敌对观是造成非法侵略他国的主要原因之一。

其次，表现在法西斯主义在德国境内对他国有色人种的歧视。法西斯主义不仅在德国境内对犹太人进行排斥，对在德国境内的他国有色人种也持相同的态度，当然，除去具有同样法西斯性质的日本帝国主义。《卐字旗下·世界公敌第一号》中一辆车上钉着各种宣传画，无外乎是反苏反共及反有色人种。法西斯灌输给民众的理念始终是"红色"的太残忍，而"白色"的是有秩序的。《卐字旗下·信徒》中一对主动放弃自己白俄身份加入纳粹的夫妇，在德国做着小买卖，他们请的帮工是纳粹党徒。当纳粹党徒偷了夫妇的六百马克后，白俄夫妇不但没有讨回自己的利益，反而被警告说一个希特勒的党徒是不会失信的，最后他们终于明白"他们不是德国人，不会受到保护，也不会得到别人的同情"②。

---

① 刘盛亚：《卐字旗下·四日纪游》，《刘盛亚选集》，四川人民出版社1983年版，第468—469页。

② 刘盛亚：《卐字旗下·信徒》，《刘盛亚选集》，四川人民出版社1983年版，第463页。

在 20 世纪 20—30 年间，德国对中国文学家有巨大的吸引力，陈寅恪、季羡林、冯至、林语堂、蔡元培、陈铨等均曾留学德国。陈铨于 1930 年留学德国，他对中德文化的关系研究做出了重要贡献，在其博士论文《德国文学中的纯文学》中对中德文学的关系发展做了整理与归纳。然而，综观陈铨的文学创作及其文学理论，他主要是以赞美德国为主，从一个中国人的视角去客观地揭露法西斯罪恶的文章在陈铨的文学创作中几乎不存在，甚而在整个抗战文学史上也是罕见的。因此，刘盛亚在抗战时期以德国纳粹作为反法西斯叙事的抗战作品，不仅丰富了抗战文学的题材、扩展了抗战文学的视野，而《卍字旗下》作为其代表作，则是更胜一筹。缀段式的框架结构刻画了法西斯主义的丑恶面貌，讴歌了反法西斯主义的正义性，使反法西斯人民更加清醒地认识战争的性质与目的。

《卍字旗下》由两个片段连缀而成，以"卍字旗下"为中心延展开去。法西斯对内实施的种族歧视、文化高压政策及暴力统治，对外的非法侵略都为其在第二次世界大战中的失败埋下了伏笔。作者在揭露法西斯罪恶的同时，也道出了中国反日战争与世界反法西斯战争属于同一战线，都是为自由、为人性而战。正如陈白尘所言："这是刘盛亚为呻吟于希特勒残酷统治下的德国人民唱出的悲愤之歌。"[①]

二 单线性发展结构

线状结构是指"主人公历时地从头到尾经历不同空间，与不同地点的次要人物发生相对短暂关系，当他从一个空间进入另一个空间的时候，而前一个场面中的次要人物一般不再出现，即各个不同空间、不同场面中的次要人物只与主人公发生关系，各次要人物之间并不照面，也不发生关系"[②]。在刘盛亚的抗战文学中，线状结构主要呈单线性发展结构。单线性发展结构"只有单一线索的情节类型，具有主线这一层次，减少或者去掉了其他层次，多以一个单一连贯的故事为主，辅之以相关的次要事件"[③]。

[①] 萧赛：《反法西斯战士刘盛亚》，《四川戏剧》1995 年第 7 期。
[②] 马晓翔：《西方小说的叙事结构》，《山东大学学报》（哲学社会科学版）2004 年第 2 期。
[③] 吴定祥：《海明威短篇小说的叙事艺术》，硕士学位论文，华中师范大学，2012 年，第 13 页。

在这种结构中,"叙事围绕单一的线性时间铺开,脉络清晰,层次分明,在情节上追求环环相扣"①。刘盛亚抗战文学中,单线性发展结构具有以下两个特征:追梦式线性结构及沉沦式"蟠蛇章法"环形结构。

(一)追梦式的线性结构

在刘盛亚的抗战文学中,以德国法西斯主义为题材的抗战小说在结构的安排上为追梦式的线性结构。在这些作品中,叙事围绕单一的追梦式线性结构展开,层次分明,脉络清晰,具体表现为主人公追寻梦想—梦想受阻—再次追寻—梦想失败的线性发展顺序。在短篇小说《自由》中,法国妓女 Lily 在德国军队进入巴黎后毫无感觉,她追寻的梦想是德国占领巴黎后,以出卖自己身体的方式去获得更多的自由与金钱。当德国兵轮流占有她并未给钱时,她的梦想受阻了,此时的她无比羡慕那些已经离开巴黎的人。无意中碰到无线电收音机,听到了自己熟悉的巴黎声音,她的梦想再次燃烧,收音机里凡是有法语报告时,她总是不肯离开。"卖身求金"的梦想最终破灭在德国兵的刀枪下。中篇小说《小母亲》以特萝卿与卡尔追寻纳粹党及希特勒作为故事发展的线索,结构上是典型的追梦式线性结构。以特萝卿、卡尔追寻希特勒及纳粹党为目标,该小说的线性结构如下所示:

特萝卿及卡尔为入纳粹党,离开家乡,来到佛朗府(追寻梦想)→卡尔入党,继续加入党卫队(追寻梦想)→卡尔离开,特萝卿受折磨(梦想受阻)→特萝卿重燃希望,继续追求(再次追寻)→离开佛朗府,来到柏林,饿死(梦想失败)

《小母亲》写于1938年,正值希特勒执政第五年。在希特勒执政期间,中下层阶级是希特勒最忠实的追随者,特别是由于一战后的经济危机所引发的经济大崩溃而受苦最深的人。希特勒对群众有巨大号召力的根源是因为"民族主义的忿恨、狂热情绪,还有希特勒发出的解决迫切的经济和政治问题、领导德国走向一个安全幸福的未来的诺言"②。《小母亲》中

---

① 吴定祥:《海明威短篇小说的叙事艺术》,硕士学位论文,华中师范大学,2012年,第13页。
② [美]沃尔特·拉克尔:《法西斯主义——过去、现在、未来》,张峰译,北京出版社2000年版,第37页。

卡尔与特萝卿便是为追求希特勒那幸福的诺言而去的。卡尔是卢森堡镇上一家杂货铺里的送货人,特萝卿是一富人家的侍女,卡尔与特萝卿相恋于卢森堡。卡尔受希特勒的宣传及已加入党卫队的同乡人约翰的诱惑,带着特萝卿离开卢森堡来到佛朗府,年轻的男女开始采取行动来完成加入党卫队的梦想。在佛朗府,卡尔顺利地入了党,但却没有顺利地加入党卫队,便听从约翰的建议,去多做几件有益于第三帝国的工作。当卡尔与特萝卿遇到一车犹太人时,看见一个高大的SA①击打着犹太人,他们兴奋地叫喊着,认为这样的SA才是一个英雄。为了响应希特勒"年轻人需要到国外去求生存"的号召,卡尔离开了特萝卿,去了非洲,继续用实际行动支持希特勒的号召,继续为实现加入党卫队的梦想而拼搏。

卡尔离开后,在佛朗府的第二个冬天,于特萝卿而言是残酷的。希特勒给特萝卿带不来食物、带不来金钱,更带不来激情,生存的欲望取代了追寻希特勒的欲望。特萝卿是孤独的,蠢蠢欲动的小虫在她身体中作祟。为生存,也为了治愈孤独,她最终来到咖啡厅,开始了妓女生涯。此时的希特勒再也不是她的追求目标了,取而代之的是食物。追寻希特勒,加入党卫队的梦想受到了现实的阻碍。当然,她也同生活挣扎过,只是每一次的挣扎都是失败的,希特勒已逐渐被她遗忘。

但是当无线电收音机里传来希特勒的演讲时:"德意志的男女,你们应向纳粹贡献出最大的能力,除了工作,还有生育,生育。"② 年轻的特萝卿瞬间燃起了希望。宣传是希特勒统治中最重要的手段之一,用无休止的重复的宣传来麻痹头脑简单的群众,让人民树立领袖永远正确的观念是法西斯宣传的目的,而生育就是其中之一。为了响应希特勒的号召,重燃追寻纳粹党及希特勒的斗志,为了不让自己孤独一辈子,特萝卿选择了生育。她是一个夜间工作者,在一个寒冷的夜晚中没有人愿意出十马克与她生一个孩子,除了一位瘦弱的少年。此时的她斗志昂扬,为了完成希特勒的任务,她像一个姐姐、像一个情妇,也像一个母亲,轻抚着这位少年朋友。

---

① SA:纳粹青年团。
② 刘盛亚:《小母亲》,《刘盛亚选集》,四川人民出版社1983年版,第201页。

如愿以偿，特萝卿生下了一个女孩，取名为"夏娃"。孩子是她全部的希望，却并未给她带来好运。无法养活自己和孩子的特萝卿，"世界排挤她，不让她作一个世界上的人。没有人可怜她，也没有人同情她，她只是孤孤单单的一个——那个最亲爱的人，事实上不特不能帮助她，而且是她的一个累赘"①。特萝卿又重新陷入了生活的窘迫之中，在希特勒统治的国家里逐渐衰老的她再也不能靠出卖身体养活自己与孩子。她决定到柏林去，柏林是一个大城市，总不会对她如此残忍。可是，当她来到柏林后，因为念了一句犹太人的诗"柏林，你痛苦的大谷"而被拘留，一个用血泪与精液养活孩子的人最后惨死在了柏林的监狱中。希特勒再也不是她的偶像，追寻党卫队及希特勒的梦想最终以失败告终。

"小母亲"是对尚未结婚而生育过的母亲的爱称。年轻的特萝卿因追寻希特勒的号召经历了坎坷的人生，最后却牺牲在希特勒的号召之下。追梦式的线性结构将狂热追寻希特勒的麻木者特萝卿的一生栩栩如生地展示了出来，希特勒是残酷的，希特勒统治下的子民是悲惨的。追梦式的线性结构在反映"第三帝国"统治者的残暴之时，作者"始终坚持以'人'为基本价值尺度来审视和反思法西斯主义的本质"②。

（二）沉沦式的"蟠蛇章法"

陈善《扪虱新语》卷二云："恒温见八阵图，曰'此常山蛇势也。击其首则尾应，击其尾则首应，击其中则首尾俱应。'予谓此非特兵法，亦文章法也。文章亦应宛转回复，首尾俱应，乃为尽善。"③ 钱锺书谓之曰"蟠蛇章法"，即"近人论小说、散文之善于谋篇者，线索亦近圆形，结局与开场复合接，类蛇之自衔其尾"。④ 蟠蛇章法其形如环，自身回转，以一个轴心为核心，首尾自衔，呈圆状也。抗战小说《地狱门》以主人公吉蕙的状态作为叙述中心，以沉沦状态始，虽中途历经反抗，却也改变不了主人公沉沦的结局。《地狱门》首尾自衔，形成了一个以"沉沦"状态为中

---

① 刘盛亚：《小母亲》，《刘盛亚选集》，四川人民出版社1983年版，第209页。
② 朱华阳：《人文主义视域中的反法西斯叙事——论刘盛亚的小说创作》，《三峡大学学报》（人文社会科学版）2015年第3期。
③ 钱锺书：《管锥编》第一册，中华书局1979年版，第230页。
④ 同上。

心的圆形叙述轨迹，笔者称之为"沉沦式的蟠蛇章法"。

以主人公吉蕙的沉沦状态为中心，《地狱门》可分解为三个部分：吉蕙从一个年幼的少女变为了世俗的贵妇，陷入沉沦→吉蕙开始反抗→反抗后再次沉沦。三部分中结局与开场"复合接"，如同蛇的自衔首尾。"沉沦式的蟠蛇章法"以人为焦点，关注底层阶级的命运发展，作者"以人为本"的创作观贯穿始终。

小说之始，吉蕙逐渐陷入沉沦。吉蕙是女子中学的学生，依靠唯一的哥哥长大，年幼单纯的她顺从哥哥的意思，嫁给了重庆有名的留英学生、回国后为国民党办事的何洁群。受国民党官僚之风与物质利益的诱惑，年轻的吉蕙从单纯的少女变为世俗的贵妇，并逐渐沉沦于世俗与权力、金钱之中，此时的她关注的是"自己在何家的地位与丈夫对她的态度，却对'日军攻占古北口'这样的'黑题'新闻不喜欢"[①]。

然而，对物质的追求并不能满足吉蕙灵魂深处的饥渴，从快感与沉沦中觉醒的她，开始反抗。每年的结婚纪念日丈夫都牢记于心，可是当他们十周年结婚纪念日来到之时，何洁群却只字未提。吉家的房屋因为修公路要被拆除，何洁群由于吉蕙在请示条的称谓前加上一个弟弟而火冒三丈。当吉蕙生下儿子，满足婆婆的愿望后，婆婆却不让吉蕙亲热自己的儿子，吉蕙在何家的地位被边缘化。年轻的吉蕙开始跟不上资本家的丈夫及半洋半土的婆婆，在痛苦之中她开始觉悟，开始追求属于自己的爱情。吉蕙逃离了何家，跟上了一无所有但视吉蕙为"掌上明珠"的流氓胡奎五。

为了追求爱情、追求自由逃离何家，来到东区贫困区生活的吉蕙却并没有就此振作起来，而是跟着胡奎五一起过着流氓的生活。她的生活又陷入了沉沦，又回到了在何家被利用的地位。当吉蕙女儿寻母的消息被胡奎五知道后，胡奎五巧妙地利用吉蕙赚取了一笔飞来横财，而在最后的争斗中吉蕙走向了绝望。

《地狱门》以吉蕙沉沦始，也以沉沦终，首尾互为呼应，其结局与开场构成了一个完整的圆形叙事系统。吉蕙的一生似圆圈，最终不得不回到

[①] 邓龙刚：《刘盛亚文学创作研究》，硕士学位论文，西南大学，2016年，第27页。

原点。《地狱门》中沉沦式的单线性发展结构，道出了女性地位的岌岌可危，生活在陪都的刘盛亚也以理性思维指出："许多官僚却以抗战为名来加千百倍的剥削人民了。"①

三 复线性交错结构

"叙事结构的双构性崇尚采取一明一暗的两条结构线索。"② 一明一暗的两条线索交错形成复线性的结构模式，其情节遵循时间的自然发展顺序。刘盛亚的抗战长篇小说《夜雾》在结构上采取一明一暗的双线性线索，两条线索互相交叉，推动了叙事的进程，构建了叙事的主题。

（一）明线：顺从—反抗循环结构

《夜雾》是刘盛亚以抗日战争为题材的长篇小说。小说由三部构成，讲述了京剧伶人白小福一家在战争背景下奔波逃亡的故事。女戏子白丽英作为结构中心，在每一部中都经历过顺从至反抗的过程，因此，《夜雾》的明线结构为顺从—反抗的循环结构。

《夜雾》的第一部，以北平为背景，以白丽英从幼稚天真的小女生蜕变为红火的女戏子的经过为主线，夹杂着白家的各色人物及社会中的各等级人物。白丽英的顺从体现在三方面：一是对养父母的顺从。白丽英是养父白小福、养母小桃红用钱收养的女儿，同时也收养了大姐白丽菊与两位哥哥白丽雄、白丽良。白丽英对养父母的顺从具体表现在身体上的顺从，"打不还手，骂不还口"是她的天性，自始至终，她只是小桃红用来赚钱的工具。二是对权力的顺从。白丽英在大姐白丽菊死后成为白家赚钱的一把手，白丽英第一次上戏是在哈尔飞戏园，戏台上紧张的她却得到了为国民党办事的曹凤冈、潘一贵、胡七等汉奸的青睐。在养母小桃红的怂恿、汉奸潘一贵的协助下，白丽英成为戏园的名人，代替了昔日的白丽菊。依靠养母与汉奸的支持，白丽英顺利地走入了上层社会的生活。三是对爱情的顺从。白丽英与白丽雄都是白小福用钱收养的戏子，白丽英与白丽雄的爱情在懵懂的青春里悄悄发芽，白丽英说话大声却从不对白丽雄吼叫，白

---

① 刘盛亚：《〈中国罗曼斯〉释题》，《灯潮》1946年第3期。
② 杨义：《中国叙事学》，人民出版社1997年版，第56页。

丽英随时注视着戏台上的白丽雄。然而,"奴隶"阶级的爱情尚未结果就已被淹没在了诱惑之中,白丽雄跟着一个女人跑了,白丽英并没有勇敢地去追寻她的幸福,习惯性的顺从让她失去了爱情。在第一部中,作者用大量的篇幅叙写了白丽英的顺从,但从十二章节始,白丽英开始觉悟。当她意识到自己永远为奴、永远是取悦上层阶级的工具之时,年轻的白丽英逐渐醒悟,开始计划与抗日青年何更生逃跑,意识形态中的反抗为第二部的叙述埋下了伏笔。

第二部以陪都重庆为背景,将陪都文学的战时性及区域性特征淋漓尽致地体现了出来。陪都文化除了在重庆地域面貌上有所体现,如何家用石头装成的房子、白丽英与何更生结婚后居住的房屋、白丽英从北往南沿途所见的长江风景等,更在人文景观中展现了出来。在第二部中,白丽英的顺从主要体现在两个方面:一是对婚姻的顺从;二是对家庭的顺从。白丽英从白家逃走后,与抗日青年何更生来到了重庆。为了掩饰白丽英是戏子的身份,白丽英改名为金丽英,她逃离了一个自由之地,却又开始陷入另一个不自由的地方。丈夫何更生是胆小怕事之人,怕在没有通知父母的前提下将白丽英带回家会违背父母的旨意,因此,何更生将白丽英带回为国民党办事的舅舅家。白丽英的婚姻,是何家舅舅一手指挥的,什么时候结婚,以什么样的方式结婚,白丽英均妥然接受,毫无反抗。结婚后的白丽英,老实地过着上层家庭妇女的生活。离开自己熟悉的戏园,来到了一个对自己而言毫不熟悉的学校,白丽英的内心是反抗的,但她在行动上却无动于衷。年轻的她在丈夫抛弃后猛然觉醒,认知到自己想象中的家与现实中的家的差距,重逢白丽雄后旧情复燃,计划着与白丽雄的逃走。

第三部以白丽英的逃走为始,以白丽英的离开为终。觉醒的白丽英一个人逃离了重庆,沿着宝鸡回到昔日熟悉的北平,白丽英此时的顺从表现为对命运的顺从。回到北平后的白丽英主动寻找国民党汉奸潘一贵,成为汉奸手下的一名俘虏。当她被同行蓝凤凰弄进监狱后,亲眼所见国民党对共产党员的残害,迷糊的她终于彻底醒悟,用自己的生命做了最后的反抗。

《夜雾》以白丽英颠沛流离的一生作为第一线索,每一部都写出了白丽英从顺从到觉悟的过程。每一次的顺从与觉悟都囊括了不同阶层的人物,作者将这些人物置于战争的大背景下,将各阶级的人性都刻画了出来,如:小市民的勤劳与狡猾、国民党的奸诈、共产党的正直等。

(二) 暗线:战争发展线性结构

《夜雾》以白丽英颠沛流离的一生作为明线,她辗转于各个城市之间,沉迷于城市的权力与声望之中,待要觉醒之时却又陷入另一漩涡。究其根源,白丽英一生的顺从与反抗是随着战争的发展而变化的。《夜雾》"笼上了三四十年代民族战争的浓重阴影"[①]。因此,《夜雾》是以战争的发展作为暗线,以战争对白丽英的影响作为明线,一明一暗形成的交叉型复合结构推进了小说叙事主题的发展。战争发展的线性结构主要体现在时空的线性发展顺序上,战争在小说中统领全文,于无形中决定着每个人的命运。

首先,《夜雾》中战争发展的线性结构体现在时间的发展顺序之中。小说以九一八事变为起点,历经1932年东北三省被占领、学生的抗日运动、1937年日军占领北平、1939年华中抗战、1938—1943年日军轰炸重庆及宝鸡等城市,最后以返回沦陷区北平为终。日本对中国的侵略程度决定了白丽英的命运发展轨迹。九一八事变爆发后,北平的戏园一日不如一日。1937年日军占领北平,小桃红带领白家三兄妹来到天津、保定、中原等城市发展,但"跑路"的生活并没有改变戏园的现状,日本的侵略使手艺人白小福一家举步维艰。第二部以1938—1943年日军轰炸重庆为故事时间。从北平返回重庆的抗日青年何更生,在其舅舅的安排下开始为国民党办事,他不仅缺少了革命的热情,也让白丽英逐渐认识到国民党达官显贵中的花花世界。第三部以1943年白丽英从重庆沿宝鸡返回北平为纵向线索,作者将日军的罪恶与沦陷区的风景尽收眼底。

其次,《夜雾》中战争发展的线性结构还体现在空间的发展顺序之中。日军的侵略使多个城市沦为沦陷区,民生凋敝,给戏剧行业带来了严重的影响,战争迫使白家转移。在整部小说中,空间的转移顺序为北平—天津—保定—中原—重庆—宝鸡—保定—北平。战争给每个城市都带来了灾难,使白丽英不得不另寻一个城市去发展。然而,不停地侵略导致了不停

---

① 杨义:《中国现代小说史》第三卷,人民文学出版社1991年版,第131页。

地寻找，最后无处栖身，不得不回到了北平。

《夜雾》以战争给京剧伶人带来的影响贯穿全文。作为一部长篇小说，作者在描写战争的同时也将视角延伸至日常生活之中，书写了战争状态下的人性之变，展示了人的新生与没落。

茅盾在《展开我们的文艺战线》中指出："抗战文艺'把陆空军将士们英勇的勋业作为中心题材'的'单薄'，提出战时文艺创作题材的多样性与广泛性问题，号召广大文艺工作者'展开我们的文艺战线罢，——从抗战将士的英勇壮烈的牺牲奋斗到一切其他方面'。"[1] 在刘盛亚的抗战文学中，既体现出抗战文学战时性的特征，也弥补了抗战文学创作题材单一性的缺陷。作者并没有直接描写英勇壮烈的牺牲奋斗场面，而是将战争生活化了，丰富了战时文艺创作题材的多样性与广泛性。作品中缀段性框架结构、单线性发展结构、复线性交错结构的运用不仅体现了刘盛亚抗战时期张扬自由写作的特征，而且满足了中国文化发展的战时需要，"展现出从个人心灵到民族灵魂重铸的一致性进程"[2]。

作者单位： 重庆市涪陵区第五中学

---

[1] 苏光文：《抗战文学纪程》，西南师范大学出版社1985年版，第8页。
[2] 周晓风主编：《20世纪重庆文学史》，重庆出版社2009年版，第85页。

作为政治传播媒介的陪都电影及其叙事策略

董 广

陪都电影为服务战时体制的需求，被赋予了强烈的意识形态内容，成为陪都重庆政治传播的媒介工具。在传播的过程中，陪都电影注重传播技巧与叙事策略的结合。根据传播对象的底层化与平民化，陪都电影力求以平民的视角讲述平民的故事，以通俗叙事力争实现政治宣传的平民化；为实现传播对象的全覆盖，陪都电影将叙事角度转向女性，使女性成为悲情的革命想象，面临着男性与社会的双重镜像；为实现意识形态传播效果的最大化，陪都电影将诉求诉诸情感，力求以纪实叙事激发民众的抗战激情。

一 陪都电影：作为政治宣传的媒介

电影与政治的结缘并非史无前例。早在1911年，潘复便在《电影与社会教育》一文中提到了电影的教育功用。1925年，程小青在《电影的使命》一文中指出"电影是宣传主义的一种工具"[1]。1930年，孙友农在《电影与民众》中又强调"革命成功靠电影，唤醒民众靠电影，新中国建设靠电影，普及教育靠电影"[2]，20世纪30年代的左翼电影运动更是将电影视为夺取政治话语权的"武器"。纵观抗战前的中国近代史，每当面临

---

[1] 程小青：《电影的使命》，《友联特刊》1925年第1期。
[2] 孙友农：《论坛：电影与民众》，《金大农专》1930年第1卷第2期。

残酷的政治斗争时,电影作为教育宣传的工具从未缺席,始终未游离于政治之外。1937年11月20日,国民政府发布"迁都重庆宣言",中央电影摄影场和中国电影制片厂随后也迁至重庆,重庆成为战时的政治和文化中心,到1946年5月5日发布《还都令》的八年半期间,陪都共生产电影200余部,其中故事片17部,绝大部分为纪录片。作为战时体制下的特殊产物,陪都电影担负起宣扬抗战救国的政治功用,成为陪都重庆政治宣传的媒介工具。

电影具有武器功用成为陪都时期电影工作者们的一种共识。电影为抗战服务、为民族服务成为陪都时期的主要活动指针。"利用电影,作为政治斗争的工具,现在已是公开的秘密了。欧美各国早就把电影当作宣传的武器,来宣传他们的主义。在德国、在意大利,都有很显著的效果;我们看过苏联的电影,也很明显的感到他的宣传气味。"① 对电影武器功用的认识固然重要,但如何使陪都电影的武器功用得到充分发挥则是电影工作者们所忧虑的问题。抗战形势的日益紧逼急需民众力量的参与,急需大量"在无甚瑕疵且逐渐改善的技术之下产生多量水平线以上的作品,使宣传的效果不失时间性"②。但面临的实际情况却是电影数量的紧缺、经费匮乏,以至于熊佛西说道:"我觉得中国现时急切需要的,是普通的教育,这个最完美的工具,就是电影!"③ 教育民众,宣传抗战救国是当时最迫切的政治任务。汤晓丹导演为此呼吁电影从业人员要抛开自己的虚荣心,心系国家民族,主张"宣传第一,艺术第二!""时间第一,虚荣第二!"④ 为改变电影生产的供不应求局面,尽可能服务抗战需要,《中国电影》《扫荡报》《国民公报》《新蜀报》等纷纷刊登文章,探讨电影如何在短时期内更快、更好地为抗战服务,甚至建议"电影的生产当然要与大炮坦克并驾齐驱"⑤。

在传播的内容与形式选择上,陪都电影既讲究纪实,又注重教化。在

---

① 电音:《电影是什么东西》,《新蜀报》1944年2月3日。
② 汤晓丹:《我们需要"突击"》,《扫荡报》1943年9月12日。
③ 熊佛西:《电影教育问题》,《国民公报》1941年4月20日。
④ 汤晓丹:《我们需要"突击"》,《扫荡报》1943年9月12日。
⑤ 同上。

陪都电影中，"一方面用胶片纪录着我们前线将士英勇的战绩，随时向内外作忠实的报道与宣传；另一方面为了发挥电影在抗战中教育民众的功能，我们也同时不断地摄制着故事型的作品。"① 但陪都电影在内容与形式的选取上也存在一些问题，最突出的在于对传播对象的定位把握不准、题材的选取与抗战的需要扞格难通。个别电影生产者和企业家平时强调电影事业之于国家民族的重要性，将电影视为宣传和教育民众的"利器"，却在民族危亡的关头放弃了自己的使命。因此，在陪都电影中，能够非常遗憾地看到部分电影完全背离抗战需求，古装片和肉感香艳等的影片充斥其中。之所以出现这种状况，正是因为产生于资本主义国家摇篮中的电影艺术带有一定的迷惑性，"如果我们不能意识着内容的政治警觉性，而批判地去接受，势必流为城市小市民层所欣赏的单纯的娱乐品的。"② 以至于编剧家、导演潘孑农说当下的电影制作"起先是钻在'古装'的坟墓中打转，现在却大量的生产着色情、神怪的题材了。这些作品即使是电影商人纯粹的投机'生意眼'，但无形中恰巧与敌寇毒辣的宣传政策不谋而合，成为麻醉抗战意识的资敌的宣传工具。"③ 除了题材的选取问题外，抗战初期的陪都部分电影仍受上海市民电影生产思维的制约，将受众定位于小市民，而不是普通民众，也就无法最大限度地发挥作为政治传播媒介的陪都电影的功用。正如《中华全国电影界抗敌协会致苏联电影界书》中所说的那样："我们在抗战初期的作品，无论内容与形式都还是停留在小市民群中的，换言之，那时我们的作品，还够不上走向街头，走向农村与战地的条件，因而起初我们实在没有电影对于抗战中国的大众与士兵，负起了教育和宣传的作用。"④ 随着抗战形势的发展和电影从业者的努力，抗战中后期的陪都电影终于走上了正常轨道，开始注重传播技巧与叙事策略的有机结合，出现了《白云故乡》《中华儿女》《好丈夫》《长空万里》《塞上风云》《东亚之光》等传播主流意识形态的作品，成为砥砺民众抗战救亡的

---

① 《中华全国电影界抗敌协会致苏联电影界书》，《中国电影》1941 年第 1 卷第 1 期。
② 同上。
③ 潘孑农：《检讨过去一年间的抗战电影》，《大公报》1940 年 1 月 17 日。
④ 《中华全国电影界抗敌协会致苏联电影界书》，《中国电影》1941 年第 1 卷第 1 期。

重要媒介工具。

二 女性叙事：政治传播的性别转向

出于全民抗战的需要，陪都电影既要满足小市民的娱乐需求和运用"革命叙事"展现正面抗战，又要发动全民抗战的精神。于是，陪都电影便将传播的视角转向了女性，在影像叙事中建构了一个个"木兰从军"和"娜拉出走"的寓言故事。二十世纪二三十年代的革命文学因缺乏性别叙事的范本与经验，往往束手无策而只能选择将女性"去女性化"，使女性沦为革命叙事的单纯媒介工具以及无实质性内涵的"空洞的能指"。为此，陪都电影承袭了"革命叙事"的经验，其对女性叙事效用的发掘形成了特定的"表象"，成为特殊时期革命叙事话语的新规范。

"革命＋恋爱"模式曾流行于左翼文学与革命文学中，创作者们在作品中充满浪漫激情地论证"革命"的合法性，力图说服民众参与革命并为之付出代价。虽然这种模式使革命文学"用'想象的逻辑''光明的尾巴'使它们介入现实的努力，在某种程度上是镜中之行"，[①] 但却使文学的"武器"功用得以凸显。陪都电影有鉴于此，通过女性叙事完成了性别与政治的互喻。在陪都电影中，女性往往面临着男性视阈与社会视阈的双重"镜像"："一是男性视阈所要求的客体——一个被欲望对象的本质化'女人形象'，二是社会视域所要求的客体——和男人一样在公共空间闯荡的中性化的主体，甚至说一个类男人的准主体。"[②] 社会视阈下的女性在陪都电影中往往与男性"统一性别"，体现出了女性革命叙事的"娜拉出走"倾向。影片中的每一个"娜拉"或直面抗战的艰难，或经受苦难生活的经验，或察觉自身的重担，而后从思想和行动上"出走"，构筑了一个个人命运与民族命运的影像寓言。《好丈夫》中的二嫂开始对丈夫服兵役有怨言，因县长对"误会"的处理而转向鼓励丈夫奋勇杀敌。《白云故乡》中的陈静芬因未婚夫白侃如抗日工作繁忙转而将爱情幻想投向赋闲在家的林怀冰，

[①] 周晓明、王又平主编：《现代中国文学史》，湖北教育出版社2004年版，第382页。

[②] 孙桂荣：《在社会视阈与男性视阈的双重"镜像"下——对当代文学中"性别与事业"冲突主题的文化解读》，《南方文坛》2006年第2期。

而林怀冰却被交际花间谍金露丝所诱惑。面对林怀冰对爱情和抗战的双重背叛，静芬幡然醒悟，如"娜拉"般出走，转入抗战工作。成长之于二嫂、静芬，在不同程度上都存在着主体性的缺失。无论是自我觉醒还是迫于无奈，她们都通过"娜拉出走"在思想与行动上完成了角色身份由"本然"向"应然"的转变。

在陪都电影中，女性往往在抗战救国的感召下，从束囿自己的家庭中出走，奋然走上革命的宏途。实际上，女性的成长在更多程度上应体现为对个性解放的追求。但在陪都战时体制下，其爱情与成长被程式化地让位于抗战的需要，并被创作者赋予了超文本的意蕴和内涵。正如詹明信所说："那些看起来好像是关于个人和利比多趋力的文本，总是以民族寓言的形式来投射一种政治：关于个人命运的故事包含着第三世界的大众文化和社会受到冲击的寓言。"[①] 陪都电影中的女性不再是单纯的性别身份，而是社会价值系统中的关键一环。女性在双重"镜像"下成为空洞的能指，成为身份认同的症结。对男性革命者而言，女性成为抗战背景下的"悲情想象"。陪都电影以女性叙事的视角，通过性别与政治语境的关系互动完成了女性生物属性向男性社会属性的位移，从而实现了女性性别身份的自我认同。然而女性这一能指的"所指"在陪都电影中被系缚于抗战救国的主旨，女性的这种自我认同实际上只是男性指涉的自我认同。为革命而弃爱的"木兰"和出走的"娜拉"，在一定程度上是革命驱使与想象下的"寓言故事"。女性承担的角色及陪都电影女性叙事的效用都是一种预设的男性想象。

陪都电影为发挥其政治传播媒介的功用而采用的女性叙事，既是对二十世纪左翼文学与革命文学经验的扬弃，又是对战时重庆性别与革命关系的潜心考察。女性叙事在陪都电影创作者们手中被娴熟地用于对女性之于政治革命效用的发掘和陪都重庆主流意识形态的宣扬。在某种程度上说，这既是对电影叙事学价值与视野的开拓，也是对陪都电影史广度与内涵的衬映。遗憾的是，陪都电影及其创作者们显然将女性叙事的效用只聚焦于

---

① ［美］詹明信：《晚期资本主义的文化逻辑》，张旭东编，陈清侨等译，生活·读书·新知三联书店1997年版，第523页。

政治革命。"木兰"与"娜拉"意味着女性性别话语的架空,女性性别通过革命叙事进行重建的理想化为泡影。在陪都电影中,女性往往成为战时重庆主流意识形态宣传的媒介符号和男性理想人格的化身,其实这都是创作者们出于男性与革命视角的一种考量。实际上,陪都电影并没有脱离革命叙事的樊笼,其女性叙事的模式倾向与维度显现在本质上仍是革命叙事的"同质异构"。

三 叙事的通俗化与纪实性

陪都电影带有强烈的抗战指征,但在抗战初期却面临着除数量紧缺外的另一重要窘况,即电影生产的"供给侧失衡"。部分电影工作者根本不了解普通民众到底需要什么样的抗战电影,以至于电影在民众中传播时遇到非常尴尬的接受度普遍偏低的现象,更别提电影的抗战救亡功用。针对真正适合普通民众需要的电影供给不足的现象,电影界人士开始反省"如何动员全体的电影业从事制作各种内容的抗战电影,以及如何改变初期呆板的纪录影片,加强地、活泼地运用'开麦拉眼睛'等。"[①] 但有极少数文艺工作者认为文艺界尽拿艺术去抗战,未免造成文艺界的"抗战八股"[②]。也有少数人坚持"为艺术而艺术",在电影中使用大量特技和艺术手法,使观众茫然不解。于是,电影评论界倡议"中国的抗战电影要感动广大的群众,要抓住广大的群众,电影技巧应当跟它的内容紧紧地配合,通俗、通顺,容易使观众了解,而不应该有意卖弄电影的特技"[③],呼吁建立战时体制下特有的电影批评。针对陪都电影中出现的这些问题,凌鹤认为"要电影成为大众共享的文化,必须描写大众,而且成为大众所理解所需要不可。尤其是在神圣的抗战建国的过程中,电影是对大众宣传教育最有力的工具,更非完全成为大众的作品不可。"[④] 中华电影界抗敌协会致苏联电影界的信中也说道:"现在我们一面在理论上寻求中国电影应有的民族形式,

---

① 赵铭彝:《抗战一年来的戏剧与电影》,《新蜀报》1938年7月7日。
② 梁实秋说"与其副刊上全用技巧不纯熟的'抗战八股',不如尽登载'与抗战无关'的材料"。当然,梁实秋主张的"为艺术而艺术"不仅无人买账,还遭到了很多电影界人士的反对。
③ 唐纳:《抗战时期的电影批评》,《扫荡报》1938年11月28日。
④ 凌鹤:《建立战时的电影批评》,《扫荡报》1939年3月5日。

一面是使实际工作尽量趋于大众化、通俗化；我们力求今后的作品，必须适用其份，配合着当时的抗战形势。"①

在这种思想的影响下，陪都电影创作者们汲取了历史经验，开始将农民融入其创作实践。他们毫无例外地在影片中将视线聚焦于农民，以农民的视角讲述农民的故事。象征贫穷愚昧的农民史无前例地被抬高为救国者，抗战热情得到极大鼓舞。史东山编导的《好丈夫》以普通农妇的视角贯穿故事始终，是农村影片宣传的典范之作。影片中，正值四川某县壮丁"复抽"，村民刘四、王镖被抽中，去前线为国效命。当时的社会存在一种现象，即一般"有财力有势力之人士，与不肖士绅之子弟雇工等，多不应征"，乡绅潘老爷之子便是其中之一。刘四之妻四嫂得知保长故意偏袒缓役且未缴纳缓役金的乡绅潘老爷之子后便告诉了王镖之妻二嫂，不识字的二嫂纠集一群人去质问保长，哪知却被反诬。二嫂一怒之下便请某先生写信向王镖告不平，而先生实际上写的是写勉励之词。恰好县长次日来慰问军属，二嫂极力为自己辩白，便将此事和盘托出，哪知县长却责令调查乡绅潘老爷之子，并没有"官官相护"。二嫂急忙寻找昨日代书先生，见先生醉酒又急忙寻他人写信鼓励丈夫奋勇杀敌。故事情节虽简单，却蕴含着宣传兵役这个极为鲜明的主旨。为使影片适应农民的观影习惯，通俗易懂，导演用字幕代替声音，用"误会"制造高潮，用长镜头和跟镜头再现"妻子送郎上战场"。"它所采取的题材是描写农民的，而且从它的导演手法上看也确然可以看得出是为了供给文化水准低落的农民大众所观看的。导演史东山先生在制作这部影片时的苦心，在整个画面上有着最好的说明。中国的农民大众，他们的文化水准一般地低下，对于电影这种新兴艺术的欣赏能力是不够的"②。陪都电影创作者们在电影叙事策略与技法的使用上突破了自我想象，力图以农民的心境促成农民的醒悟，以达成对陪都重庆主流意识形态的认同。

除了叙事的通俗外，陪都电影为扣动观众的心弦，让普通民众发自内

---

① 《中华全国电影界抗敌协会致苏联电影界书》，《中国电影》1941 年第 1 卷第 1 期。
② 葛一虹：《从〈华北是我们的〉与〈好丈夫〉说到我们抗战电影制作的路向》，《新华日报》1940 年 2 月 22 日。

心地认识到国家民族的危难,激发民众的抗战热情,还采用"纪实性叙事",以生活中的真实事件为蓝本,表现出了强烈的纪实性,成为政治传播的"情感"所需。所谓纪实性叙事是指影片"以真实事件与真实人物为题材,反映事件的自然进程与人物的真实命运。它的情节可以有某些虚构之处,但是主要情节与人物命运必须是真实的"[1]。为此,电影工作者们努力挖掘身边的现实。史东山、田汉根据在湘北各部队和乡间搜集的材料拍摄的《胜利进行曲》表现了国军积极抗战、反对妥协、抗战到底的精神;根据"八·一三"淞沪会战摄制的《八百壮士》再现了国军将士的英勇壮举;《青年中国》实际上是对抗敌宣传队深入偏僻山村进行抗日宣传这一事件的"跟踪报道",影片中的抗敌宣传队关心百姓疾苦,设法为农民运来药品和食盐,帮助农民收割稻子,流露的真情实感达到了政治传播的目的;《塞上风云》通过描写金花、丁世雄和蒙古男子迪鲁瓦的恩怨情仇呈现了蒙、汉人民团结抗日的主题,金花的死更是让观众在情感上难以接受;《东亚之光》直接用日本战俘当演员,真实细腻地展现了日本战俘的觉醒,影片放映当晚观众挤满电影院,"他们所抱的心情,是要看到日本壮士的反战精神和意志,将如何演出,当他们看到日本军队向我们投降,而感悟到日本帝国资本主义的崩溃,与中华民族抗战的胜利,观众是如何的欢欣鼓舞。"[2]

陪都电影作为政治意识形态传播的媒介工具,在战时自觉担负起了宣传抗战、教育民众的重任。根据抗战形势的发展,"电影抗战"成为首要的功用。面对如何将意识形态传播到民众中,激发民众的抗战热情,电影工作者们在艰苦的探寻中找到了适合普通民众接受的内容和形式,即将"纪实"融入传播的过程,以"情"感人,使抗战电影通俗而不庸俗。陪都电影根据当时抗战力量的薄弱,积极宣传兵役,并且将政治传播的视角转向了女性,使女性成为电影的主角,成为抗战的新生力量。陪都电影使叙事与传播相得益彰,成为革命叙事话语的典范。

---

[1] 朱剑、汪朝光:《民国影坛纪实》,江苏古籍出版社1991年版,第331页。
[2] 达辛:《漫谈〈东亚之光〉》,《新华日报》1941年3月7日。

基金项目： 重庆市教育委员会人文社科重点研究基地项目"抗战大后方电影与民众动员研究"（18SKJD007）、重庆师范大学青年基金项目"抗战陪都电影中的女性叙事研究"（13XWQ04）的阶段性成果。

作者单位： 重庆师范大学文学院

国际视野下的抗战研究

西班牙反法西斯战争中的重庆英雄谢唯进

刘 黎

1936年7月，以佛朗哥为首的法西斯分子发动反政府武装叛乱，挑起西班牙内战。德、意法西斯公然给予佛朗哥叛军军事支援，在无数被炸弹毁灭的家园和遍地尸骸之上，建立起第二次世界大战演练的战场，企图将全世界推入战争的汪洋。以重庆人谢唯进为代表的中国人参加了国际纵队志愿军，在西班牙反法西斯战争的数次重大战役中英勇作战，书写了中国人民积极投身世界反法西斯战争，促进国际反法西斯统一战线建立的历史诗篇。

一 西班牙反法西斯战争与国际纵队

1936年冬天，一个由来自不同国家、操着不同语言的人们组成的队伍，列队穿过马德里隆冬的深雾，穿过满布硝烟、泥泞、血泪的残破街道。他们胸中燃烧着对侵略与战争的怒火，他们耳际回荡着白发苍苍的老人、痛失稚儿的母亲、无家可归的孩童的哭泣，他们大声呐喊出国际纵队的誓词："我自愿来到这里。如果需要，为了拯救西班牙的自由和全世界的自由，我将献出自己全部的、直至最后一滴鲜血。"[1]

西班牙内战爆发后，为了抗击佛朗哥叛军及支持叛军的德、意法西斯军队，来自世界五十三个国家的三万多名志愿者，不约而同奔赴西班牙，

---

[1] [苏] 伊·米·马依斯基主编：《西班牙史纲：1918—1972年》，中山大学外语系翻译组译，生活·读书·新知三联书店1983年版，第243页。

组成了国际纵队。在这些身影中,也不乏诸多中国志愿者。参加国际纵队的近百名中国人,以英勇的行动有力地支援了西班牙人民的反法西斯斗争,而西班牙人民和国际纵队的英雄事迹也鼓励着中国人民抗战到底。在国际纵队的中国志愿兵之中,重庆人谢唯进便是其中一个。

二 谢唯进在国际纵队的活动

(一)在欧洲的国际宣传工作

谢唯进,1904年7月出生于重庆璧山区普兴场(现属璧山区广普镇),后又随家迁居至重庆江津城内。① 自童年起,因深受其父变法维新思想的影响,遂向往"走到一个新的地方去求学,寻求新的知识、新的道路"②。1916年,谢唯进考取上海南洋中学。在求学期间,他阅读了大量国际新闻和政治书籍。1919年,五四运动爆发,谢唯进与同学李松朋被本校学生推选为代表,参加组织上海学生联合会,策动罢课、罢市、罢工、示威游行,抵制日货。五四运动的胜利,使谢唯进更增添了向西方先进国家学习、救亡图存的勇气。彼时正值国内兴起留法勤工俭学运动的热潮,诸多有志青年报名参加,谢唯进也踊跃跻身其中。

1919年10月31日,谢唯进随同上海勤工俭学会第5次赴法勤工俭学的150名学生,"乘法公司船'宝勒筏'出发"③,于11月间到达巴黎。在巴黎停留一段时间后,谢唯进转赴英国,后考入约克哈罗特学校,参加军事训练班。在校期间又深受英国工人运动影响,阅读了大量共产主义运动的书刊,并以"允常"之笔名,于《少年》④杂志发表了《赤俄最近之经济状况》等文章。1923年春,谢唯进受德国国内革命潮流吸引,继而奔赴德国,进入位于德国中部的哥廷根大学学习,后又转入柏林大学政治经济系。1925年,谢唯进在德国加入中国共产主义青年团,1926年入党。在欧

---

① 《谢唯进自传》,中国革命博物馆党史研究室编:《党史研究资料》第四集,四川人民出版社1983年版,第58页。
② 同上。
③ 《赴法勤工俭学生调查表(节录)》,中共四川省委党史研究室主编:《四川留法勤工俭学运动》,四川大学出版社1993年版,第117页。
④ 《少年》,1922年在法国巴黎创刊,该刊为中国共产主义青年团旅欧支部机关刊物。在欧

洲期间，谢唯进曾先后担任中共旅德支部负责人、德国共产党中国语言组支部书记①等职务，在共产国际和中国共产党的领导下，从事中国革命运动的国际宣传工作。1928年至1936年间，谢唯进担任共产国际主办的"国际通讯社"的撰稿人，负责中国革命运动的报道以及专论的撰稿。他将搜集到的关于中国国内革命情况的材料，写成报道，在《国际通讯》发表。1929年至1933年间，谢唯进兼任《中国工农通讯》的主编与发行人，该报主要是将有关中国革命的消息介绍给各国共产党、工会、群众团体等。1932年至1933年间，谢唯进还兼任中国通讯社社长。

（二）在国际纵队的战斗情况

1936年7月，西班牙反法西斯战争爆发。在共产国际号召下，各国共产党派遣了大批志愿者前往西班牙组织国际志愿军（又称"国际纵队"）。谢唯进化名"林济时"，挥别尚且年幼的儿子，毅然奔赴西班牙。在西班牙期间，谢唯进曾担任国际纵队反坦克炮兵纵队军政委员、西班牙共和国民军第35师炮队指挥部副官，先后参加了保卫马德里、中线东线大反攻、突破埃布罗河防线等战役。②

1937年6月，谢唯进前往国际纵队总部阿尔巴塞特报道。"国际纵队中包括了世界五大洲各种肤色的五十几个国家的人，它是无产阶级国际主义的象征，国际纵队的队伍是异常团结、友爱、英勇善战的。"③ 来自世界各国、各种肤色、不同职业，但怀抱同一正义之心的人们纷纷摩拳擦掌，时刻准备着跳进战壕。国际纵队的战士们认为："在西班牙当义勇军，是很光荣的。"④

佛朗哥叛军纠集了法西斯军队在西班牙大地上疯狂肆虐，轰炸机投下的炸弹燃起了滚滚浓烟，不计其数的家园与生命毁于一旦。叛军凡攻克一处城池，便处死城市中的男子，作为抵抗的报复。老弱妇孺们伸出孱弱的

---

① 王炳南：《一次难忘的会见——纪念恩斯特·台尔曼诞辰一百周年》，《人民日报》1986年4月17日第6版。

② 《谢唯进自传》，中国革命博物馆党史研究室编：《党史研究资料》第四集，四川人民出版社1983年版，第64页。

③ 同上。

④ 夏征晨：《西班牙的内战》，上海良友图书印刷公司1937年版，第21页。

双手,向叛军哀求赦免,其状惨烈。然而,法西斯的铁蹄并没有因为人民的哀求与祈祷而停顿,佛朗哥的军队以绝对的优势包围马德里,西班牙北方在失陷的边沿上岌岌可危。①

1937年7月8日,西班牙共和国政府军在距离马德里市中心以西五十公里的布鲁内特(Brunete)展开大反攻。谢唯进被分配到国际纵队第十一旅的反坦克部队,担任政委,军衔上士②。这场战争非常激烈,被称为"内战以来最激烈的战争"③。战场上枪炮齐鸣、硝烟弥漫。由于水源补给无法供应,战士们便向干涸的河床下挖掘,将混沌污浊的泥水喝下,再次奋勇反击。7月19日,佛朗哥叛军以重炮轰击六小时后,又以步兵配合坦克车猛攻,但被政府军击退,叛军伤亡巨大。延安《新中华报》对布鲁内特激战进行了详细报道:"西班牙叛军日前两次进攻马德里西北郊的白鲁尼特镇,均被政府军击退,叛军损失很大,在这两次激战中,双方飞机在上空也有激烈空战发生,参加的飞机达百六十余架之多,战斗达数小时之久,结果叛军飞机被击落十八架,政府军飞机仅被击落四架,叛军空军也遭受惨败。"④佛朗哥纠集了西班牙及意大利十五万余兵力来到布鲁内特战场,以精良的武器装备与大规模的空军力量,多次对政府军进行反扑,双方各有损伤,战况十分惨烈。整个7月到8月间,国际纵队所在的政府军多次击退了叛军的攻击,坚守了阵地。

1937年8月,谢唯进被分配到政府军重组后的奥地利营,并前往马德里南方八十公里的登布莱克(Tembleque),其后又奔赴金托(Quinto)战场。在攻占金托城战役中,谢唯进曾一度负伤,右腿膝盖下被炸开,当场血流如注,后被送往贝尼卡西姆(Benicassim)医院⑤。在贝尼卡西姆医院

---

① 王薛红:《1936—1939年西班牙内战时期的不干涉委员会》,《史学集刊》2000年第4期。
② 《军事人员履历表》,张至善编译:《西班牙反法西斯战争时期的国际纵队与中国》,北京大学出版社2007年版,第280页。
③ 《马德里西郊发生激战 空战飞机百六十架 叛机被击落十八架》,《新中华报》1937年7月23日第2版。
④ 同上。
⑤ 倪慧如等:《当世界年轻的时候参加西班牙内战的中国人》,广西师范大学出版社2013年版,第169页。

期间，谢唯进认识了另一位中国伤兵陈文饶①。此后数月间，谢唯进又被转送到穆尔西亚（Murcia）医院、西番莲（Passiflora）医院等地。动完手术后，谢唯进伤势稳定下来，开始进行活动。他用周恩来送给他的相机进行新闻记录，寄给巴黎的中国人民阵线②。在穆尔西亚医院，谢唯进又结识了另外八位中国志愿兵。其中有国际纵队骑兵团团员阎家治、来自巴黎的华工刘景田和张瑞书、美国华侨张纪等。由于中国志愿兵分散在国际纵队的各个营队中，没有一个系统的组织，谢唯进产生了组织国际纵队中国支队的想法，他将这一想法以书信的方式与陈文饶进行了沟通，陈文饶表示十分赞同。

1938年7月，西班牙法西斯军队对国内部分不设防城市发起了狂轰滥炸，其中包括巴塞罗那（Barcelona）及附近城市。有的炸弹直接投掷于城市繁华市中区，瞬间炸死炸伤多人。随着北方加泰罗尼亚（Catalonia）省诸多城市沦陷，佛朗哥的部队进而南下进逼巴伦西亚（Valencia）海港。为了防止巴伦西亚失守，西班牙政府军在东线埃布罗河（Ebro River）发起攻势。1938年7月28日，伤愈归队的谢唯进参加了东线埃布罗河反攻战，指挥炮兵作战。埃布罗河是西班牙境内最长、流量最大的河流，国际纵队的战士们强渡埃布罗河，向对岸敌人的河防突破。同时，采取特别战略，先进攻敌军之主力部队，后又采取包围战术，迅速的行动使敌军陷入混乱。政府军自八月起占领了七百平方公里的广大地域，"自原阵地进展三十公里，获得险要村庄数个，俘虏三千五百人，其中并有意人甚多……"③为挽救颓势，法西斯军队又出动空军，对政府军发起了十九次攻击，但均未能阻止政府军的进攻。西班牙叛军及外籍干涉军在埃布罗河战线上伤亡甚重，不得不调派大量兵力增援。整个八月，政府军及国际纵队多次击退了法西斯军队的进攻，击落敌军"飞机九十一架，俘虏机师十一人"④，给予敌军

---

① 陈文饶，在1938年3—4月的甘德萨撤退中，被敌方逮捕枪杀，年仅24岁。
② 倪慧如等：《当世界年轻的时候参加西班牙内战的中国人》，广西师范大学出版社2013年版，第170页。
③ 《政府军进攻大获胜利　俘法西军三千五百人》，《新华日报》1938年7月29日第3版。
④ 《政府军一月来胜利　击落法西机九十一架　叛军战略根本被破坏》，《新华日报》1938年8月29日第3版。

沉重打击，取得了夏季战事的胜利。

就在国际纵队志愿军浴血奋战之时，为换取德、意两国从西班牙退兵，设在伦教的不干涉委员会①要求国际志愿兵撤出西班牙。西班牙政府外长台尔伐育就此发表演说，对英法的妥协政策进行斥责，对中国人民抗战之精神表示了尊敬，"数年以来，此间所行政策，乃欲牺牲盟约，牺牲国际道义最粗浅之观念，而以不间断的让步防止侵略，此乃一种幻想。兹谨以深知战争痛苦，宁愿死亡，不愿屈服者之名义，对于中国民族之英勇精神，表示敬意。"② 迫于压力，西班牙政府在1938年10月10日下令解散国际志愿军。国际纵队接受命令后，于10月28日在巴塞罗那举行临别阅兵典礼。

当国际纵队的将士们列队经过街道时，满怀惜别之情的人群轰动了。沿途挤满前来欢送的西班牙人民，争相为将士们送上鲜花与欢呼。在列队之中，最为醒目的是义勇军战士高举的标语："汝等之胜利即为战场死亡同志最好之纪念碑。"③ 西班牙共和国主席尼格林发表饯别演说："此次国际义勇军曾为整个的人类正义而战，彼等已在西班牙之历史及世界史上写出最光荣之一页。"④ 西班牙共产党领袖伊巴露丽发出了深情的呼唤："国际纵队的同志们：……你们是民主团结、四海一家的英雄典范。我们不会忘记你们。当代表和平的橄榄树枝重新发出绿芽、编结成西班牙共和国胜利的桂冠时——请务必回来！"⑤

然而，局势的发展毫无意外。英、法、美奉行的绥靖政策助长了希特勒法西斯侵略的嚣张气焰。在西班牙政府做出撤退国际志愿军的决定之后，"意大利不但坚持保存在西意空军、军器及技术军队，并且要求完全

---

① 不干涉委员会：由包括英、法在内，参加不干涉协定的27个国家的驻英国大使组成。
② 《西代表演说　斥对侵略者让步政策　向我英勇政策表敬意》，《新华日报》1938年9月21日第3版。
③ 《国际义勇军举行临别阅兵典礼　西总统等均出席参加》，《新华日报》1938年11月1日第3版。
④ 《西主席尼格林饯别国际义勇军　谓彼等系为正义而战》，《新华日报》1938年10月30日第3版。
⑤ 倪慧如等：《当世界年轻的时候参加西班牙内战的中国人》，广西师范大学出版社2013年版，第177页。

封锁共和政府,赔偿意大利在干预期间一切损失"①,并仍将飞机、坦克与其他军用品运送至西班牙支援佛朗哥叛军。至此,英法的妥协绥靖政策大大膨胀了德、意法西斯疯狂侵略的野心。1939年4月,西班牙共和国政府被颠覆,西班牙反法西斯战争失败了。

(三) 在国际纵队的统一战线工作

在国际纵队期间,谢唯进不但团结中国志愿兵英勇作战,还大力宣传中国人民抗日战争的情况,进行了大量国际反法西斯统一战线的工作,为中国抗战争取了同情与支持。

1937年12月2日,谢唯进在穆尔西亚医院治疗期间,代穆尔西亚医院德语部的全体伤患队员致电慰问中国的抗日军队,这份题为"西班牙国际义勇军伤兵德语部致中国各抗日军队慰问电"的电文表达了伤兵战士对中国人民抗战的积极声援与支持。电文称:"在西班牙参加'国际志愿军'的各国战士,都抱着极大的热情与兴奋,向着中国人民为民族自由与独立的英勇斗争……并一心盼望中华民族与一切被法西斯所威胁之民族获得早日之胜利。"②

谢唯进在普拉纳斯营储藏连期间,还给西班牙的报纸《红色阵线》《现在》供稿,其内容主要是中国抗日战争及中国共产党相关的新闻。同时,他还将国际纵队中中国志愿兵的消息寄往国内《新华日报》等报纸。巴黎《救国时报》③、西班牙《自由志愿军》、纽约《先锋报》等报纸也收到了谢唯进的供稿。中国人民英勇抗战并积极援助其他国家反法西斯战争的精神,得到了广泛的传播。

中国人民也始终密切关注着西班牙人民反法西斯战争的进程,关注着参加国际纵队的中国志士。为了声援西班牙人民的正义之战,"在中国有着百种之上的杂志报纸"④ 发表战争的消息。毛泽东在《致西班牙人

---

① 《西班牙意军并未撤退,仍保存在西侵略力量,撤退者尽是老弱残兵》,《新华日报》1938年10月11日第3版。

② 倪慧如等:《当世界年轻的时候参加西班牙内战的中国人》,广西师范大学出版社2013年版,第172页。

③ 《救国时报》:1935年12月在法国巴黎创刊,是中国共产党的海外机关报。

④ 《毛泽东同志致西班牙人民的信》,《新中华报》1937年5月19日第1版。

民的信》中说道:"你们的胜利将要直接帮助我们反对日本法西斯的斗争。你们所努力的事业也就是我们所努力的事业。我们激动地读到由各国正义人士组成了国际纵队,我们很喜悦地知道有中国人和日本人参加其间。……如果不是我们眼前有着日本敌人,我们一定要参加到你们的队伍中去的。"①

1937年2月16日,《新中华报》刊载《马德里大战开始》的消息,此后几乎每天都对西班牙反法西斯战争的最新战况进行及时地报道。1937年4月19日,西北青年救国代表大会发表了致巴黎世界学生联合会的通电,表达了中国青年愿为世界反法西斯战争英勇战斗的坚定决心:"让我们经过你们向西班牙的弟兄们致我们崇高的敬礼,告诉他们中国的青年愿意站在同一的战壕中去扫荡一切法西斯丑类。"② 1938年7月5日,《新华日报》头版刊载了社论《西班牙抗战的现势》,发出了声援西班牙人民的最强音:"西班牙人民也和中国一样,只要坚决抗战到底,最后的胜利必然是属于为独立自由而战的西班牙人民的。"③《新华日报》对西班牙前方战况,世界各国各界对西班牙人民的支援,德、意法西斯军队及佛朗哥叛军内部冲突等最新情况,均进行了及时地报道。报纸每天的国际新闻中总有关于西班牙反法西斯战争的最新消息,使中国人民及时了解战况,为西班牙人民争取了最广泛的同情与支持,也坚定和鼓舞了中国人民抗战到底的决心,建立起坚固的国际反法西斯统一战线。

1938年3月,《救国时报》社赠送给"西班牙前线参战全体中国同志"一面锦旗,上面书写着一首慷慨激昂的诗歌:"东战场、西战场,相隔几万里,关系文化与兴亡。咱们所拼命的,是对侵略的反抗。咱们要贯彻的,是民主的主张。你们为西班牙伟大人民而受伤。你们流的血,是自由神下凡的红光。你们的英勇消息,充满了我们的心腔,好比是冬天的太阳。……请你们放心,祖国的责任有我们担当。向前创造吧!直等到法西斯灭亡,民为王,有四万万同胞欢迎你们回故乡。……人类兄弟姊妹,全

---

① 《毛泽东同志致西班牙人民的信》,《新中华报》1937年5月19日第1版。
② 《西北青救代表大会通电(三)》,《新中华报》1937年4月19日第2版。
③ 《西班牙抗战的现势》,《新华日报》1938年7月5日第1版。

世界是咱们的家乡！"① 此后，谢唯进又收到了朱德、周恩来和彭德怀赠给国际纵队中国支队将士们的锦旗，锦旗上用大字书写着："中西人民联合起来打倒人类公敌——法西斯蒂！"② 收到这些珍贵的礼物后，谢唯进感到"无限激动和快慰"③，并将来自祖国同胞的慰问写信告知其他中国志愿兵，鼓励大家继续英勇作战。

1939年2月，国际纵队被迫退入法国边境。5月，谢唯进和几名国际纵队中的中国志愿者被移送到法国南部的戈尔斯集中营。在集中营期间，谢唯进仍然"秘密地保持党和部队的组织"④，组织了中国志愿兵杨春荣、张树生、张长官、李丰宁、印尼华侨毕道文等人，展开了反饥饿、反虐待、反强送到北非洲当殖民地佣兵和争取释放的斗争。同时，谢唯进还组织秘密出版油印报刊，供集中营中的同志阅读并向外传播消息。谢唯进组织了军事小组（研究战斗经验），马列主义小组，文艺、雕刻、绘画、科学等各小组，进行各方面的学习。为了将集中营内外的书报进行传递，谢唯进还与法国共产党组织取得了联系，"利用看守军警中的党员或同情分子"⑤，想方设法进行书报的传递。

集中营的条件十分恶劣，谢唯进等人住在低湿之地的营棚内，"每人只占一人能卧下的隙地"⑥。他将朱德、周恩来、彭德怀赠送的锦旗高挂在志愿兵住所门口，并在墙上悬挂中国地图、中国抗战墙报，对中国抗战的形势进行了有力的宣传。谢唯进等人还将中国抗战的最新消息翻译成西班牙文，印刷出版《中国抗战情报》。这份报纸吸引了营内各方人士的关注与讨论。怀着对祖国的思念、对回国参加抗战的期待，谢唯进等人在集中营中一直坚持编辑《中国抗战情报》，并自发组织各种演讲，宣讲中国抗战及民主运动的情况。

---

① 《谢唯进自传》，中国革命博物馆党史研究室编：《党史研究资料》第四集，四川人民出版社1983年版，第65页。
② 同上。
③ 同上。
④ 同上书，第66页。
⑤ 同上。
⑥ 同上。

1940年6月，经国际团体援助，谢唯进回到阔别已久的家乡重庆，旋即又投身到祖国人民抗战的洪流之中，在八路军驻渝办事处进行对敌工作和对外联络活动。① 正如谢唯进自己所说："我在西班牙反法西斯战争中，无论在军事方面，在西班牙共产党的反法西斯人民联合战线政策运用方面，都受到了一些实际的锻炼"② 他将这些用青春与热血换取的宝贵经验，重新运用于祖国的抗战事业之中。

参加西班牙反法西斯战争的中国志愿兵有近百人，他们参加了这场战争的数次重大战役。许多人多次负伤，伤愈后又重返战场浴血杀敌。谢唯进两次受伤，险些失去右腿。曾任国际纵队救护队长的刘景田、张瑞书多次冒着生命危险救护伤员，他们的英勇事迹曾为西班牙国内各类报刊所称道。截止到西班牙内战结束，参战的近百名中国志愿兵仅余九人，还有许多不知名的中国人在战争中献出了宝贵的生命，长眠于西班牙大地之上。国际纵队遭遣散后，其他外国志愿兵又纷纷赶赴中国战场支援抗战。其中，有二十位外籍医生和两位护士来到中国救死扶伤，有的甚至献出了宝贵的生命，白求恩大夫便是其中一位。

智利诗人聂鲁达在《国际军团到马德里来》中这样颂扬国际纵队的战士："因为你们舍身而把新生命注给失去的信念、空虚的心、对大地的信赖。"③ 西班牙现代著名诗人阿尔维蒂，曾在他的诗歌中这样吟唱："……你们来自这个或那个国家，大国或小国，来自一个在地图上只占一小点淡颜色的国家。……你们保卫着埋葬你们的土地，满怀信心地在枪林弹雨中面对死亡。……兄弟们啊！有了你们的名字，马德里就更伟大，更辉煌。"④

三 谢唯进参加国际纵队的意义

（一）有力地声援了西班牙反法西斯战争

以谢唯进为代表的中国人，以及所有参加西班牙反法西斯战争的志愿

---

① 《谢唯进自传》，中国革命博物馆党史研究室编：《党史研究资料》第四集，四川人民出版社1983年版，第66页。
② 同上书，第64页。
③ ［智利］聂鲁达：《聂鲁达诗选》，陈实译，湖南人民出版社1985年版，第56页。
④ ［西班牙］阿尔贝蒂：《阿尔贝蒂诗选》，拓生等译，人民文学出版社1959年版，第50页。

兵，团结一致、浴血沙场，以实际行动深入支援了西班牙的正义之战，有力抗击了法西斯军队，体现了中国为争取世界和平、积极参与世界反法西斯战争所做出的贡献。其英勇无畏的品质、自我牺牲的精神，鼓舞着为和平与民主而奋斗的后来人，其国际主义精神在当下仍然具有重要的时代价值。

（二）为中国抗日战争争取了同情与支援

谢唯进在国际纵队期间，积极开展了大量的统一战线工作。一方面，他将中国志愿兵在国际纵队中的战斗情况通过报纸进行了及时地传递，使中国人民了解到国际反法西斯战争的进程，有助于中国人民借鉴西班牙人民反抗法西斯侵略的斗争经验，增强了中国人民抗战到底的信心；另一方面，谢唯进通过传递报刊、举办演讲、组织讨论等渠道，将中国抗战的情势进行了宣传介绍，并向世界人民传达了中国人民对于法西斯侵略行径的强烈谴责、对世界人民反法西斯战争的声援，为中国抗战在国际范围内赢得了同情与支持。西班牙内战结束之后，国际纵队中许多外国志愿兵又义无反顾地来到中国，投身到支援中国人民抗战的伟大事业中，为争取中国抗日战争的胜利奉献了力量。

（三）巩固了世界反法西斯统一战线

在保卫世界民主与和平的前哨之战中，西班牙与中国同时成为决定当时历史的两个重要焦点，同为反对法西斯主义之先遣队，西班牙反法西斯战争与中国人民之抗战息息相关，与世界反法西斯战争的进程息息相关。重庆人谢唯进在国际纵队中团结各国志愿兵英勇作战，不但体现了中国人民自觉投身世界反法西斯斗争的英勇无畏，还体现了中国共产党为建立和巩固国际反法西斯统一战线所做出的努力与贡献，为世界反法西斯战争史书写了重要的一页。

作者单位：日本爱知大学

比较文学

抗战时期中国文学文本中的日本女性形象

刘晓琴

二十世纪三四十年代，法西斯的铁蹄在世界范围内肆虐之时，中华民族的命运与人类文明的危机联系在了一起，此时文学的眼界变得开阔，在关注本民族命运的同时，他国人民的遭遇也进入了本国作家的视野，作为特殊存在的日本女性形象在当时的中国作家笔下得到了真实的呈现，这些日本女性，不再仅是令人魅惑的温柔女性，而是相当复杂的存在，人性与民族性在她们身上交错，她们的同胞作为侵略者而存在，而她们中的大多数依然是弱者形象，同样是战争的受害者。中国作家通过对这一类女性形象的塑造，表现出一种超越狭隘民族主义的人性之美。

一 战前男性笔下的日本女性乌托邦形象

战争之前的二三十年代，在留日男作家笔下，日本女性往往温柔、多情、美丽、顺从，散发着难以抗拒的女性魅力，在她们身上，包含着作家对女性美的所有幻想，在这些男性作家眼中，日本女性"缠足深居等习惯毫无，操劳工作，出入里巷，行动都和男子无差；所以身体大抵长得肥硕完美，决没有临风弱柳，瘦似黄花的病貌"[1]。作为"弱国子民"的留学生，他们在日本忍受着屈辱的种族歧视，在他们无比的自卑和苦闷中，日本女子充当了他们肉体和精神上的抚慰，在郁达夫的《沉沦》等一系列描

---

[1] 郁达夫：《雪夜》，《郁达夫自叙》，团结出版社1996年版，第58页。

写日本生活的小说中，对此多有表现。在郁达夫的眼中，日本的女子是"肥白柔美"的，沉沦在日本女子肉体中不能自拔；张资平的作品中也充满了对日本女子自然美的身体的迷恋；徐志摩将东瀛女子"最是那一低头的温柔，像一朵水莲花不胜凉风的娇羞"①赞美得无以复加；还有郭沫若，因为钦慕日本女子的温柔沉静，娶了日本女子为妻；陶晶孙甚至臆造了一个日本男性缺席的东瀛女儿国，中国学子成了这个乐园里的贾宝玉，为了满足自己精神和肉体的需要，男性作家们都对这些日本女性形象进行了加工，使之符合自己的期待视野，这些潦倒的留日学生把这些女子当作自己在异乡仅有的一点安慰，这些日本女子身上有太多作家本人心理的投射，这些在场的日本女子本质上是缺席的中国传统女性的影子，已非现实中日本女性的真实形象。

二 族裔与自我的选择——中国土地上的日本女性形象

抗日战争期间，由于各种原因，部分日本女性没有回归本国，而是依旧生活在中国土地上，她们的特殊处境，导致了她们既不像日本国内妇女一般被喧嚣的军国主义影响，又不像中国妇女一般对日本民族有着刻骨的仇恨，没有和战争直接发生关系的她们，得以躲在一个安静的角落，公正地对战争进行审视和思考，这些普通日本平民女性和狂热的侵略分子泾渭分明地区分了开来。

《法西斯细菌》中的日本妇女静子，为了爱情远嫁中国，正直善良的她深爱自己的丈夫和孩子。她爱自己的祖国，却必须面对自己同胞的暴虐；她爱中国，却并不能被中国人所理解，因此，她一直是矛盾而痛苦的。因为她是日本人，在她无辜的孩子平白无故受欺侮时，她不能进行保护；面对日本人疯狂的侵略行径，她为自己的日本人身份而感到痛苦内疚，生活中所有的不公平她都默默咽下。静子看上去是安静而忧郁的，然而含蓄沉静的静子却独有一份特殊的感染力，在平静的外表下常常起伏着剧烈的情感，这种复杂的人物性格具有一种巨大的张力。比如在第三幕

---

① 《徐志摩集》，花城出版社2006年版，第262页。

中，窗外雷雨交加，室内她的丈夫和朋友们在为买卖成功狂欢庆祝，与之形成鲜明对照的是静子的安静，这时的静子，历经了战争中的动乱，忍受了作为一个日本人在中国艰难的生存境况，目睹了日军使用毒气、细菌的灭绝人性的行为，她的思想已在不知不觉中悄然升华，在她"低头坐着不动"的表象下，是一个有良知的日本妇女，对破坏和平生活的日本侵略者的憎恨，对绝灭人性的法西斯强盗的愤怒。

另一个浑身散发出人性美的日本女性形象是《四世同堂》中的日本老妇人。正是这个日本老妇人，让《四世同堂》这部小说展现出一种超越民族的、充满人性的美感。胡絜青和舒乙曾认为，日本老妇人"这一笔，价值无穷。《四世同堂》是一本揭露和控诉日本军国主义罪行的小说，但是，这一笔，把日本人民和日本军国主义者划分得清清楚楚"[1]。日本老妇人在小说中所占的分量并不重，仅仅出场四次，但她的每次出场，身上都仿佛放射出正义的光辉，俨然是一位超越了国家与民族的国际主义战士，她是一位生在加拿大、长在美国的日本人，作为一个日本人，老太太开宗明义地对瑞宣说："我只须告诉你一句老实话：日本人必败！没有另一个日本人敢说这句话。我——从一个意义来说——并不是日本人。我不能因为我的国籍，而忘了人类与世界。自然，我凭良心说，我也不能希望日本人因为他们的罪恶而被别人杀尽。杀戮与横暴是日本人的罪恶，我不愿别人以杀戮惩罚杀戮。对于你，我只愿说出：日本必败。对于日本人，我只愿他们因失败而悔悟，把他们的聪明与努力都换个方向，用到造福于人类的事情上去。我不是对你说预言，我的判断是由我对世界的认识与日本的认识提取出来的。"[2] 此时的日本老妇人，表现出的睿智与正义，绝不亚于小说中其他中国人，她有自己独立的思想，不随波逐流，在她身上充满着超越了国籍的道德感和正义感。老太太绝不趋炎附势，她对财大气粗、哈巴狗般讨好日本人的冠小荷一家充满鄙视，对正直的祁家却是饱含尊重，她甚至帮助祁家躲过了日本特务的盘问。日本战败后，第一个把日军战败这个令人振奋的消息告知小羊圈胡同里的住户的竟然是这位日本老妇人。

---

[1] 胡絜青、舒乙：《破镜重圆》，《四世同堂》，北京十月文艺出版社 2008 年版，第 10 页。
[2] 老舍：《四世同堂》，北京十月文艺出版社 2008 年版，第 400 页。

从静子和日本老妇人身上,我们看到了人性的高尚之处,这两位都是生活在中国土地上的日本女性,她们身上散发出来的悲悯情怀与正义感,在充满着杀戮与愤怒的土地上,体现出一种超越仇恨与狭隘种族主义的人性大爱。

三 战争与人性的角力——女性作家笔下的日本本土女性形象

战争期间,由于日本人的无耻侵略行径,战争使文化认同变得艰难,抗战文学中的日本人形象被大量格式化和妖魔化,在大多数男性作家笔下,日本人面目可憎、贪婪自私、毫无人性。然而,我们注意到,许多女性作家却是以真正理性的眼光客观描写日本人,尤其是在对同为女性的日本女子的描述上,站在了普遍的人性高度,客观、理智地对日本女性进行了实事求是的刻画,揭示出人性的本来面目。

如丁玲就曾在《我在霞村的时候》借贞贞之口间接对日本女子有描述,"日本的女人也都会念很多很多的书,那些鬼子兵都藏得有几封写得漂亮的信:有的是他们的婆姨来的,有的是相好来的,也有不认识的姑娘们写信给他们,还夹上一张照片,写了好多肉麻的话,也不知道她们是不是真心的,总哄得那些鬼子当宝贝似地揣在怀里"[①]。日本女子的温柔多情在女作家丁玲的笔下可见一斑。

还有如凌叔华留日期间所创作的小说《异国》和《千代子》,此时日本已发动了侵华战争,凌叔华以其细腻的女性眼光和心理,透视着日本国民的战争心态,和男作家相比,共通的女性心理,使她笔下的日本女性形象更加接近真实。《异国》中,中国少女蕙因流感住进京都的一家医院,医院的日本看护小姐对其精心护理,对她的关心真是无微不至,充分体现了日本国民性中的"人情美",然而,随着一份宣告中日争端的"号外",看护小姐对待中国人的态度立刻来了个三百六十度大转弯。日本人的狂热好战传统,好武斗狠的国民本性也在意识深处影响着温柔的日本普通女性,充分表现出日本文化精神中"菊"与"刀"的两面性。

---

① 丁玲:《我在霞村的时候》,《丁玲延安作品集》,陕西人民教育出版社 1999 年版,第 220—221 页。

作为女性作家的凌叔华,视点自然与郁达夫等男性不同,她对日本女性的审视更加冷静和客观。在她的作品中,没有作为弱国子民的自轻自贱。在她看来,日本女子广受称赞的"女性美"背后,潜藏着狭隘的岛国民族主义,残暴的军国主义煽动的民族仇恨也在她们身上留下了深深的印记。但凌叔华并不是一个偏激的民族主义者,在她的小说《千代子》中,以女性的视角,发掘出了超越民族主义和军国主义的人性美,故事发生在一个民风淳朴的京都小镇,当地妇女没有什么机会了解真正的中国人,在她们的意识中,一直是被军国主义宣传机器所灌输的扭曲变形的中国人形象,未谙世事的少女千代子头脑中有这样一幅关于中国女性的画面,"在千代子脑子里,浮现着的支那女子真是怪物。在家里软得像一块生海蜇,被水冲到哪里便瘫在那里不会动了。偶然立起来走路,却又得、得、得地像马一样走得很快"①。这样荒诞离奇的想象,在日本妇女的心中却是丝毫不怀疑的。"个人的身体是一个微观世界,它是对那个焦虑和脆弱的宏观世界,也即社会的身体的复制。"② 日本人从中国人畸形的裹脚来管窥中国,对中国倍加轻蔑,"支那人,男的是鸦片烟鬼,女的一多半是瘫子,那三寸的小脚儿,你想她能做什么事,这还是我们日本人没有拿准主意,在上海若是连着打下去,还不灭了他的国吗?"③ 然而,作为人,尤其是女性,天性中的爱与温柔是无法被军国主义者彻底抹去的,在一定的环境下,作为女人善良的一面就自然流露了出来。《千代子》中有一个情节,中国女人要带小孩到日本澡堂洗澡,日本少女百合子对此简直是愤怒无比:"小脚儿,又臭又脏,配到我们日本人的澡堂吗?"④ 她决定趁洗澡的机会好好羞辱一番小脚的支那女子,没想到在澡堂里,事情却发生了戏剧性的变化。在褪去了一切外在的束缚以后,种族歧视竟然也随之不见了踪影,支那女人怀中可爱的婴儿让澡堂里弥漫着轻松快乐的空气,孩子天使般的微笑,竟然神奇地消泯了种族仇恨,澡堂里的女人们都毫无戒备地开

---

① 凌叔华:《千代子》,《凌叔华文萃》,文化艺术出版社2002年版,第384页。
② [英] 丹尼·卡瓦拉罗:《文化理论关键词》,张卫东等译,江苏人民出版社2006年版,第101页。
③ 凌叔华:《千代子》,《凌叔华文萃》,文化艺术出版社2002年版,第381页。
④ 同上书,第387页。

心地笑着,本来极端厌恶中国女人的千代子也不知不觉着迷了,她也加入她们的笑声里了,将羞辱支那女人的事忘得一干二净。凌叔华具有鲜明的民族立场,但是又"并非极端的国家主义者或爱国家"①。她并没有把日本人妖魔化,而是进入人性层面,触碰到了作为人类心灵深处最柔软的那个地方。

  以"爱的哲学"闻名的冰心,曾在战争后出访东京,当冰心看到战乱中的日本妇女生活,沉痛地写下了《日本女性への期待》一文:"前年,降落在羽田机场,从车窗映入我眼帘的日本的景象……瓦砾的街……灰色的脸……还有穿得破破烂烂的年轻日本妇女……这种凄惨悲凉的战争现实的景象,使我至今难以忘却。我在重庆时,经历了好几次惨无人道的日军轰炸。接着不久后听到东京被轰炸的新闻,想起被轰炸和被火焰悄悄包围的日本妇女苍白的脸,我心如刀绞。多么地艰辛!多么地悲哀!这种感情是超越民族立场的我,也是作为女人,并且作为母亲的一种赤裸裸的呼唤。"② 身为女性的冰心对同样身处战争苦难中的日本女性表达了深深的同情,女性的善良本性让冰心的思想升华到了不分国籍的人性层次上,无论是战争的发起国,还是被侵略国,作为弱者的妇女都是作为战争的受害者存在。战后,冰心再次来到东京,看到满山美丽的红叶,发出了如此感叹:"再也不能有战争了。重庆那美丽的山和日本这座雄伟的山再也不能被挖防空壕了。但世上的男人说不定还会有战争的欲望。那时我们妇女绝不能让男人们拿起武器!……至今我还坚信,特别是稳静的日本妇女听了我的这些话后一定会用力地握住我的手……虽然人应该追求以往快乐的回忆,但只有甩开悲惨的过去,人才能探求到快乐的人生和世界。世上众多健壮的男女必须用人间的爱以及一切手段来显示绝对忌讳暴力及破坏的行为。我们妇女在怀有'战争是否爆发'的恐怖感之前,要有抵制战争爆发的坚强的自信……我想再次向日本妇女呼吁'必须用我们妇女的手来彻底

---

  ① 凌叔华:《登富士山》,《凌叔华经典作品》,当代世界出版社2004年版,第12页。
  ② 冰心:《日本女性への期待》,长谷川仁译,《妇女》1948年第2卷第8号,来源于《文汇报》。

地抵制战争。'"① 这是冰心作为女性向全世界妇女发出的反战宣言。

四 作为战争殉葬品的存在——日军慰安妇形象

关于日本女性形象,还有一个不得不提的特殊群体——慰安妇,这是日本女性为本国军国主义分子发动的侵略战争,而承受了巨大苦难的一个女性群体。日本侵华时期的内阁首相东条英机曾说:"以一个东方人观念看,女人是一种战略物资,并且是对胜利不可缺少的独特营养的战略物资。"② 慰安妇就是作为"战略物资"被送上战场,在她们身上,根本谈不上任何作为人的尊严。

军队征招的随军妓女和被强迫为日军提供性服务的女性,是日本军队专属的性奴隶,这项世界战争史上前所未闻的残暴制度,是日本迄今依然讳莫如深的一个领域。据学者估计:慰安妇总数"不少于36万—41万……按国籍来分析,慰安妇的主体是中国和朝鲜的女子,朝鲜慰安妇的人数在16万左右,日本慰安妇人数为2万—3万人,台湾、东南亚一些地区的慰安妇各有数千人,澳大利亚、美国、英国、荷兰、西班牙、俄罗斯等国的慰安妇各有数百人,而中国(大陆)的慰安妇人数最多"③。这些数字可能有出入,然而大量女性被当作慰安妇,惨遭灭绝人性的蹂躏却是铁一般的事实。慰安妇是日本军国主义的特殊产物,是男性对女性从生理到心理的奴役发展到极端的结果,女性被集体奴役和摧残,她们是日本战争罪行的受害者。在当时,由于日本国内疯狂的军国主义思想煽动,日本国民不分男女普遍传染上了狂热的战争情绪,大量日本女性,以狂热的激情,来支持这场不义的帝国主义侵略战争。日本的慰安妇中,很多都是自愿应召的,她们以自己的身体对日本军人进行抚慰,并且把这视为崇高的行为,在邓贤的《大国之魂》中对此有所记载:"首批自愿应召的一百二十八名妇女从长崎登船起程,前往上海前线

---

① 冰心:《日本女性への期待》,长谷川仁译,《妇女》1948年第2卷第8号,来源于《文汇报》。
② 江浩:《昭示:中国慰安妇》,作家出版社1993年版,第62—63页。
③ 苏智良、陈丽菲:《侵华日军慰安妇制度略论》,《历史研究》1998年第4期。

'慰劳'作战勇猛的将士。这批女人中有学生、职员、女工，也有家庭主妇和私娼。她们许多人还是处女，自愿将贞操和青春奉献给战争。功利目的是次要的，慰安妇薪水相当微薄，她们都为自己有机会直接服务于前线官兵深感荣幸和自豪。"[1] 这是一群狂热的女性，她们根本没有意识到自己的身体成了军国主义的工具，在战争分子的煽动下，她们主动奉献出自己的身体，为这些暴虐的侵略者做出无谓的牺牲。她们天真地以为自己对战争做出了贡献，事实上慰安妇的经历从此成为她们一生中永远无法摆脱的屈辱。由于在战争中饱受蹂躏，有的染上了性病；有的不堪折磨，精神陷入疯狂；有的充当了战场上的炮灰。随着战争硝烟的慢慢散去，她们在战后依然被国内的人看作妓女，慰安妇的屈辱伴随着她们整个人生，她们所遭受的肉体和精神上的摧残非笔墨所能形容，这群日本女性为慰安妇这段历史付出了沉重的代价。慰安妇制度是对女性，更是对人性最惨无人道的践踏，这是军国主义和男权主义联合下对女性尊严最无耻的剥夺。

　　抗战时期，由于日军对慰安妇身份的严密封锁，在当时的文学中，涉及慰安妇这一领域的作品数量非常稀少，笔者能找到的有关日本慰安妇形象，就只有谢冰莹在短篇小说《梅子姑娘》中所塑造的梅子这个日本慰安妇。和大量对战争充满狂热的日本女性不一样，梅子是一个冲破了狭隘的民族主义，具有人类正义感的日本女子。梅子是一个出身下层的女子，为了寻找在中国作战的新婚丈夫，被诱骗而参加了日军的"慰劳队"。她千里迢迢来到中国，却屈辱地发现已沦为供日本官兵发泄兽欲的随军慰安妇。不久丈夫阵亡，梅子姑娘在战场上目睹了日军在华土地上的种种暴行，看到了这场战争的罪恶，结合自己从日本到中国这一路的亲身经历，产生了强烈的反战思想。后来，梅子与同样具有强烈反战思想的日本空军驾驶员中条相恋，她鼓励恋人向中国军队投诚，两人在险恶的环境中，趁中国军队进攻沙市之时，乔装打扮成难民，出城向中国军队投诚，由此成为抗日队伍中的英勇战士。梅子姑娘由一个军国主义工具的慰安妇，转而成为一名勇敢的国际主义战士。

---

[1]　邓贤：《大国之魂》，国防大学出版社1996年版，第298页。

梅子这个人物形象，其实更多的是作者谢冰莹自己的心理投射。梅子这个曾做过慰安妇的日本女性，最后不但收获了完满的爱情，而且弃暗投明成为一名国际主义战士，这不能不说在很大程度上只是作者的美好理想。谢冰莹通过塑造梅子这个慰安妇形象，实际上是选取了一个独特的角度来表达日军的残暴；以梅子这个日本女性的视角，来展露战争的残酷，和战争给日本人民带来的巨大伤害，也借此从中透露出当时日本国内的反战呼声；通过梅子这个形象，为当时的中国人民认识战时的日本提供了一个全新的视野。

优秀的文学作品应该超越国界，超越狭隘的民族意识，从人性的高度来对战争进行审视。战争文学不应当是我们所理解的口号标语式文学，而是应当超越战争本身，对人的内心和生存状况进行观照。同样，战争中的异国形象也应该建立在人性的基础上，而非简单的"套话"、脸谱式描绘；尤其是女性，柔弱的女性在暴虐的战争中的生存画面，本身就是一幅残酷的、带有强烈悲剧性的图景，只有进入她们的内心，探寻到心灵深处最本真的人性，这样才是穿透了历史迷雾的真正女性形象。

作者单位：重庆工商大学融智学院

抗战文学中的日军战俘形象

金安利

本文所说的抗战文学，指1931年—1945年间问世的反映中国抗日斗争的文学。在长达十四年的抗战期间，中国抗战文学中涌现了大量针对各种日本侵略者形象的描写，包括日本军官形象、日本战俘形象、日本士兵形象、日本间谍形象、日本浪人形象等等。为了抗战的需要，在这些针对日本人的描写中，中国抗战作家对这一异国形象的集体阐释普遍持否定态度，日本侵略者绝大多数被塑造为如同魔鬼一般的"撒旦"。然而，抗战文学作品中的日军战俘形象，却与主流意识形态中的日本侵略者形象大相径庭，几乎清一色地呈现为"蜕变的撒旦"形象。他们在中国工作人员的人道主义关怀和感召之下，逐渐觉悟起来，认识到日本侵华战争的非正义性，由满脑子军国主义意识的日本士兵，最终蜕变为反战斗士。

抗战文学中"蜕变的撒旦"日军战俘形象，无疑是抗战文学中诸多日本形象里较为独特的一种形象类型。本文试图对抗战文学中的日军战俘形象进行比较系统的研究，分析其典型形象，并运用形象学相关理论来深入探索"蜕变的撒旦"这一异国形象产生的深层原因。

一

在战时的特殊语境下，日本侵略者形象通常被中国作家作为一种群体形象加以塑造，并最终形成了形象学中的套话"日本鬼子"。在当时发表的抗战作品中，虽然也真实地描写了日本侵略者的暴行，但大部分作品对战场上日本侵略者的描写却是表层的，不够深入的，鲜能塑造出活生生的具体形象。

为了改变对日本侵略者一般化、类型化描写的弊病，不少作家注重对侵华日军做具体个别的深入描写，试图发掘侵华日军的内心世界。但在中日交战的状态下，中国作家想要深入了解具体的日本士兵简直是天方夜谭。于是，日军俘虏就成为许多作家观察、采访和描写的对象，以至在1938年以后，中国抗战文学中以日军战俘为主要描写对象或把日军战俘作为主人公的作品多了起来，出现了大量表现日军俘虏形象的报告文学作品，如：天虚的《两个俘虏》（1938）、以群的《听日本人自己的告白》（1940）、沈起予的《人性的恢复》（1941）、林语堂的《日本俘虏访问记》（1944）、杜埃的《俘虏审问记》（1945），等等。

在这些作品中，日本士兵是被动的战争机器，他们被"军部"驱赶到战场上，或受了蒙蔽而走上战场。他们在中国土地上的暴行并非他们本性的真实显现，而是军国主义的必然结果，他们是军国主义的工具甚至牺牲品。作家对他们尚抱有"幻想"，认为通过教育感化，他们会和中国人民一起站到反战的立场上。

天虚创作于1938年的报告文学《两个俘虏》，描写的是两个在广阳战斗中被俘的日本士兵如何在中国工作人员的感召和教育之下转变为反战斗士。作品发表后，受到评论界的高度评价。茅盾在发表于《文艺阵地》第1卷第8期的《〈两个俘虏〉》一文中这样指出：

> 抗战已经一年，但是我们的"对敌的研究工作"，做的实在太少。……天虚的这本书，展开了敌军士兵的心理，指出了他们曾经怎样被欺骗被麻醉，但也指出了欺骗与麻醉终于经不起正义真理的照射；敌人所以能支持它的侵略战争，大部分是靠了它长期的对于日本民众欺骗与麻醉，——政治资本，但是立足于欺骗麻醉的武力终有一天会调转枪口。在这里，就有我们长期抗战必能获得最后胜利的正确理论之事实上的明证，——两个顽强的俘虏终于感悟而掉

转枪口了！①

茅盾的这些话，集中反映了当时中国文坛对这类作品的需求，颇能代表中国抗战文坛对日本侵华士兵的基本看法，那就是，日本士兵是受日本军阀欺骗才来中国作战的，他们在侵华战场上丧失人性的行为是日本军国主义毒害的结果。因此，这些士兵只要经过一定的教育和感化就可以恢复人性，甚至可以走上反战之路。正如《两个俘虏》中的日军战俘××四郎在蜕变后所发表的那篇热情洋溢的演讲词：

> 亲爱的支那兄弟们，你们这样热烈的要叫我来讲话，使我感到万分的惭愧！原因是我是拿着枪杆来到贵国杀你们的，你们的敌人！当我们在日本时，每天眼花缭乱地都看着上面登载宣传的贵国人如何坏，如何的蛮不讲理，如何无故要和我们做仇人，什么抗日、反日、排日，因此我们皇军要征服他！我们的日本同胞，受了这种欺骗宣传，觉得真是应该打平贵国，征服贵国，方足以显我们大和民族的武士道精神的威风，才对得起我们的天皇！……可是，我到贵国来以后，我看见日本同胞对待贵国兄弟，那才真是野蛮残暴！……我心中对我们的同胞深感不满，我对这次战争的意义，也就开始了怀疑，可是，这时候，我也才只仅仅的是怀疑，我沉浸在那样的氛围中，我失去了对自己主动的力量。……我更明白我们到此，完全是受了欺骗！……沿途上，我们随着八路军，在所经过的地方，民众们都是朴质温和的，我寻不出如我在我们国里所宣传着的那种野蛮和残暴，在我眼前，一切都是亲爱！我真实地了解了：中国民众，并不是我们的敌人！②

作品最后，××四郎还发出了这样的呼唤："中日民众联合起来！打

---

① 茅盾：《茅盾文艺杂论集》，上海文艺出版社1981年版，第760页。
② 林默涵总主编：《中国抗日战争时期大后方文学书系：第四编·报告文学》，重庆出版社1989年版，第167—168页。

倒我们的共同敌人日本帝国主义。"① 那么，帮助他们恢复人性的方法是要使他们了解中国人民的立场，晓之以理，动之以情，让他们明白日本军阀与日本普通民众以及普通士兵是对立的，中国人民对日本人民是友好的。"我们的仇人，只是日本帝国主义者，军阀！我们全国的人民都明白这个道理，他们对你们被迫来参战的士兵弟兄的苦衷，是同情的。"②

在沈起予的长篇报告文学《人性的恢复》中，日军战俘最终也与中国军队一样，认为日本军部是唯一共同的仇敌，而日本人民都是受了日本军部的欺骗而牺牲的。"我们唯一的仇敌是日本军部，而不是为了日本军部牺牲的日本人民。今后我们……不妨一同携手起来，为人类的幸福和正义而奋斗。"③

这里对日本士兵的态度及其描写，显然采取了无产阶级国际主义的立场，而非民族主义或国家主义的立场，对日本士兵的定位和分析所采用的也是中国左翼文坛所惯用的阶级分析方法。在中日两个民族、两个国家正在你死我活决战的时候，忽视这一特定背景下不可调和的民族、国家矛盾，忽视大和民族的特殊的民族性，而用阶级分析的方法把日本军阀和具体执行军阀的命令的、在中国无恶不作的日本士兵机械地加以区分，这的确是当时中国抗日文坛看待日本军人的基本思路。

事实上，日本作家的有关作品就充分地表明，对日本人做这种机械的划分是不可行的。例如石川达三的《活着的士兵》中的那些普通士兵在日本国内自然是属于"人民大众"阶级的，但他们对中国平民完全没有"阶级"的同情，而是非人的蔑视、仇恨和肆意的屠杀。他们这样做，并非因为迫不得已而接受"统治阶级"的命令。

冯雪峰在1939年曾写过一篇关于《活着的士兵》的评论文章——《令人战栗的性格》。在该文中，他这样写道："他们和未开化的野蛮民族的残暴的不同，倒在于野蛮民族仅止于不自觉地残暴，而文明的日军却是

---

① 林默涵总主编：《中国抗日战争时期大后方文学书系：第四编·报告文学》，重庆出版社1989年版，第169页。
② 同上书，第164页。
③ 同上书，第913页。

自觉的毁灭人性和人类。而这恰恰就是我们在这次战争中，因而也在石川达三的小说中看见的日本民族的特殊的典型性格。然而石川达三所老实地写出的这些人物，都并非战争的主使人，他们并非就是穷凶极恶的法西斯军阀本身，而他们是医学士、佛教徒、小学教师之类，结果却竟这样迅速地达到了和法西斯军阀的一致，这样容易地自觉的毁灭着人性：我想，这才是令人战栗的可怕的事情吧？"①

这篇文章可以说是当时中国文坛对《活着的士兵》最深刻的见解和评论了。冯雪峰一方面看到了"日本民族的特殊的典型性格"，另一方面却又认为这是法西斯军阀所带来的结果。"日本法西斯军阀在毁灭生命、文化之余，又怎样地在摧毁它自己国民的人性，这小说就又是一个小小的真实的例证。"② 此话当然不谬，然而，阶级分析的单一视角，使得冯雪峰及左翼文坛未能从民族性、民族文化的角度来思考并回答这样的问题：为什么法西斯主义、军国主义能够在日本民族中产生和肆虐？日本国民仅仅是法西斯的受害者还是法西斯产生的土壤和温床？

此外，中国军队对日军战俘一向采取人道主义的政策，这种政策也决定性地影响了战时中国作家的描写角度。他们对日军战俘的人性恢复抱有相当乐观的态度，譬如《两个俘虏》《人性的恢复》之类的作品就带有一定程度的宣传和说教，具有主观化、概念化和理想化的色彩。从顽固不化的日本士兵，到最后喊出"打倒我们的共同敌人——日本帝国主义"这样的反战宣言，日军战俘的脱胎换骨被描写得如此的简单易行。

对日军战俘进行教育和反战宣传，让他们恢复人性，这是战时中国军队非常重视的一项工作。如在中国共产党领导下的抗日根据地，就有"在华日本人反战同盟"和"在华日本人觉醒联盟"，也的确有一些战俘经过八路军工作人员的教育之后，如我们所期望的那样蜕变成反战人士。但是，事实上发生这样转变的日军战俘毕竟只是极少数，不具有普遍性和典型性。

由此可见，这些"蜕变的撒旦"日军战俘形象的集中出现，一方面是

---

① 冯雪峰：《雪峰文集》第2卷，人民文学出版社1983年版，第78页。
② 同上书，第78—79页。

出于对敌宣传的需要，另一方面也表明了战时中国作家对日本士兵以武士道精神为基本内容的日本民族性、民族精神缺乏较为深刻的认识，因此也就不可能进行全面而深入的描写与阐释。

二

丁玲写于 1938 年的三幕话剧《河内一郎》无疑是此类题材的代表性作品。茅盾在发表于 1938 年 8 月 16 日《文艺阵地》第 1 卷第 9 期的《丁玲的〈河内一郎〉》一文中这样高度评价道："剧本《河内一郎》的主人公就是这样一个人物。他是千千万万被驱迫被欺骗到中国来作战的日本人民的一个代表。河内一郎的故事也是无数的日本俘虏经过宣传教育后必然达到的结果。"[①]

与其他反映日军战俘形象的同类作品相比，《河内一郎》最大的突破点在于作家写出了日本人形象的人情和人性，而这恰恰构成了日本民众反战的基础。较之前面诸多报告文学中的日军战俘形象的突兀蜕变，《河内一郎》中的"蜕变的撒旦"战俘形象——河内一郎的人物形象更为细腻丰满，其最后的反战蜕变也显得更为合情合理。

在第一幕中，并未去过日本的丁玲却有如身临其境地写出了日本普通人在日常生活中弥漫出的温情。在东京附近乡村的一户普通人家里，男主人河内一郎从军三年后出伍回家之际，老父亲赶紧借钱把当掉了的一郎的书籍赎了回来，妹妹菊子特意托人买了一郎爱吃的桃子，妻子贞子则藏起了丈夫出征前尚未出生的儿子秀雄，……邻人们也表示了极大的同情的喜悦。一郎到家后，清贫的家庭充盈着阖家团聚的温馨。满怀着对未来的勤俭和平生活的憧憬，老父亲迫不及待的同儿子聊起了以后的生计，"自己在家开一个小店"，……不知不觉父子俩聊到了中日战争，老父亲提出了自己对战争的疑虑并朴素地抵制着战争："你们这回还算是好运气，没有开到满洲去。满洲的义勇军听说厉害得很，……唉！战争！老远跑去打别人，对自己有什么好处？多造一群寡妇孤儿！如果是别人打过来的话，那

[①]《茅盾文艺杂论集》，上海文艺出版社 1981 年版，第 772 页。

倒是不同。"一郎坦言道："这个我不很清楚。我们的司令官常常这么告诉我们：支那那个国家实在弄得不好，他们的政府没有能力去振兴自己，只想依靠英美，而英美是白种人，如果我们不去，支那就会亡国于白种人的。支那是一个富庶的地方，我们应该去帮他们剿灭共匪，建设国家。"儿子的回答并没能打消老父亲的疑虑："这些话我听过不知多少了，满洲我们也占领六年了。难道满洲的人民全是共产党吗？"① 温馨和谐的团聚气氛很快被一纸召集令弄得烟消云散。一郎到家屁股还没坐热，紧急召集令紧追而来，日本军阀制造了卢沟桥事件，征调"在乡军人"。"中日战争爆发了！新的流血开始了。好男儿都要上前线去，替大和民族争光，替天皇陛下尽忠。"② 于是，"在乡"尚未满半天的一郎，连儿子秀雄都没能看上一眼，就再次被征召入伍，开往前线。

第二幕的场景转换到了中国晋北的一村庄。河内一郎既怀念家乡，又恐惧游击队来袭，精神上陷入极度痛苦之中。他看不惯同伴们的烧杀抢掠和酗酒奸淫，内心向往着和平、健康的生活。他曾这样对同伴清水诉说道："他们就是死，也是死在他们自己的国土上，而我们呢，清水？春天已经来了，樱花要开了。在我的家乡，有一条小小的河流，河边上有矮的松树，绿草散发着清香，蝴蝶在上面飞来飞去。到了夏天，我们也不能在横须户洗海水澡了……我要回去，我父亲，我的家……他们望着我啦……"③

所以当同伴感叹战争要到什么时候才能停止时，他觉得除非中国投降了。但是，他又觉得这是不可能的，因为他们正在天天受到游击队的威胁，中国人民正团结在一起坚持抗战，他一直担心自己会死在中国的土地上，再也回不了家。正是作者对河内一郎思念家乡、思念亲人等人性温情的描述，为人物反战蜕变奠定了良好的基础。河内一郎后来蜕变成反战勇士的人性大转折，也显得不那么突兀。

河内一郎对生活失去了希望，但他本能的求生意志却很强。当被游击

---

① 《丁玲戏剧集》，中国戏剧出版社 1983 年版，第 37—38 页。
② 同上书，第 42 页。
③ 同上书，第 53 页。

队包围时,一郎拼命死战,弹尽后还拔刀肉搏。当他无力再抗拒时,就以刀自刺,因为他担心自己被俘以后会遭遇严刑逼供甚至屠杀。在自杀未遂而被游击队俘获时,他大声叫嚷着让游击队员赶快杀掉他,他不要做俘虏!

在第三幕中,河内一郎怀着"替天皇陛下尽忠"的思想,在刚被俘时只求一死。后来在工作人员的教育和感召之下,他那善良正直的人性得到了恢复和觉醒,对家的深深眷恋和渴望也促使他加入了反战运动:"山本,我们和中国士兵携起手来,打倒军阀,财阀,消灭战争的祸根,只有这一条路是正确的,光明的,这是我们日本士兵唯一的路呀!""我还是爱日本,爱日本首先得打倒骑在日本人民头上的军阀,我现在正是为日本而战,为和平的日本而战。"①

由此可见,丁玲在话剧的前面两幕中为河内一郎的反战蜕变奠定了良好的人情和人性基础,第三幕中主人公最终蜕变为一名勇敢的反战斗士。《河内一郎》在人物性格方面的刻画和塑造,要比诸多报告文学中的日军战俘形象更为细腻,无疑是"蜕变的撒旦"日军战俘形象的典型代表。

丁玲为我们呈现的河内一郎,显然是中国人眼中的日本战俘形象。事实上,这种"蜕变的撒旦"日军战俘形象,不太符合当时日军战俘的普遍情况。河内一郎这一日军战俘形象,在某种程度上寄托着作家的深深期望,作家把想象中的一些特征附加到他身上。从异国形象的塑造角度来看,这是一种误读。在塑造河内一郎这一异国形象时,因时代需求和作者个人情感等因素的影响,导致形象最终在丁玲笔下凝结为乌托邦的幻象——"蜕变的撒旦"。

尽管丁玲从小就喜欢戏剧,并受到了民间戏曲的艺术熏陶,但是,从事戏剧创作对她来说毕竟是"意外"的事。正如她自己所言,这个剧本的"写作都不是我本人生活中有什么灵感,也不是经过仔细酝酿、构思、精雕细刻出来的作品。而只是适应宣传工作的需要,完成戏剧组分配给我的一项写作任务"②。这就说明,她的剧作都是因时而作,应事而为的。正是由于缺少"仔细酝酿"的环节,使她的戏剧创作存在着一定的缺憾和不

---

① 《丁玲戏剧集》,中国戏剧出版社1983年版,第69—70页。
② 同上书,第5页。

足。她对此也有察觉，曾这样自我评价《河内一郎》："觉得第一幕还勉强有点文学意味，第二、第三幕实在缺乏生活，较公式化而且乏味。"① 在第一幕，河内一郎的性格尚未展开，第二幕刚刚勾画出性格的轮廓，到第三幕则被戴上了灵光圈，近乎超凡脱俗了，河内一郎的豪言壮语格外引人注目。

显然，丁玲的戏剧作品是由于意识到自己所肩负的社会使命，怀着一种强烈的时代意识和革命责任感去努力超越自我，贴近时代需求而创作出来的。因而她的剧作中，洋溢着人民群众的愿望和要求、思想和感情，表现了特定历史时期社会生活本质的时代精神，贯穿着一种唤起民族斗争意识和坚定必胜信念的主旋律。因而，她笔下的日军战俘河内一郎也被披上了乌托邦的色彩。

三

对于侵华的日本军人来说，这场中日之战是非正义的。正如日本俘虏所坦白的那样，他们是拿着枪到中国来杀中国人的。但是，当他们做了俘虏之后，他们面对的并不是死，而是人性的恢复。在中国军民的帮助下，久已丧失的人性重回他们身上。在这类"蜕变的撒旦"异国形象身上，我们可以得到这样一些启示和反思：

首先，从日本侵略者在战场上的疯狂行为、对非战斗人员的屠杀、对中国财产的肆意毁坏，与中国军民对待日军俘虏"兄弟"般的、"朋友"式的感化教育和帮助的对比中，我们可以看出，日本侵略者是非人性的，是一群真正丧失了人性的战争机器或野兽或魔鬼，他们是以毁灭一切为目的的。

其次，并非所有的日军俘虏通过感化教育就能够达到人性的恢复，并最终蜕变为反战斗士的。现在看来，林语堂先生1944年发表的《日本俘虏访问记》更能说明当时日军战俘的普遍情况。这篇报告文学记述了作者参观宝鸡附近日本俘虏集中营并和几位日本俘虏谈话的经过。在这里，日

---

① 《丁玲戏剧集》，中国戏剧出版社1983年版，第5页。

军战俘被分成两类：第一类是"改变"了的，也就是我们之前分析的"蜕变的撒旦"类型，第二类则是"未改变"的类型。

在走访被俘的日本飞行员时，作者这样写道："他们的'士气'仍旧很高，他们残暴、聪明、狂热而不悔过，他们解释他们的战争哲学，他们没有投降，不过是被击落下来而被俘的，这五六年的囚禁并没有改变他们的观念或他们的志气，他们大多数是年轻的，年纪最大的一个看来大约三十岁左右，有些人在十五六岁的时候便受过训练，灌输以日本陆军的观念、作战的政策和必须为日本的国运而斗争的思想"[1]。这些"未改变"的日军战俘即使在战犯营里也还供奉着"日本天皇的神座"，他们的士气仍旧很高，残暴、聪明、狂热而不悔过。他们认为"强有力的国家必须作战，否则便灭亡"。他们确信日本军部是"日本的忠实的仆人"[2]。

从这些"未改变"的日军战俘形象可以看出，日本对华的侵略战争不仅仅是日本军阀和日本军部的政策，同时有着广泛的社会基础，这种根源可以追溯到武士道精神、万世一系的天皇制度等民族特征中去，抗日战争的严酷性和持久性在这里也可以得到间接性的说明。

把侵略中国这场非正义战争的根源归因于日本军阀和军部，对日军俘虏采取教育、感化政策，表明在那样一个特定的历史条件下，中国军民始终是维护与战争相关的国际公法的，是站在人道主义立场上的。因此，人性的挖掘就成为战争小说的闪光点。

通过日军俘虏形象可以看出：一方面，在这场战争中，军阀和军部不仅主导了这场战争，同时确实使部分日本军人蒙受欺骗，这类"人"的人性是能够通过特殊的方式使其恢复的；另一方面，还有一些日本军人是很难改变的，这部分军人的灵魂、情感已经和战争融为一体。

对于"未改变"日军俘虏的认识，部分中国作家是理性的，也看到了他们身上非人的成分。如在林语堂的《日本俘虏访问记》中，作者向日军战俘问及世界和平时的情景是这样的：

---

[1] 林默涵总主编：《中国抗日战争时期大后方文学书系：第四编·报告文学》，重庆出版社1989年版，第1084页。

[2] 同上书，第913页。

"……你们都希望世界上能过和平的生活，不是吗？如果人们信赖战争，如何能有和平呢？"

……

"世界和平？"他确切地暗笑说："你看那些动物，甚至飞虫和蚂蚁也打仗的，只要地球上有人类存在，世界上便常常有战争，全世界的人都死光了的时候，嗯，那么才会有世界的和平。"

我有点目瞪口呆了，谈话刚一结束，我已明瞭许多事情了。①

林语堂的《日本俘虏访问记》写于 1944 年，距抗战胜利尚不足一年了。此时的日军战俘形象，与抗战初期的相比，则有了明显的变化。如前面所提及的抗战初期的《两个俘虏》《人性的恢复》《河内一郎》等作品中的日军战俘形象，出于战时宣传的需要，都带有一定程度的乌托邦说教色彩，未能从根源上进行深入、本质的认识和思考。随着战争的深入，到抗战后期中国作家对日本战俘的认识有了长足的提升，从原来那略带幻想色彩的、表面的认识逐渐深入到了真实的、本质的认识。

最后，从日本的民族性、民族精神来看，要让大多数日军战俘蜕变为反战斗士简直就是天方夜谭。也就是，并非所有的日本战俘都能通过教育和感化来恢复人性。其深层根源就在于日本文化本身。

1. 耻感文化

鲁思·本尼迪克特在《菊与刀》中曾言：日本是一种耻感文化而非罪感文化，"在以耻为主要强制力的地方，有错误的人即使当众认错、甚至向神父忏悔，也不会感到解脱"②，而投降是可耻的却早已深深地烙在日本人的思想里。因此，当日本士兵确信敌军将虐待并杀掉一切战俘时，他们更是以投降为耻。"一个除了死亡以外别无其他选择余地的日本士兵，常常以与敌人同归于尽作为自己的骄傲，甚至在被俘后也常常这么干。就像一个日军战俘所说：'既然已下定决心要把自己献给胜利的祭坛，如果不

---

① 林默涵总主编：《中国抗日战争时期大后方文学书系：第四编·报告文学》，重庆出版社 1989 年版，第 1087 页。

② [美] 鲁思·本尼迪克特：《菊与刀》，吕万和等译，商务印书馆 1990 年版，第 154 页。

是壮烈牺牲那才是奇耻大辱。'"① 这就是日本士兵在战场上的普遍性表现，如前面提及的日军战俘河内一郎在被俘前采取的拔刀自杀行为。

2. 日本的武士道精神

在日本武士道传统中，等级制度观念要求人们必须服从上级，他们把这种服从称为"忠义"，"这个德行——对长上的服从和忠诚……在武士的名誉训条中……获得至高无上的重要性"②。等级制度的最顶端便是天皇，因此在二战结束时，"只有天皇的圣旨，才能使日本国民承认战败，并情愿为重建家园而生存下去"③。"忠"在臣民与天皇之间构成了双重体系：

> 一方面，臣民向上直接对天皇，其间没有中介，他们自己用行动来使"陛下安心"；另一方面，天皇的敕令，又是经过天皇与大臣之间的各种中介者之手，层层传到他们耳朵的。"这是天皇御旨"，这一句话就可以唤起"忠"，其强制力要超过任何现代国家的号召。④

当1945年8月15日天皇宣布无条件投降时，"忠"在全世界人们面前展示了难以置信的威力。战争结束了，这是天皇的命令，日本人就得用遵循和平的办法使"陛下安心"。正如在1945年8月以前，"忠"要求国民对敌人作战直至最后一兵一卒，但是当天皇在广播里宣布投降后，"忠"要求的实质内容就发生了颠覆性的改变。

此外，武士道精神追求忠义和名誉的永恒，要求军人为荣誉而战。因此"在绝望的情况下，日本士兵应当用最后一颗手榴弹进行自杀或者是赤手空拳冲入敌阵，进行集体自杀式的进攻，但绝不应投降。万一受伤后丧失知觉而当了俘虏，他就会感到'回国后再也抬不起头来了'。他丧失了名誉，对于从前的生活来说，他已经是个'死人'了。"⑤ 那么，那些"未改变"的日军战俘形象，是否可以理解成因为追求永恒的忠义和名誉

---

① [美] 鲁思·本尼迪克特：《菊与刀》，吕万和等译，商务印书馆1990年版，第28—29页。
② [日] 新渡户稻造：《武士道》，张俊彦译，商务印书馆1993年版，第51页。
③ [美] 鲁思·本尼迪克特：《菊与刀》，吕万和等译，商务印书馆1990年版，第24页。
④ 同上书，第90页。
⑤ 同上书，第27页。

而拒不改变呢？

3. 神道教的天皇崇拜

在日本人心目中，天皇是"神圣不可侵犯"的。天皇就是国家，而且没有天皇，日本帝国就不能存在；天皇是日本国运和世界命运的象征，所有的臣民都是天皇的代表。这源于他们的宗教信仰——神道教。神道教的日文即神の道（かみのみち），"神道教的主神是太阳神或天照大神（Amaterasu），并认为天皇就是由天照大神所降生的。……由于它的主要特征之一就是天皇崇拜并承认天皇为神的后裔，因而这种信仰自然就只能局限于日本，或者更为准确地说，乃是局限于日本的臣民"①。日本天皇作为神的化身，深受日本民众的敬仰；神道教作为一种原始宗教，也在日本民众的头脑里扎下了根。日本政府恰恰是利用了日本民众的宗教信仰，用天皇的名义驱使他们为战争出钱出力，日本民众自然会心甘情愿地去接受"神"的愚弄和欺骗。

由此可见，从日本文化的深层根源来看那些"未改变"日军战俘的言行就不足为怪了。正是基于这样的观点，那些能从狂暴残忍的日本士兵蜕变成反战斗士的日军战俘只能说是极少数的，不具有普遍性，因而中国抗战文学中的日军战俘形象大多被戴上了耀眼的乌托邦光环。

基金项目：国家社会科学基金项目"中国抗战文学中的日本形象研究"（编号：16BZW130）、重庆市抗战文史研究"两江学者"计划的阶段性成果。

作者单位：重庆师范大学文学院

---

① ［美］J. M. 肯尼迪：《东方宗教与哲学》，董平译，浙江人民出版社 1988 年版，第 160 页。

抗战历史研究

抗日战争两个重要问题的历时认识
（1949—2017）

唐 旭

第二次世界大战结束已经七十余年，大多数卷入战争的国家，民众对战争的记忆有特殊纪念日的仪式，对死难者的哀悼以及对少数退伍老兵的敬意。然而对中国和日本而言，战争却留下了难以磨灭的印记，这使得两国之间外交摩擦不断，日本对待战争历史的态度问题为一直影响两国邦交正常化的主要障碍。在中国，十四年艰苦卓绝的抗日战争历史毫无疑问是全体国人的共同记忆，但是在不同的历史时期，对抗日战争的领导权和国民党正面战场功绩两个重要问题的认识，却随历史变迁而历时变化。中华人民共和国成立以来，这种认识变化大致经历三个阶段：第一阶段即从1949年到1978年的30年；第二阶段即改革开放二十年，从1979年到世纪末；第三阶段即21世纪新时期。每个时期对抗日战争的认识，伴随着各种争论，呈现较大差别。

一 谁领导了抗日战争？

关于抗日战争的领导权问题，历来都是焦点问题，备受关注，甚至在有些时期上升为政治问题，成为不容置疑的集体认识。但是在三个历史时期，关于谁领导了中国抗日战争，有着较大的差异。

（一）毛泽东时期：抗战领导权的一元定论

把抗日战争作为研究对象，展开历史研究，可以说从抗日战争结束就已经开始了。但是，由于解放战争的爆发和新中国成立后海峡两岸的分裂对峙,对国共两党和全民族共同参与的抗日战争的研究,很长时间未能开展。尤其是在毛泽东时代,对抗日战争历史的研究十分薄弱,抗战史几乎从公众视野中消失了。就像皮特·格丽斯(Peter Hays Gries)在《中国新民主主义》中写的那样:"毛泽东时期,有关抗日战争历史的研究很少,赞颂毛泽东和共产党的伟大领导更加重要。"①

(二)改革开放二十年:抗日战争领导权的多元争论

1978年底中国共产党十一届三中全会后,在"思想解放"的氛围中,学术研究开始复苏。于是,就像打开了防洪闸门,抗日战争很快成为大量学术研究和公共刊物的主题,也成为诸如电视剧、电影和图画书等媒体的主题。特别是中华民国史作为一个新的学科出现后,对蒋介石及国民党的研究不再是雷池禁区,学者们逐渐敢于探索并逐步客观评价抗日战争中的诸多历史问题。抗日战争领导权问题迅速成为研究热点,并获得了突破性进展,呈现"百家争鸣"多元论争态势。主要有以下七种观点:

1. 共产党领导说。大陆学者特别是从事中共党史、中国革命史研究的人,大多数坚持这一观点。此观点,不是对毛泽东时代抗日战争领导权"一元论"的简单继承,而是拓展了探讨的深度和广度,把研究拓展到中国共产党领导的范围、程度、实质及表述等多方面。

2. 国民党领导说。除台湾学者外,大陆个别学者也认同此观点。理由有三:第一,南京国民政府是中国当时唯一合法的政府,国民党是当时唯一的执政党;第二,我党我军当时一系列方针、作战计划、命令等须交国民政府批准同意后才能实施(如百团大战作战计划,八路军首先报告了白崇禧);第三,从我党领导人的一些言论中也可看出是国民党领导的。② 但是,这种观点并没能得到大陆大部分学者的认同。

3. 国共两党共同领导说。这一观点认为,抗日战争时期国共两党实现了第二次国共合作,建立了抗日民族统一战线,其实质和内容是共同

---

① Peter Hays Gries, *China's New Nationalism: Pride, Politics, and Diplomacy*, Berkeley: University of California Press, 2004: 73.

② 周文琪:《纪念抗日战争胜利40周年学术研讨会简介》,《党史通讯》1985年第10期。

负责、共同领导、共同奋斗、共同发展,从组织上看,是国共两党共同领导。

4. 国共两党分别领导合作进行说。在1985年11月召开的中国现代史第四次学术讨论会上,有人认为:"抗战时期,国共两党虽然实现了合作,但未建立统一的组织形式。各有各的辖区和民众,各有各的政权和军队,各自支撑了不同的战场。政权建设和民众发动,经济建设和战争物资供应,军事力量的使用和发展都没有真正统一的领导,而是各自在不同的理论指导下分别进行……因此,中国的抗日战争实际上并不存在统一的领导,它是由国共两党分别领导进行的"。① 王廷科将此概括为"分别领导、合作进行"说②。

5. 领导权在国共两党间转移或消长说。不少学者认为,在抗战前期国民党掌握着领导权,但由于其阶级局限性和抗战政策的错误,在进入战略相持阶段后,领导权逐渐向共产党方面转移,呈现出此消彼长的趋势,最终共产党"取代国民党而跃居于主导地位,掌握抗日战争与抗日民族统一战线领导权"③。

6. 不笼统提谁领导谁而具体分析各方作用说。有学者认为:"抗日战争的情况是很复杂的,因而抗战的领导权用笼统、简单的字句表述不清楚,必须进行具体深入的分析","最好不笼统地简单地提抗日战争是谁领导,而是具体地阐述中国共产党和国民党在抗战中的情况和作用"④。

以上论争,各种观点都有其合理性,但也存在一定局限性。相比之下,乔志学、李茂盛提出的领导权转移和消长说,比较客观全面,也较符合史实。但是,在官方话语体系中,出于实现海峡两岸和平统一的需要,逐渐淡化抗战领导权归属问题,强调第二次国共合作的重要作用,强调抗日战争是在中国共产党倡导的抗日民族统一战线旗帜下,以国共两党合作为基础,由民众广泛参加的全国性的抗战。例如,1995年江泽民同志

---

① 陈廷湘:《中国现代史学会第四次学术讨论会综述》,《抗日战争史论文集》,春秋出版社1989年版,第219页。
② 王廷科:《关于抗日战争研究的若干问题》,《历史研究》1986年第2期。
③ 夏以榕:《试论抗日战争领导权的归属与转移》,《西南民族学院学报》1986年第2期。
④ 王秀鑫:《抗日战争史新论》,南京工学院出版社1986年版,第2—3页。

在首都各界纪念抗日战争暨世界反法西斯战争胜利五十周年大会上的讲话中指出:"在中国共产党倡导的抗日民族统一战线的旗帜下,以国共两党合作为基础,不愿作奴隶的中国人,工、农、商、学、兵各界各族人民,各民主党派、抗日团体、社会各阶层爱国人士和海外侨胞,实现了空前的大团结。"① 这从某种程度上表明了,在抗日战争领导权学术多元争论背景下,中国共产党对于领导权问题的表述已经发生了较大的变化。

(三) 21世纪新时期:抗日战争领导权的具体分论

进入新世纪,学术界有关抗日战争领导权问题的争论还在继续。但是,国共两党共同领导抗日战争,并在具体方面为全民族抗战最后胜利做出贡献的观点,逐渐为越来越多的学者所接受。在具体的论述上,有以下三种思路:

1. 从形式和实际作用两方面,具体分析领导权问题。从形式上看,作为执政党的国民党和代表中国合法政府的国民政府,直接领导和组织了全国的抗战。从实际领导作用来看,中国共产党和国民党则在各自的统辖区域,发挥政治领导、组织领导和行政领导作用,分别领导了中国的抗日战争。但从中国战场是一个统一的战场来说,抗日战争毫无疑问是国共两党共同领导的。②

2. 在"领导权转移"说基础上,提出了"两个领导中心"说。抗日战争时期,国共两党是领导和推动全民族抗战的两个领导中心,都起着全局性领导作用。但是,两个领导中心的力量发生着此消彼长的变化,总的历史趋势是国民党政权的力量由盛转衰、中国共产党领导的人民力量由弱转强,历史性地改变了国内政治力量的对比。③

3. 强调共产党的政治引领作用。该观点认为,站在全民族抗战的高度,国民党和共产党分别领导了抗战,都为抗日战争的最后胜利做出历史性贡献,在整个抗战问题上,共产党始终发挥了政治引领作用,国民党则

---

① 江泽民:《在首都各界纪念抗日战争暨世界反法西斯战争胜利五十周年大会上的讲话》,《人民日报》1995年9月4日第1版。
② 郭德宏:《论抗日战争史研究中的若干重大问题》,《历史教学》2005年第11期。
③ 张海鹏:《中国抗日战争领导权问题的思考》,《中国社会科学报》2010年9月2日第7版。

始终处于被动地位。①

　　这些观点虽还有争议,但它以全局的眼光和实事求是的态度,辩证地研究抗日战争领导权问题,充分肯定国民党抗战贡献的同时,也客观看到它对外妥协退让,对内积极反共、限制人民力量壮大的事实。近些年,此论说也逐渐成为官方关于抗战领导权问题认识的表述基础。例如,2005年在纪念中国人民抗日战争暨世界反法西斯战争胜利60周年大会上,胡锦涛同志在报告中指出:"在中国共产党倡导建立的抗日民族统一战线的旗帜下,以国共合作为基础,中国人民同凶恶的日本侵略者进行了气壮山河的斗争……中国国民党和中国共产党领导的抗日军队,分别担负着正面战场和敌后战场的作战任务,形成了共同抗击日本侵略者的战略态势"。② 报告肯定了国共双方在抗战中彼此的作用和贡献,肯定了国共合作共同取得了抗日战争的胜利,有淡化领导权争论的倾向。2015年在纪念中国人民抗日战争暨世界反法西斯战争胜利70周年大会报告中,习近平同志指出:"中国人民抗日战争和世界反法西斯战争,是正义和邪恶、光明和黑暗、进步和反动的大决战。在那场惨烈的战争中,中国人民抗日战争开始时间最早、持续时间最长。面对侵略者,中华儿女不屈不挠、浴血奋战,彻底打败了日本军国主义侵略者,捍卫了中华民族5000多年发展的文明成果,捍卫了人类和平事业,铸就了战争史上的奇观、中华民族的壮举"。③ 整篇报告,一改纪念报告沿袭多年的框架结构和话语表述,站在中华民族的高度,开始淡化"谁领导了抗战"问题,强调"中华儿女"的牺牲和浴血奋战,这对于当下团结全民族力量实现中华民族伟大复兴有着积极的意义。

二　国民党正面战场的认识:由简单、片面到公正、肯定

　　早在抗日战争中,人们对国民党抗战正面战场的研究就已经开始了。

---

　　① 樊宪雷、杜栋:《如何正确认识抗日战争研究中的几个热点问题》,《党的文献》2015年第11期。

　　② 胡锦涛:《在纪念中国人民抗日战争暨世界反法西斯战争胜利60周年大会上的讲话》,《人民日报》2005年9月3日第1版。

　　③ 习近平:《在纪念中国人民抗日战争暨世界反法西斯战争胜利70周年大会上的讲话》,《人民日报》2015年9月3日第1版。

无论国民党军政当局、中国共产党,还是国内新闻界及外国驻华新闻机构,都对正面战场做了许多的剖析、评论和报道,分析其功过得失及影响。中华人民共和国成立后,对正面战场的研究,曾一度停止,对其认识多是有失公正的评价,但改革开放后,对正面战场的研究日趋接近历史真相。

(一) 1978年以前:正面战场研究停顿,评价简单而片面

中华人民共和国成立后,正面战场的研究处于停顿状态,对正面战场地位和作用的分析趋于简单化和片面化。各种论著在涉及正面战场时,都引用毛泽东《论联合政府》中有关国民党对日作战态度和对国民党战场的论断,着重批判国民党片面抗战路线、消极防御战略方针、积极反共反动政策以及由此造成的军事溃败和国土沦丧。对正面战场局势的演变,国民党军队作战的实际情况未作全面的叙述和客观的评价,给人造成正面战场只是"消极抗战、一败涂地"的印象。如有学者提出"抗日战争一开始,国民党就极力谋求对日妥协投降……国民党执行消极抗战、积极反共反人民的方针的结果,就是在战场上一败再败,丧失了大片国土"[1]。该文主要揭露了国民党统治集团对抗战的破坏和正面战场的溃败,对其坚持抗战的一面及成绩基本上没有表述。

到"文化大革命"前后,由于"左"倾思想影响,对这段历史更没有全面、系统、实事求是的认识。不但鲜见国统区、正面战场的资料,甚至连抗战初期国民党政府比较积极的抗战事实也不再提及。

基于此,抗日战争中许多重要战役,尤其是国民党军队参与的正面战场,就被有选择性地"遗忘"了,即使是中国军队在战争中取得的最大胜利之一——台儿庄大捷也不例外。拉娜·米特(Rana Mitter)认为:"那时,台儿庄大捷是蒋介石政府退守武汉后,抗战宣传价值的巨大来源。然而1949年以后,台儿庄大捷在中国却鲜有提及,它没有像其他盟军战场中的敦刻尔克大撤退、斯大林格勒保卫战、阿拉曼战役或者中途岛战役一

---

[1] 金春明:《抗日战争时期中国共产党和国民党两条抗战路线的斗争》,《历史教学》1963年第6期。

样，成为一个标志性事件。"①

（二）改革开放二十年：正面战场研究成为热点，评价日趋具体客观

改革开放以来，抗日战争史研究的史料、著作、论文不断涌现，观点逐渐更新。1980年张晔发表《怎样看待抗战初期的国民党战场》一文，提出如何正确评价国民党正面战场的历史作用问题，在学术界引起很大反响，吹响了正面战场研究的号角。十余年间，从卢沟桥事变爆发，凡淞沪会战、太原会战、徐州会战、武汉会战、桂南会战、南昌会战、长沙会战、随枣会战、枣宜会战、中条山会战、浙赣会战、常德会战，及至豫湘桂会战，还有滇缅作战等，均有研究论著，叙述战斗的过程，评价作战指导的功过得失。② 1985年抗日战争胜利40周年时，中国人民革命军事博物馆专门开辟出抗日战争正面战场展览，首次比较客观地肯定了国民政府在抗日战争中的地位和作用，引起学术界和社会各界的关注。八九十年代，随着台湾学者和国外学者参加的抗战史学术会议的推动，正面战场研究日益成为抗战史研究的热点，对正面战场的认识也逐渐具体而客观。

虽然此阶段对正面战场地位和作用的研究争论颇多，但总体上扭转了简单评价的片面思想，能够根据具体问题具体分析，给予客观的评价。大致有以下两种评价认识。

1. 分阶段具体评价

这种认识，依据国民党军队在抗日战争过程中不同时期的不同作战表现，划分阶段具体分析正面战场在中国抗战中的地位和作用。在战略防御阶段，正面战场是中国抗战的主战场，国民政府军队是抗战的主力，在军事上努力抗战，功绩突出，不但打击了侵略者的狂妄气焰，粉碎了日本军国主义"速战速决"灭亡中国的战略企图，支援了中国共产党领导的敌后战场，而且还鼓舞了民心士气，促进了全民族的团结和进步，扩大了中国抗战的影响，赢得了国际社会的同情和支持。在战略相持阶段，国民党执行抗日与反共并重，并日益向反共倾斜的政策。一方面组织会战，继续抗

---

① Rana Mitter, "Old Ghosts, New Memories": China's Changing War History in the Era of Post-Mao Politics, *Journal of Contemporary History*, Vol. 38, No. 1 (2003), p. 123.
② 参见张宪文《抗日战争的正面战场》，河南人民出版社1987年版。

战。据国民党公布的材料，整个抗战期间，国民党共组织会战22次，主要战斗1117次，小战斗38971次，其中18次会战，84次主要战斗和几乎全部小战斗是在相持阶段进行的。八年间国民党战场共毙伤日军276万人，其中206万（约3/4）是在相持阶段毙伤的；国民党官兵伤亡320万人，其中215万（约2/3）是在相持阶段伤亡的。① 这些战役和战斗，都打击、牵制和消耗了日本侵略者，为夺取抗战最后胜利奠定了基础。另一方面，国民党还暴露出消极抗战、积极反共的嘴脸。不但到处制造反共摩擦和惨案，大搞"军事限共"，而且保存实力、避战观战，与敌妥协投降、图谋媾和。在历时六年多的相持阶段中，国民党军队很少主动对日发起进攻。特别是1943年后，国民党正面战场几乎都与日军休战，而且不少将领通敌走私，抗战之心懈怠。

总之，这种认识既肯定了两个阶段正面战场对抗日战争的坚持和胜利起到的重要作用，又客观批评了相持阶段正面战场消极抗战的妥协行径。

2. 整体综合评价

马振犊指出："在中国战场上，对日作战的主要战线就是抗战正面战场……所以，我们认为抗战正面战场是第二次世界大战主要战场之一，其在世界反法西斯战争中的地位是极其重要的。"② 第一次站在世界反法西斯战争全局角度，给予中国抗日战争正面战场的作用和功绩高度的评价。另外，一些学者在分析正面战场作用同时，分析了国民党敌后游击战场的积极作用，认为其开展的敌后游击战争不可忽视，它是国民党正面战场的有机组成部分之一。这突破了原有的认识思维框架，将正面战场和敌后战场统一起来，充分肯定了国民党广大爱国官兵和国统区各阶层人民，为保卫祖国独立和民族解放而做出的重大贡献。这种综合性的评价，给予正面战场的地位和作用恰如其分的评价，是这个时期主流的认识倾向。

但是，在1995年首都各界纪念抗日战争暨世界反法西斯战争胜利五十周年大会的讲话中，江泽民虽然肯定了国共合作的基础重要，强调了中国

---

① 浙江省中国国民党历史研究组：《抗日战争时期国民党战场史料选编》（一），编者1985年印，第329—336页。
② 马振犊：《惨胜——抗战正面战场大写意》，广西师范大学出版社1993年版，第10页。

共产党领导敌后抗战的功绩,却没有明确承认国民党抗战的作用,对于正面战场更没有提及。

(三) 21 世纪新时期:研究深度和广度进一步扩大,新成果不断

进入 21 世纪,对于正面战场的认识,首先在官方话语中发生了变化。2005 年,胡锦涛在纪念抗日战争胜利 60 周年大会上指出:"中国国民党和中国共产党领导的抗日军队,分别担负着正面战场和敌后战场的作战任务,形成了共同抗击日本侵略者的战略态势。以国民党军队为主体的正面战场,组织了一系列大仗,特别是全国抗战初期的淞沪、忻口、徐州、武汉等战役,给日军以沉重打击。"①

首次从官方层面明确肯定了国民党军队正面战场的功绩。2014 年,习近平总书记在纪念中国人民抗日战争暨世界反法西斯战争胜利 69 周年座谈会的讲话中也指出:"中国共产党领导开辟的敌后战场和国民党指挥的正面战场协力合作,形成了共同抗击日本侵略者的战略局面。"② 据此我们知道,进入新世纪后,对于正面战场的认识,官方已经接受学术研究的成果,承认国民党在正面战场上的功绩,并形成一个基本认识:中国人民的抗日战争是一个整体,正面战场和敌后战场都是这个整体中的有机组成部分,在抗战的不同时期发挥着不同的作用。两个战场相互配合,陷侵华日军于两面作战的境地。这种两个战场的相互配合,是中国能够坚持长期抗战的关键因素。

其次,中印缅战场研究受到重视。长期以来,大家一直认为中国的抗日战争只有正面战场和敌后战场两个战场。进入新世纪,有人提出中国抗日战争还有第三个战场的观点。这个战场是由中、美、英三国共同领导的中缅印战场,它既是中国抗日战争的一部分,也是国际反法西斯战争的一部分。将中缅印战场作为一个独立的战场,有利于增进对抗日战争的了解。原因有三:(1) 中国的抗日战争,存在一个不断升级和扩大的过程。

---

① 胡锦涛:《纪念中国人民抗日战争暨世界反法西斯战争胜利 60 周年大会上的讲话》,《人民日报》2005 年 9 月 3 日第 1 版。
② 习近平:《在纪念中国人民抗日战争暨世界反法西斯战争胜利 69 周年座谈会上的讲话》,《人民日报》2014 年 9 月 3 日第 1 版。

(2) 中缅印战场反攻的胜利,是中国抗日战争反攻的契机。(3) 中缅印战场是国民党战场的派生,它应从属国民党战场;从指挥系统和英、美军的直接配合作战来说,它又不属国民党战场,而是一个独立战场。曾景忠则将滇缅战场定位为中国抗日战争的"西线战场",理由是:中日战争爆发后,战争的方向大致从东向西,以中国战时首都重庆为基准,中国抗日战争正面战场的战线均在东面,中国西部是安全可靠的后方。但太平洋战争爆发后,日本进攻缅甸和滇西,使中国抗战处于东西两面夹击的态势。中国被迫从东线抽调大量兵力用于西线滇缅战场,迎击和抵御入侵之日军,以绝对保障西南后方的安全。①

总的说来,近十余年关于国民党正面战场的认识,学术性和政治性趋于一致,基本形成共识。同时对滇缅战场的研究也越来越丰富,这不但有利于加深对中国抗日战争后期战局的认识,而且也有助于加深对中国坚持抗战艰苦性的认识。

三 改革开放后抗日战争认识变化的原因

20世纪80年代以来,抗日战争国民党军队的作用,从鲜有提及到成为许多出版物的主题,从开始在学术范围探索到进入大众文化视野,逐渐回归历史真实,成为我们的主动记忆。那么,对于这个问题的认识,为什么会发生历时性的变化呢?

(一) 改革开放后学术活动和出版事业的全面复兴

随着社会的思想大解放,学术活动逐渐"松绑",出版业全面复兴,不仅历史题材的图书和期刊数量不断增加,而且可研究和可抒写的主题范畴也渐进扩大。抗日战争史的研究迅速出现了繁荣局面,获得了突破性的进展。据笔者不完全统计,从1980年至2017年,出版著述和文献资料近500种,各类期刊发表研究文章7000余篇。仅改革开放后七、八年间,出版的专著和小册子就达130多部,发表的论文和各种文章2000余篇。这些论著不仅在数量上远远超过中华人民共和国成立后30年的总

---

① 黄爱军:《近年来抗日战争研究新进展》,《北京日报》2010年9月6日第19版。

和，而且在质量上、研究深度和广度上也达到了前所未有的水平。从研究范围看，不仅有全貌性抗战史的宏观梳理，也有专门性抗战史料的挖掘和文献的编纂，如：何理著《抗日战争史》、张宪文编《抗日战争正面战场》；从研究内容看，涉及日本侵华史、抗日民族统一战线、局部抗战和抗日战争准备、抗日救亡运动、抗日军事、抗战统治、抗战经济、抗战文化、沦陷区、中外关系、综论研究等多维度。加之日益频繁的学术会议、纪念日活动和对外研讨交流，可以说，十一届三中全会后的抗日战争研究走向了繁荣。"百花齐放"的学术争鸣，和中国共产党对过往历史的正视，推动了抗日战争领导权问题和正面战场问题的认识趋于理性，趋近真实。

（二）两岸和平统一的需要

中华人民共和国成立后，我国政府和中国共产党一直在积极探索台湾问题的解决方法。起初中国共产党采取"武力解放台湾"方针，到1956年毛泽东提出"和平解放台湾"构想，容许台湾保持原来的社会制度，希望以"第三次国共合作"来解决台湾问题。之后在1963年，周恩来将中国政府对台政策归纳为"一纲四目"，其中已经隐含后来"一国两制"的意思。1978年11月14日，邓小平在同缅甸总统吴奈温会谈时初步提出了"一国两制"的构想，同年12月，中国共产党十一届三中全会公报在提及台湾问题时，首次以"台湾回到祖国怀抱，实现统一大业"来代替"解放台湾"的提法。1981年8月26日，邓小平在北京会见港台知名人士傅朝枢时，首次公开提出解决台湾、香港问题的"一国两制"构想。邓小平指出，和平解决台湾问题，台湾作为中华人民共和国的一个省、一个区，可以保持它原有的制度、生活。中国共产党十分愿意、十分赞成国共第三次合作，希望台湾的领导人眼界放宽点、看远点，共同致力于国家的和平统一事业。至此，"一国两制""和平统一"，成为改革开放三十多年来解决台湾问题的政治方略，官方对台态度逐渐宽松。

出于两岸和平统一的政治需要，对民国历史的考察，对国民党在抗日战争中的地位和作用的研究，不再是禁区。曾经一度被片面否定的蒋介石及国民党政要，他们在抗战时的表现，渐渐客观地公之于世，对他们功过得失的评说也更加公正、理性。

(三) 强调民族主义促进民族团结的需要

胡锦涛在纪念中国人民抗日战争暨世界反法西斯战争胜利60周年大会上指出:"中国人民抗日战争的伟大胜利,是中华民族全体同胞团结奋斗的结果,也是中国人民同世界反法西斯同盟国人民并肩战斗的结果。"① 习近平在纪念中国人民抗日战争暨世界反法西斯战争胜利70周年大会上的讲话也指出:"面对侵略者,中华儿女不屈不挠、浴血奋战,彻底打败了日本军国主义侵略者,捍卫了中华民族5000多年发展的文明成果,捍卫了人类和平事业,铸就了战争史上的奇观、中华民族的壮举……在那场战争中,中国人民以巨大民族牺牲支撑起了世界反法西斯战争的东方主战场,为世界反法西斯战争胜利作出了重大贡献。"② 这两篇重要讲话,以"中华民族""中华儿女""民族"等集合名词,替代过去狭隘的"中国"概念,清晰地表明中国共产党和国家强调的是以"中华民族"整体形态出现的国家形象。从政治角度考虑,强调以"中华民族"为框架的国家,强调以"中华民族"为基础的民族主义和爱国主义,对团结各族人民,团结港澳台同胞,团结海外炎黄子孙,有着重大的战略意义。

在这种背景下,有关抗日战争的抒写,一方面再现中华民族遭受的苦难和牺牲,特别是揭露日本侵略军的战争暴行,从而引导全民族同仇敌忾,牢记中华民族的灾难和耻辱;另一方面,歌颂抗日战争胜利的全民族功绩,从而激发民族自豪感,增强民族凝聚力。这两种强调民族主义的倾向,旨在传递"民族分裂必遭欺辱,民族团结才能复兴"的时代强音。正如赵穗生所说的那样,"共产主义国家建立一种全方位的观念以加强爱国主义",中国人"被告知应铭记曾经的苦难,国家分裂、国内混乱会遭致外国的侵略,并丧失国家主权,1949年前百年的耻辱和苦难就是实证。"③

---

① 胡锦涛:《纪念中国人民抗日战争暨世界反法西斯战争胜利60周年大会上的讲话》,《人民日报》2005年9月3日第1版。

② 习近平:《在纪念中国人民抗日战争暨世界反法西斯战争胜利69周年座谈会上的讲话》,《人民日报》2014年9月3日第1版。

③ Suisheng Zhao, *A Nation-State by Construction: Dynamic of Modern Chinese Nationalism*, Stanford: Stanford University Press, 2004, pp. 222 – 232.

综上所述，由于政治观念的转变，学术研究的推动，我们对抗日战争领导权和国民党正面战场的认识，从中华人民共和国成立来，历经毛泽东时代、改革开放二十年和新世纪的三次较大变化，日渐回归历史真相。当然，学术争鸣还在继续，对抗战史的研究也将深入。随着更多第二次世界大战史料的解密，历史必将为探索中国抗日战争的全部真实提供更为丰富的机会和更加坚实的平台。

基金项目：重庆市抗战文史研究"两江学者"计划的阶段性成果。
作者单位：重庆师范大学文学院

试论中共中央南方局与新四军
——兼谈长江沿岸委员会、长江局对新四军组建和发展的贡献

郑洪泉　王明湘

国民革命军陆军新编第四军（简称新四军），是抗日战争初期建立的中共直接领导的人民抗日武装，这支部队在大江南北和华中敌后战场坚持开展抗日游击战争，同在华北敌后战场抗击日寇的八路军（即国民革命军第八路军的简称）并肩战斗，都是抗击日本帝国主义侵略、挽救民族危亡的抗日劲旅，为打败日本侵略者，争取抗日战争的最后胜利，建立了伟大的历史功勋。解放战争时期新四军和八路军合并成为中国人民解放军。这支部队在中国共产党领导下，经过三年多的时间，摧毁国民党反动政权，建立中华人民共和国，开辟了中国历史的新纪元，使中华民族从此自立于世界民族之林。

为纪念新四军建立80周年，我们试图将"中共中央南方局与新四军"作为研究课题，以便初步探讨中共中央南方局，包括在它成立之前的中共中央两个代表机构——长江沿岸委员会和长江局在新四军的组建和发展壮大过程中所开展的一系列工作及其产生的重大作用；试图说明中国共产党的领导对新四军整个军队建设的重大意义。历史事实证明，保证中国共产党对人民军队的绝对领导，在任何时候都是人民军队力量的泉源，是人民军队的根本问题。

一 抗战时期为什么需要中共中央在国统区的代表机关开展对新四军的工作

新四军是以中央红军长征时期留在南方8省区的各个小股红军游击队为主体改编建成的。它同红军二万五千里长征胜利后到达陕北的工农红军主力改编而成的八路军，都是抗战时期国共两党实现第二次合作的重大成果。这两支部队虽然都列入抗战时期国民政府军事委员会所辖国民革命军系列，但却都是中国共产党直接领导的人民革命武装。然而这两支人民军队所处的社会环境却有很大差异。西北主力红军改编为八路军是在中共中央所在陕甘宁革命根据地这个红色地区进行的，外力难以进行干扰和破坏；而南方红军游击队改编为新四军却是在国民党统治区这个白色区域组建的，"皖南事变"以前的军部也设在国民党统治区，受国民党的直接控制，随时面临国民党顽固派的各种阴谋诡计。在这种情况下，中国共产党要实现对新四军的领导，除了由中共中央或中央军委直接发号施令、下达指示和采取措施，在部队内部建立党的各级组织以外，在相当大程度上需通过中共中央建立在国民党统治区的代表机关开展工作来实现。抗战时期中共中央在国民党统治区中心的代表机关，先是设在南京的中共中央长江沿岸委员会，后来是设在武汉的中共中央长江局和设在重庆的中共中央南方局。其中以南方局存在的时间最长，从1939年1月至1946年5月总共是7年零5个月。这三个中共中央代表机关先后对新四军的组建和发展壮大做了大量的工作。

自"九·一八"事变以来，中国共产党就提出国共两党合作抗日的主张，并一直倡导建立抗日民族统一战线。对于国民党来说，实现同共产党合作抗日，则是在全国各民族各阶层人民"停止内战，一致抗日"的强烈要求的压力下迫不得已而为之。经过国共两党多年的谈判，国民党对两党合作抗日之事一直拖而不决，即使到卢沟桥事变爆发，中国共产党于1937年7月中旬直接向蒋介石提交《中共中央为公布国共合作宣言》，国民党依然没有及时置理。直到"八·一三"事变爆发，日本进攻上海，把战火燃烧到首都南京外围，在此危急时刻，国民党才于8月22日公布将西北红军主力改编为国民革命军第八路军（9月11日依据全国军队战斗系列改为第十八集团军），稍后，又同意将南方8省区红军游击队改编为国民革命军陆军新编第四军。9月22日国民党中央才对中共代表在7月中旬提交的"国共合作宣言"做了明确回应，在事实上承认了中国共产党的合法地位。但是国共合作实现后，除了国共两党在军事合作方面建立了合作的组织形式外，蒋介石集团始终不同意建立抗日民族统一战线的组织形式，也不同意发表国共两党的共同纲领，这就使得两党合作事宜没有一个相互沟通、商讨和处理的常设机构，只能遇事进行联系、交涉、协商或谈判。周恩来曾指出：虽然蒋介石在当时的"方针及形式上还讲团结，还主抗战，还不愿意造成全国破裂的局面"，但是"蒋的思想基本上是反共的。是不承认统一战线的。实际政策也在那里限共、防共，破坏统一战线。存在着妥协投降的危险"。[①] 这就使得国共两党第二次合作一开始就面临错综复杂的形势，预伏许多不确定因素，形成国共两党之间又合作又斗争的局面。这就是抗战时期国内形势的一个重要特点。

在国际上，抗日战争爆发后，中国先是得到了社会主义国家苏联的支援，而英、美、法等国家则对日本采取绥靖主义政策；只是到了德意日法西斯阵营侵犯这些国家利益后，这些国家才逐渐转而支持中国抗战，并希望中国人民坚持团结抗日，以便将更多日军主力牵制在中国战场，以减轻进攻苏联和英、美在太平洋战场上的压力。这些国家对坚持在敌后战场抗日和建立抗日民主根据地的中国共产党十分重视，当中国共产党遭到国民党顽固派的政治压迫，八路军、新四军遭受国民党顽固派的军事进攻时，他们对中国共产党表示同情并给予了道义和舆论上的大力支持。只有日本帝国主义者反对国共合作，并始终妄图利用国共两党之间的摩擦和矛盾，诱使国民党顽固派反共降日，以便将其拉入德意日法西斯侵略阵营。这就是抗战时期国际形势方面的一个特点。

中共中央设在国民党统治中心的三个代表机关，尤其是南方局，及时有效地利用国内外有利因素，支持新四军在大江南北和华中敌后的抗日游

---

① 南方局党史资料征集小组编：《南方局党史资料·统一战线工作》，重庆出版社1990年版，第25页。

击战争，抵御国民党顽固派的破坏和进攻，促使新四军不断发展壮大。

二 确定叶挺为军长是组建新四军的关键

国共两党谈判南方 8 省区红军游击队改编过程中，中国共产党主要谈判代表周恩来在上海会见了叶挺，并动员他出面负责红军游击队的改编和新的抗日部队的组建工作，这就为南方红军游击队的改编和组建成一支新的抗日部队解决了一个重大关键问题。因为叶挺是国共两党都能接受的负责这项工作的最合适的人选。从国民党的角度来说，叶挺虽然过去是共产党员，但十年前已经脱离共产党，正可以把他拉入到国民党中来；从共产党的角度而言，叶挺虽脱离党的关系已经十年，但他是在受到党内和共产国际不公正待遇的情况下脱党的，然而他一直坚持共产主义革命信念，并坚持不懈寻求回到革命阵营，由他负责改编南方红军游击队并组建新的抗日部队，是会接受共产党领导的。再则，以叶挺在中国军界的名望和资历，一旦由他出面领军，将要组建的这支部队的规模肯定是一支军级以上的大部队，而不会是地方团队。后来的事实证明周恩来的这一招的确起到了这样的历史作用。

这一局面的出现有其特定的历史原因。从大革命时期开始，周恩来就是叶挺的老上级和亲密战友。1925 年 8 月，中共广东区委负责人陈延年和周恩来筹划在国民革命军第四军中建立一支由共产党直接掌握的部队，即建立一个团编入第四军十二师。这时恰逢 1924 年秋去苏联学习军事并加入了中国共产党的叶挺回到国内，周恩来便在 11 月间指派叶挺负责这支部队的组建工作。这就是第四军第十二师第三十四团，由叶挺任团长。团部以下设 3 个营、9 个连。全团有共产党的支部，各营有党小组。1926 年 1 月，该团改由第四军直接管辖，成为第四军独立团，亦称叶挺独立团。1926 年 4 月，广东革命政府准备北伐，周恩来以中共广东区委军事部长和国民革命军政治部特别训练班主任身份，建议叶挺独立团作为北伐军先遣队，先期开赴两湖战场为北伐军开路，获得批准。叶挺独立团出发前，周恩来召集该团干部讲话作战前动员。自 1926 年 5 月至 10 月，叶挺独立团在两湖战场英勇善战，不畏牺牲，与友军紧密配合，攻城略地，所向披靡，特别是在关键性的汀泗桥、贺胜桥战役中，出奇制胜，北伐军由此直逼武昌城。在攻城战役中叶挺独立团，经过艰苦奋战终于将胜利旗帜插上武昌城楼，为第四军赢得"铁军"的光荣称号。土地革命战争初期，中共中央政治局常务委员会决定举行向国民党反动派打响第一枪的南昌起义，以周恩来为书记的前敌委员会，任命叶挺为起义军前敌总指挥。1927 年 12 月广州起义失败后，作为这次起义的领导人之一，叶挺先是在国内受到党内李立三等"左"倾领导人惩办主义错误的伤害，被无端指责对起义表现"消极"而受到"留党察看六个月"的处分。在共产国际又被王明等"左"倾领导者污蔑为对广州起义"政治动摇""消极怠工"。甚至阻止他应邀去莫斯科中山大学发表演讲。叶挺一气之下了离开莫斯科，脱离了党组织，在德、法等国流亡。其精神状态一度陷入烦恼苦闷之中，显得很迷惘和消沉。在叶挺于广州起义失败后蒙受政治冤屈时，周恩来不仅及时批评并纠正了党内"左"倾领导人对广州起义领导人的惩办主义的错误做法，还在出席在莫斯科召开的中共"六大"后回国途经德国时，专门会见了叶挺，苦口婆心地给予劝导，更语重心长地对叶挺规劝说："总不能放弃革命不干，干革命成功不必自我"①。意思是说你叶挺总不能放弃革命不干吧！而要争取革命成功，就不能把个人的委屈看得过重啊！这是对叶挺的最中肯的批评和诱导。由此可见周恩来和叶挺之间革命情谊之深厚程度。在叶挺心目中，周恩来始终是自己所敬仰的领导人和兄长一般的亲密战友。所以，当周恩来要他出面负责南方游击队的改编和组建新的抗日部队这一任务，使他兴奋不已，立即投身到这项工作中去。

1937 年 7 月，周恩来在上海同叶挺的这次见面，当然不是一次偶然的邂逅。年初，参加解决西安事变问题的中共代表团成员张云逸，奉中共中央之命深入国统区联络没有参加红军长征和失掉党的关系的党员，要他们做好参加抗日战争的准备，其间就去澳门同叶挺联系上了，他建议叶挺到上海等待参加工作的机会，春节后，叶挺就举家前往上海。周恩来在庐山参加国共谈判期间，潘汉年又特意为周恩来同叶挺见面作了安排。两人见

---

① 段雨生、赵酬、李杞华：《叶挺将军传》，解放军出版社 1989 年版，第 240 页。

面时，周恩来告诉叶挺：当前正是同蒋介石谈判西北红军改编的关键时期，待这个问题解决后，改编南方8省红军游击队的问题就要提上日程，希望叶挺参加南方红军游击队改编工作，并示意他在适当时候向陈诚、张发奎等人表示有领导红军游击队改编组建抗日部队的意愿，以便争取他们的支持并通过他们去争取获得蒋介石的同意。叶挺十年来一直寻求回到革命阵营报效祖国的机会终于来到了。他对周恩来所交予的神圣使命，感到非常鼓舞，"八·一三"淞沪抗战爆发以后，眼见日军将侵略战火燃烧到中国腹地，他更是心急如焚，便积极四出奔走，多方联系。他向保定军官学校老同学，正在上海指挥对日作战的第三战区前敌总指挥陈诚吐露了自己的心曲，表示愿意出面参加南方8省红军游击队的改编，并建议以此为基础，建立一支用"国民革命军新编第四军"为番号的正规抗日部队，因为用这个番号，既表明这支部队要发扬北伐战争时期国共合作的老四军的优良传统，又体现国共两党再次合作共同抗日的新意。陈诚十分同情和支持叶挺的这个愿望，并向蒋介石举荐叶挺。蒋介石采纳了陈诚对叶挺的举荐，接受将南方8省红军游击队改编为一个军的方案，决定将该军编为"国民革命军陆军新编第四军"。[①] 为了急于办成这件事，国民党方面竟然在没有同中共中央协商的情况下，突然抢先在1937年9月28日，以国民政府军事委员会铨叙厅名义发出通报称，经"委员长核定"，"任命叶挺为新编第四军军长"。国民党单方面抢先这样做的目的，不外乎是企图利用叶挺的非共产党员的身份，把这支部队控制在自己手里。这自然引起了延安中共中央方面的不满和对叶挺的疑虑。然而经过中共中央长江沿岸委员会及时向中共中央说明叶挺出面参与南方红军游击队改编的具体情况，且叶挺又亲自前往延安向中共中央表明自己接受党中央领导的鲜明态度，中共中央遂任命叶挺为新四军军长、项英为副军长。新四军的组建工作从此正式开始。事态的这一发展，正说明周恩来选用叶挺出来充当南方红军游击队改编和新建抗日部队的领军人这着棋实在很妙，一下子就把南方红军游击队改编和组建新四军这整盘棋下活了。

[①] 段雨生、赵酬、李杞华：《叶挺将军传》，解放军出版社1989年版，第268—271页。

三 长江沿岸委员会和长江局对新四军组建和发展的贡献

南方红军游击队改编和新四军组建初期，中共中央长江沿岸委员会和中共中央长江局做了大量工作，起了为部队奠定基础的作用。

为了在国共两党合作抗日的形势下，加强党在国统区的工作，推行党的全面抗日方针，中共中央政治局常委会于1937年8月23日决定成立长江沿岸委员会，周恩来、秦邦宪、叶剑英、董必武、林伯渠为委员，周恩来为书记。[①] 8月29日，周恩来抵西安，准备和博古、彭德怀一起去南京，同国民党继续谈判，并筹建中共长江沿岸委员会，后因连续收到毛泽东来电，要周恩来赴山西会晤阎锡山，商讨有关八路军入晋后合作抗日问题，周恩来遂改变了行程。9月6日，博古率领齐光、康一民、吴志坚、李白等自西安赴南京，同叶剑英、李克农汇合，并同南京八路军办事处人员一起立即开展工作。中共中央长江沿岸委员会自9月初至11月中旬的两个多月时间内，先是同国民党进行多次谈判并做了大量工作，促成国民党当局于9月22日通过其中央通讯社发表了《中共中央为公布国共合作宣言》，次日蒋介石发表赞同这个宣言的讲话，宣告国共两党合作抗日统一战线正式形成和中国共产党取得合法地位。此外还就有关陕甘宁边区政府的人事安排和所属辖区等问题进行了磋商；落实了对已经完成改编的八路军的军费、作战物资和其他给养的发放问题；促使国民党当局释放了政治犯，营救了大批被捕中共党员。对国统区中共地下党组织进行了整顿、清理和重建；通过新闻界向国际社会宣传了中共中央的主张，并为在国统区创办中共中央机关报《新华日报》和机关刊物《群众》杂志开展了筹建工作。与此同时，也为促进南方8省区红军游击队的改编和新四军的组建做了多方面的努力。

当时南方各地红军游击队已经陆续开始同地方上的国民党当局进行谈判改编事宜。西安事变后，国民党当局对西北地区红军主力的"围剿"已经宣告破产，故而只能对西北地区红军主力采取所谓"和"的策略，而对

[①] 中共中央党史研究室：《中国共产党历史》第一卷（1921—1949）下册，中共党史出版社2011年版，第277页。

南方8省红军游击队却继续进行"围剿",妄图将其全部歼灭。但这一罪恶企图由于遭到南方红军游击队的顽强抵抗和社会舆论的一致谴责而未能得逞。但国民党当局却并不死心,又在红军游击队改编问题上搞阴谋,设陷阱,妄图将改编变成"收编","收编"不了就千方百计削弱红军游击队的实力。1937年7月16日,闽南一支由何鸣领导的有一千余人的红军游击队,被国民党当局诱骗到福建漳浦进行"点编",部队领导人何鸣对国民党阴谋诡计严重丧失警惕,招致部队被缴械,史称"漳浦事件",又称"何鸣事件",就是一个典型事例。后经中国共产党多次提出抗议和进行谈判,直到长江沿岸委员会成立后还为此事提出交涉,国民党方面才退回部分人员和枪支。

为了敦促南方8省红军游击队提高警惕,识破国民党在部队改编问题上施展的阴谋诡计和设置的陷阱,以防止"漳浦事件"重演。长江沿岸委员会对红军游击队领导人采用了电邀谈话、写信和派员联络等方式传达中共中央对部队改编的原则指示;指出南方红军游击队所在地区是中国革命战略的支点,因此部队改编必须保持独立体制和共产党的绝对领导,不允许国民党派一个人进来,南方红军游击队大部分集中为一个军,小部分可以公开或以秘密方式坚守原根据地等等。9月28日,国民党单方面发布通报,任命叶挺为新四军军长,引起中共中央产生不满和疑虑。博古、叶剑英考虑到中共中央对叶挺出山的过程不了解,遂立即致电中共中央说明情况。后来又根据中共中央要求叶挺赴延安商议有关问题的指示,多次邀约叶挺来驻地进行商谈。[①] 叶挺表示绝对服从中国共产党的领导,并去了延安,受到中共中央的热烈欢迎和高度信任。10月12日,国民党政府正式颁布改编南方八省红军游击队为国民革命军陆军新编第四军的命令,以叶挺为军长,项英为副军长。10月30日,张闻天、毛泽东致电博古、叶剑英等,正式确定南方红军游击队的改编原则,集中五分之三改编为新四军,从此新四军正式成立。长江沿岸委员会促进南方红军游击队改编和组建新四军的工作由此告一段落。当时淞沪抗战已经失利,日本侵略军兵临

---

① 吴葆朴、李志英、朱昱鹏编:《博古文选·年谱》,当代中国出版社1997年版,第433页。

首都南京外围，国民政府已迁都重庆，军事指挥机关暂时迁到武汉，博古、章汉夫、叶剑英、李克农等长江沿岸委员会和八路军南京办事处领导人遂于11月中下旬离开南京向武汉转移。

直到这时新四军还没有建立军部，南方红军游击队的改编还没有完成并集结成为具有战斗力的实体。中共中央长江局在武汉建立后，将组建新四军作为第一要务，很快在武汉建立了新四军军部。接着将南方红军游击队改编为四个支队（支队相当于旅的编制），开赴大江南北和华中敌后前线抗日。

中共中央长江局于1937年12月23日成立于武汉，由中共中央政治局12月会议决定组建的中共中央代表团和中共中央长江局合并而成，对外称中共代表团，对内为长江局，由周恩来、项英、秦邦宪、叶剑英、王明、董必武、林伯渠组成，暂以王明为书记，周恩来为副书记。其任务是代表中共中央领导中国南部国统区党的组织，并同国民党进行谈判。按照中央政治局12月会议决定成立的中共中央东南分局，书记是项英，负责领导新四军和东南地区党工作，接受中共中央和长江局双重领导。

在长江局成立会议上，听取了项英关于新四军问题的报告，会议同意中共中央原则决定，目前项英重要工作应在军事方面，南方红军游击队应该迅速集中，全部开赴抗日前线，不必留三分之一在地方。① 12月25日，新四军司令部在汉口大和街26号正式挂牌，这一天，在军长叶挺和副军长项英主持下，召开了有军部机关干部和各游击区部分领导人20余人参加的干部大会，叶挺、项英分别讲话，分析了当前形势，说明部队改编情况，提出了新四军的任务，号召大家全心全意抗战到底。这次会议标志新四军军部正式成立。两天后，项英电告延安毛泽东，新四军编制为四个支队组成。毛泽东回电表示同意。军部不久迁移至江西南昌，后来迁移到皖南云岭。

军部建立后，江南地区红军游击队组建为新四军第一、第二、第三三个支队，长江局则加紧进行将长江以北的红军游击队组建为新四军第四支

---

① 中共湖北省委党史资料征集委员会、中共武汉党史资料征集委员会编：《抗战时期中共中央长江局》，湖北人民出版社1991年版，第885页。

队的工作。

到1938年4月，江南的第一、二、三支队完成整编，并在皖南军部集中，长江以北的第四支队，经过长江局领导人周恩来、叶剑英和董必武做了一系列工作，完成了改编，集中于皖西。紧接着新四军就组建抗日先遣队，在粟裕带领下从皖南出发，深入江南敌后进行战略侦察，由此拉开了新四军在大江南北敌后抗战的序幕。5月份，四个支队陆续开赴大江南北敌后战场，用各种方式开展对日伪的游击战，取得可喜战绩，仅在短短的几个月内，就先后创立了茅山抗日根据地和皖中抗日根据地。6月初，长江局向中共中央毛泽东和洛甫报告，根据叶挺的要求，拟组建新四军委员会，以便共同商议和处理一切军政问题，获得同意。新四军委员会由项英、叶挺、陈毅、张云逸、周子昆、袁国平为委员，项英为主任，叶挺为副主任。[1] 正当新四军组建完成并开赴前线之际，由宋庆龄倡议的"保卫中国同盟"（简称"保盟"）这个国际性援华机构在香港建立，此前周恩来曾向宋庆龄建议由她出面建立这个机构，廖承志、潘汉年参加了筹建工作，廖承志还担任"保盟"的秘书长。[2] "保盟"由对华友好的国际进步人士组成，以募捐方式筹集医药和其他物资援助中国抗日军民，主要援助对象是坚持敌后抗战的八路军和新四军。"保盟"还创办机关刊物，宣传中国抗战并在道义和舆论上支持八路军和新四军。10月初，武汉保卫战已进入危急时刻，周恩来奉中共中央之命，在党的六届六中全会中途赶回武汉处理国共两党要务。他以长江局名义电贺新四军建立一周年，以庆祝新四军建立以来，特别是自该年4月开赴大江南北敌后战场半年时间取得的显著战绩。据新四军政治部的统计，自1938年5月12日的半年时间内，新四军取得大小134次战斗的胜利，歼灭及俘虏敌伪军2697人，摧毁并缴获大量军用物资，动员17万民众破坏敌人交通线，建立了党组织，创建了敌后抗日根据地，壮大了自己。[3] 这些成绩的取得是与长江局近一年来为

---

[1] 中共湖北省委党史资料征集委员会、中共武汉党史资料征集委员会编：《抗战时期中共中央长江局》，湖北人民出版社1991年版，第252—253页。

[2] 同上书，第908页。

[3] 同上书，第915页。

新四军的组建和开赴敌后战场所进行的一系列工作是分不开的。

四 南方局为新四军发展壮大所办的大事

1938年9月29日至11月6日在延安召开的中共中央扩大的六届六中全会，是中共中央在抗战进入战略相持阶段为了总结全国抗战的经验教训，确定党在抗战新阶段的任务，解决党内一度出现的右倾错误，统一全党认识和步调的重要会议。根据抗战相持阶段到来的新特点，会议重申全党应把主要工作放在战区和敌后，独立自主地放手组织人民抗日武装斗争的方针。由于八路军已经在华北敌后广大地区开展了游击战争，并初步建立起抗日民主政权，而新四军在华中尚未充分发展，为了准备对付日军的进攻，争取主动，全会确定了巩固华北，发展华中的战略方针。这就为新四军指明了发展方向。会议决定撤销长江局，设立南方局（周恩来为书记）和中原局（刘少奇为书记），东南分局改为东南局（项英仍为书记）。[①] 这一组织变动与加强党在新四军中的工作有密切关系。尤其是南方局，自成立之日起就一直在中共中央领导下参与处理有关新四军的重大军政问题。

经中共中央同意，南方局于1939年1月13日在重庆正式成立，以周恩来、博古、凯丰、吴克坚、叶剑英、董必武六人为常委，周恩来为书记。[②] 南方局是代表中共中央领导整个南中国及港澳地区党的工作机关，并负责同国民党、其他抗日党派团体、各国驻华使团联络交往，其主要任务是巩固和发展革命统一战线，领导国统区人民坚持抗战并争取民主与进步。

南方局成立后为促进新四军迅速发展壮大，办了一系列大事：

第一件大事是周恩来受中共中央委托到皖南新四军军部视察。由于新四军开赴大江南北敌后抗日以来，虽然取得相当显著的战绩，但是与在华

[①] 中共中央党史研究室：《中国共产党历史》第一卷（1921—1949）下册，中共党史出版社2011年版，第520、524页。

[②] 中共中央文献研究室编：《周恩来年谱：一八九八——一九四九》修订本，中央文献出版社1998年版，第440页。

北敌后抗战的八路军相比却有较大差距，直到1939年1月，党的六届六中全会所指出的"新四军在华中尚未充分发展"的局面并没有得到改变。其原因主要在于担任东南局书记、新四军军分会书记的项英对统一战线中的独立自主原则认识不足，对国民党顽固派的反共阴谋缺乏警惕，没有坚决贯彻党中央关于新四军的发展方针，影响了部队的迅速发展壮大和敌后抗日根据地的建立；同时对当时没有党的组织关系的军长叶挺很不尊重，使叶挺在军内难以工作，导致叶挺辞职，并于1938年10月离开军部，后来率领一支抗日游击纵队在广东惠州一带进行抗日游击战争。蒋介石获悉后，立即以共产党不能团结叶挺为借口，扬言将要给新四军另派军长。此事不仅对全国团结抗战造成不利影响，甚至使新四军面临生存危机。1939年1月8日，周恩来致电中共中央书记处，报告蒋介石对叶挺离开军部的反应，建议叶挺可回新四军，改善关系，新四军委员会可以叶挺任正职，项英任副职，项实际为政委。两日后，中央复电同意周恩来的意见。并指出：应尊重叶挺的地位和职权，项英多注意新四军总的领导及东南局的工作，将军事工作多交叶办。同时，在新四军中多进行教育，以确定对叶的正确关系。① 为了尽快解决新四军内部存在的这两大问题，中共中央来电委托周恩来作为中共中央的代表前往皖南新四军军部进行视察，并希望周恩来劝说叶挺前来重庆，与他一道返回军部。周恩来通过香港八路军办事处负责人廖承志设法催促叶挺尽快到渝。1月下旬，叶挺第一次来到山城，周恩来和叶剑英先后同叶挺进行多次长谈，传达中共中央1月10日电报精神，强调他回新四军军部继续主持军务对维护抗日民族统一战线和坚持抗战的极端重要性。叶挺诚恳地接受他们的帮助，表示愿意回军部继续工作，并按照周恩来的意见向蒋介石表明愿意回军部的意愿。

2月16日，周恩来与叶挺一道离开重庆，至2月23日到达皖南，对新四军军部进行了为期20天的视察。这期间周恩来通过听取领导干部工作汇报，召开各种类型座谈会，深入各部门了解情况，细致考察干部战士思想情绪，与领导干部和相关同志进行个别交谈，并到部队周围作调查研

---

① 中共中央文献研究室编：《周恩来年谱：一八九八——一九四九》修订本，中央文献出版社1998年版，第440页。

究。周恩来依据党的六届六中全会精神，结合新四军的具体情况，先后向部队干部做了《目前形势和新四军的任务》等系列重要讲话和报告，深刻阐述了抗战进入相持阶段的形势及其特点、新四军所处环境的战略地位，提出了新四军发展方向的三大原则（即到敌人和友军力量空虚的地方、危险的地方、只有敌伪军而无友军的地方去发展和建立根据地），特别是与新四军主要领导人商讨确定后来经中共中央同意的新四军"向南巩固""向东作战"和"向北发展"[①]的战略方针，指明了新四军发展的战略方向，深受广大指战员的拥护。为了帮助项英克服所受王明右倾错误的影响，周恩来依据党的六届六中全会精神，在干部中揭露了王明右倾错误的实质及其危害，并严厉批评了新四军第二次政工会议制订的反映王明右倾错误思想的《政工条例》和汇集蒋介石讲话作为部队政治教材的严重右倾错误，要求坚决纠正。为了协调新四军高层领导之间的相互关系，特别是为了解决尊重叶挺军长的地位与职权问题，周恩来在部队干部中传达了中共中央关于正确对待叶挺工作的意见，要求大家坚决贯彻中央指示，并要在全军干部中开展一次尊重和服从叶挺将军领导的思想教育。周恩来详细介绍了叶挺的革命经历和贡献，并说明党中央和毛主席非常信任叶挺。他目前的非党身份是当前革命形势的需要，对革命有利，希望大家予以理解。经过周恩来耐心的说服和诚恳的帮助，项英做了自我批评，并在对待叶挺的态度上有所改善。3月14日，周恩来圆满完成视察新四军的使命。

第二件大事是抗议和揭露国民党顽固派制造平江惨案的罪行。1939年6月12日，国民党第二十七集团军遵照国民党最高当局密令，派遣小股部队袭击新四军平江嘉义留守处，枪杀留守处负责人涂正坤、秘书曾金声，将该处所存枪支弹药和现金洗劫一空，并活埋留守处另一负责人罗梓铭及干部吴渊、吴泽众、赵绿吟等4人，造成骇人听闻的平江惨案。这是这一时期国民党顽固派制造的诸多屠杀八路军、新四军后方留守机构军政人员及家属的反共反人民惨案的一个突出案例，标志着抗战相持阶段到来以后，国民党顽固派已由矛头对外抗日为主，转向将矛头对内反共为主的政

---

① 周恩来：《目前形势和新四军的任务》，《周恩来选集》上册，人民出版社1980年版，第101—109页。

治趋势。

南方局获悉惨案发生消息后，立即予以反击。

第一轮同国民党当局的交锋，就是以八路军、新四军重庆办事处和新四军嘉义留守处名义，分别向全国各党政军有关部门、各社会团体以及社会著名人士发出电文，并将此电文印成传单在人民群众中广为散发，以揭露平江惨案的事实真相，并强烈要求国民党最高当局迅速合理解决此一事件。八路军驻渝参谋长叶剑英也在第一时间打电话同国民党政府军政部部长何应钦和军事委员会副总参谋长白崇禧，提出强烈抗议，要求严查此案严惩肇事者。八路军和新四军重庆办事处主任钱之光随即前往国民党军事委员会办公厅面陈平江惨案经过实情，交涉查办此案。这一系列举措使得国民党当局采取的封锁消息、隐瞒真相的阴谋遭到破产，在政治和道义上陷于被动状态。而国民党当局则以情况尚不清楚，须待查明详情方能作答为由，施展敷衍拖延战术。

为了打破这一僵局，南方局同对方进行第二轮交锋，先由叶剑英致电白崇禧，指出平江惨案"是一个有预谋的反共分裂活动"，严重影响团结抗战，应予迅速查处。随后周恩来致电国民党军事委员会政治部部长兼第九战区司令长官陈诚，严厉指出：平江惨案"显系别有用心者所为"，其"部队行动必有主使"，且"曾闻（国民党）调查统计局有特工委员会专驻湘鄂赣担任反共，今兹惨案，不能为无关"。周恩来还进一步指出：此案"目的在制造国共裂痕，以便破坏抗战，走入不得不对日妥协之途，其处心之深，用意之毒，显系破坏分子所为"，要求将此电文转给蒋介石，以便查明真相。① 面对周恩来和叶剑英的电报，国民党当局不仅难以答复，更难以了结此案，但他们自以为尚能控制舆论，遂采取置之不理的恶劣态度。

于是南方局同他们就展开第三轮交锋，在将要出版的《新华日报》纪念抗战爆发两周年特刊上发表《第十八集团军驻渝办事处同人哀告》，内容是："新四军驻平江留守处涂正坤、曾金声、罗梓铭、吴渊、吴泽众、

---

① 《追悼新四军平江嘉义留守通讯处遇难烈士纪念册》，存重庆红岩革命纪念馆。

赵绿吟等于6月12日下午3时在平江通讯处先后遇害，同仁等在渝闻耗，深沉哀痛，兹定于7月20日在本军驻渝办事处举行追悼会，烈士素著革命勋功，热心抗战，今遭不幸，深为悼念，凡烈士亲友知交，均以奉闻"。这份《新华日报》纪念周年特刊广为散发和到处张贴后，在重庆各阶层群众中引起强烈反响，国民党当局遭到社会舆论的广泛谴责。为了摆脱这一被动尴尬局面，国民党当局先后搞出了几个自相矛盾的虚假调查报告，以所谓"纠结土匪扰乱后方，枪杀国军军官"、"留守通讯处藏匿国军逃兵"等莫须有的"罪名"，强加给涂正坤等烈士和留守处，谎称国民党顽固派派部队袭击是为了"维持地方治安"的"正当处置"，又说是为了"查逃兵致双方械斗及伤亡"、"殊不免于失当"，企图以此掩盖事实，瞒天过海，却不料是在被迫承认确有平江惨案的情况下，又玩起了欲盖弥彰、贼喊捉贼的卑鄙勾当。

南方局对此进行第四轮重拳反击，先是将董必武起草，经过南方局常委审定的《追悼新四军平江嘉义留守通讯处遇害烈士启事》，随同《新华日报》广泛散发给广大市民或邮寄各界人士，后来又连续发出周恩来、叶剑英给徐永昌、何应钦等国民党军政头目的电报，以无可辩驳的事实揭穿国民党顽固派编造的谎言，用具体事实陈述了涂正坤等和嘉义留守处为抗日所做的各方面的工作以及同当地政府、绅商、民众之间结下的良好关系，有力地揭穿了国民党顽固派的各种不实之词，使真相大白于天下，激起广大人民群众对新四军无比同情，对国民党顽固派表示极大愤怒。

在此基础上，南方局展开了对国民党顽固派第五轮政治反击，于8月13日，在红岩嘴八路军与新四军重庆办事处举行平江惨案遇害烈士追悼大会，重庆市各机关团体、各界知名人士，以及重庆市卫戍司令部和警备司令部的代表约百人到会致哀。引人注目的是会场上悬挂着包括毛泽东等全国各方面知名人士送来的挽联300多幅，其内容全都对遇害烈士表示沉痛哀悼，对国民党顽固派的阴谋和罪行予以强烈谴责。追悼会由叶剑英主持，董必武致悼词，吴克坚发表讲话，新四军代表萧正岗致答词，一致沉痛哀悼为抗战而不幸遇害烈士，同声谴责国民党顽固派分裂抗战阵营，屠杀抗战志士，破坏抗日战争的暴行。南方局这一系列斗争与延安中共中央及八路军、新四军在各地开展的抗议声讨相互配合，对国民党顽固派形成了强大的政治攻势，迫使其不得不收审平江惨案的肇事者，并表示抚恤受害烈士，赔偿嘉义留守处损失，尽管所有这些作态不过是国民党顽固派的一种敷衍态度，但毕竟使其政治上遭到一次挫败。

第三件大事是在危急时刻再次解决新四军高层领导关系问题。周恩来1939年春视察新四军军部后，部队情况确有一些变化。项英对叶挺的态度有了一些改变，让叶挺参与了部队的一些军政大事。叶挺对周恩来提出经中共中央同意的"向南巩固，向东作战，向北发展"的战略方针深受鼓舞，并积极贯彻执行。他遵照中共中央的指示，亲赴江北建立了新四军江北指挥部，扩充了第五、第六两个支队，后来又指示建立新四军江南指挥部。到年底，新四军部队得到进一步壮大。叶挺还主动筹划同国民党当局交涉，谋求给新编支队以合法编制并拨给经费。但是项英的右倾错误思想并没有得到真正的解决，不仅不认真执行新四军发展的战略方针，还一味迁就国民党，唯恐新四军的发展影响两党关系，甚至对部队的大发展加以阻挠；他仍然大权独揽，对叶挺依旧采取排斥态度，叶挺发展部队的努力，项英也不予支持。叶挺很难行使军长职权，于是又生去意，遂于1939年9月再次离开军部。此时正值国民党顽固派发动了第一次反共高潮，大肆进攻华北八路军和山西新军。这次反共高潮被粉碎后，蒋介石遂将军事反共重点由华北转向华中，把进攻矛头指向新四军，准备掀起新的反共高潮。为此，蒋介石又以叶挺辞职为借口放出空气，要为新四军改派军长。新四军由此面临一个危急时刻。

叶挺于10月份到达重庆后，由于周恩来正在苏联，两人未能见面，他在南方局与博古等领导同志多次讨论新四军的发展问题，并与这些领导同志联名电告中共中央所讨论问题的有关内容。11月间，叶挺面见蒋介石，要求为新编支队争取合法编制和增加经费，蒋介石先是对叶挺的要求不置可否，接着竟然挑拨叶挺与共产党的关系，要他加入国民党，叶挺一气之下，向蒋介石提出辞职要求，并愤然离渝，回到澳门家中，接着又去了香港。叶挺此次离开军部，心情非常矛盾：一方面由于同项英在新四军发展问题上有分歧，在工作上仍然受到项英排斥，感到无法再与项英合作；另一方面他又十分热爱自己的工作岗位,想遵循中共中央的正确战略方针,图谋让部队来一个大发展。所以离开军部以来,一路上都在不断宣传新四军的战绩和为部队的发展筹集物资和经费。在香港和澳门期间,项英派遣沈其震专程前来接回叶挺,廖承志亦再三劝告他回军部继续工作,叶挺遂于1940年春节后再次来重庆,听候周恩来回国后对新四军军内问题的解决。

周恩来于1940年5月31日回到重庆,第一件事就是同叶剑英等南方局领导同志一起深入细致地做叶挺的工作。周恩来与叶剑英一起同叶挺交谈时,将中共中央最近发来的有关解决叶挺在新四军工作的电报给叶挺过目。中央指示周恩来立即约叶挺谈话,彻底解决其在新四军的实际地位与实际职权,使其安心工作,要叶挺向蒋介石表示愿回新四军,对蒋介石企图用其他办法解决新四军问题和另任军长则坚决反对。[①] 这就让叶挺认识到在当前形势变化的紧要关头,辞职与否并非只是他个人的去留问题,而是直接关系到新四军的前途和命运,关系抗战大局。周恩来与叶剑英敦促叶挺从大局出发,尽快回军部继续工作,即使个人处境再困难,个人所受委屈再多,也要与新四军共命运,把抗战坚持到底;何况还要按照党中央的指示,采取措施解决他在新四军的实际地位和实际之权问题。党中央的信赖和支持,周恩来与叶剑英的恳切劝说,使叶挺深受感动,他表示不再辞职而回到新四军的领导岗位。

6月中旬,周恩来根据中共中央指示,多次召开南方局常委扩大会议讨论新四军问题,参加会议的还有从延安派来参加新四军工作的饶漱石和曾山,会议听取了应南方局要求专程来到重庆的新四军代表袁国平的工作汇报,讨论中,大家肯定了新四军的成绩,指出了在贯彻中央关于新四军发展战略方针方面的差距。会议认为:按照中共中央指示,在华中加快发展新四军力量,加强民主根据地建设以及同国民党顽固派开展有理、有利、有节的斗争至关重要;新四军的发展中心仍在江北,整个工作的中心是在建立根据地;根据中共中央指示,今后有关新四军问题同国民党的谈

[①] 中共中央党史研究室:《中国共产党历史》第一卷(1921—1949)下册,中共党史出版社2011年版,第465、466页。

判一律移到重庆，由周恩来负责；新四军的指挥工作主要由叶挺军长负责，必须保证叶挺在新四军的地位与职权，袁国平要以政治部主任身份支持叶挺工作，并帮助项英改正其在与叶挺领导关系上的错误；根据中共中央指示，东南局仍以项英为书记，饶漱石、曾山为副书记。叶挺多次参加关于新四军工作问题的讨论。在进行完上述一系列工作后，7月9日，叶挺及其夫人李秀文同袁国平、饶漱石、曾山等一起踏上返回皖南新四军军部的征途。行前，周恩来、叶剑英与叶挺一道起草了叶挺给蒋介石的一封信，表示收回辞职的要求和继续回新四军的意愿。

第四件大事是在第二次反共高潮前夕，为新四军提出应对之策。1940年4月，蒋介石下令实行全面反共政策。除了用重兵包围陕甘宁边区，继续对华北八路军制造摩擦和进行军事进攻外，又在国统区大搞白色恐怖，肆意制造事端，捕杀共产党人，并对中间党派和爱国进步人士施行政治压迫。特别是把军事反共重点对准新四军。4月至10月，国民党顽固派按照蒋介石密令，对大江南北新四军发动了一系列军事进攻，企图予以各个击破。新四军被迫进行自卫反击，粉碎了国民党顽军的各次进攻。这个期间，蒋介石集团还在国共两党谈判中提出了将八路军和新四军全部开赴旧黄河以北一个狭长地带去作战的主张，实际上是企图让八路军和新四军陷入遭受日伪军与国民党军队夹击的处境，以便予以消灭。当大江南北新四军挫败国民党顽军进攻，使其各个击破的阴谋遭到破产，而周恩来和叶剑英坚决拒绝把八路军、新四军开赴旧黄河以北的无理要求后，国共两党关系日益紧张。特别是华中新四军在黄桥战役中以7000人的兵力，粉碎国民党顽军3万多人的进攻，并与华北八路军南下部队胜利会师，使新四军华中敌后战场与八路军华北敌后战场连成一片，更为国民党顽固派所不能容忍。国民党顽固派为此气急败坏，对新四军更是必欲除之而后快。于是酝酿进行更大规模的进攻，同时进一步加紧全面反共的部署。

面对这股反共逆流的来袭，周恩来自1940年夏季以来多次主持召开南方局常委会，根据中共中央制订的"隐蔽精干，长期埋伏，积蓄力量，等待时机"的方针和其他指示，研究国统区的形势和新四军的处境，以便提出应对之策。在9至10月份的南方局常委会上，周恩来再三强调：国民党顽固派目前的军事反共方针是：对华北采取守势，对华中采取攻势，此前已将军事反共重点指向大江南北的新四军及其建立的根据地，新四军和华中根据地的党组织应有充分的应变准备。为此南方局曾于9月致电新四军和东南局，传达中共中央关于目前时局变化的指示和南方局对当前形势的分析和判断，要求"从军事上、政治上、精神上进行准备，以应付任何突然事变"。电报指出：要"积极主动地团结和争取一切中间力量和部分顽固力量，分化孤立顽固派，以此争取时局好转"。尤其重要的是南方局提出了"军事自卫，政治进攻，组织严密，工作分散"的方针，南方局指出目前形势将进入新的反共高潮，要求新四军做好应变准备。①

第五件大事是在党中央领导下，与各根据地相配合，在国民党统治中心重庆，发动猛烈的政治攻势，打退第二次反共高潮。以皖南事变为标志的第二次反共高潮，是抗日战争时期规模最大、来势最猛的一次反共事件，对中国抗战造成了空前的危害，几乎使国共两党关系濒临破裂，以致爆发内战，且严重影响世界反法西斯战争的大局。

还在这次反共高潮酝酿期间，周恩来和南方局先是竭力遏止局势的逆转，同时领导南方局各级组织积极采取防范措施以应对国民党的破坏活动。当国民党以《何·白皓电》形式发出强令第十八集团军和新四军，限一月内撤至旧黄河以北的最后通牒，拉开第二次反共高潮序幕后，周恩来和南方局一方面向中共中央报告各方面的情况，提出回应《何·白皓电》对策以及八路军、新四军应变措施的建议；同时对国统区中共地下组织做出了应变部署。另一方面，及时向国内外说明新的反共高潮的真相，尽可能争取国内外人士对中共的同情和支持。1941年1月初，国民党顽军8万余人在泾县茂林地区向正在奉命北移的新四军军部和直属部队9千余人发起进攻，新四军进行英勇抗击，激战8昼夜，终因力量悬殊，弹尽粮绝，除2千余人突出重围外，其余部队小部被俘，大部壮烈牺牲。军长叶挺在与国民党顽军交涉途中被扣，副军长项英遇害。随后国民党军事委员会和蒋介石发布污蔑新四军为"叛军"，取消番号，并将军长叶挺"革职"，交

---

① 南方局常委会1940年记录，存中央档案馆；《南方局指示关于目前形势的变化》（1940年9月）油印稿，存江苏省淮阴市周恩来故居纪念馆。

"军法审判"的"命令"和"谈话"。这就是国民党制造的震惊中外的皖南事变。此一事变的发生使国共两党关系处于危急关头。南方局对中共驻国统区部分人员进行安全转移之后,周恩来率领留渝人员坚守以重庆为中心的国统区革命阵地,同中共中央发布重建新四军军部,继续在大江南北抗击日寇的命令相呼应,并与各抗日根据地开展的抗议和声讨斗争相配合,遵循中共中央"政治上取全面攻势,军事上取守势"的正确方针,以重庆为主战场,向国民党顽固派发动猛烈政治攻势。

政治进攻主要围绕中共中央先后提出的解决皖南事变两个"十二条"办法[①]为核心来进行,要求国民党顽固派必须对皖南事变做出交代。《新华日报》和《群众》周刊在当时虽然遭受国民党严厉控制的情况下,仍然通过巧妙灵活的斗争方式,发挥了舆论工具的战斗作用,将皖南事变的真相广泛传播到国内外。在周恩来与皖南事变之前所做的周密安排下,美国著名记者埃德加·斯诺和安娜·路易斯·斯特朗于皖南事变爆发后分别及时公布了他们所掌握的国民党正酝酿对日妥协和阴谋发动内战的大量资料。宋庆龄领导的保卫中国同盟也通过其机关刊物《保卫中国同盟通讯》向全世界发布了大量抨击国民党制造皖南事变罪行的文章。国内外各阶层民众与各界知名人士、许多著名国际组织和相关团体、海外广大爱国侨胞和华侨社团的抗议、谴责和声讨国民党顽固派的滔天罪行的文电和声明如雪片一般飞来,许多外国通讯社和报纸亦发表大量谴责国民党倒行逆施的评

---

① 第一个"十二条"是1941年1月18日毛泽东以《中共中央发言人对皖南事变谈话》的形式提出的,其内容是:一、悬崖勒马,停止挑衅;二、取消1月17日的反动命令,并宣布自己是完全错了;三、惩办皖南事变祸首何应钦、顾祝同、上官云相三人;四、恢复叶挺自由,继续充当新四军军长;五、交还皖南新四军全部人员;六、抚恤皖南新四军全部伤亡将士;七、撤退华中的"剿共"军;八、平毁西北的封锁线;九、释放全国一切被捕的爱国政治犯;十、废止一党专政,实行民主政治;十一、实行三民主义,服从《总理遗嘱》;十二、逮捕亲日派首领,交付国法审判。参见《毛泽东选集》,人民出版社1966年版,第733页。第二个"十二条"是中共中央1941年2月28日提出的《临时解决办法十二条》,其内容是:一、两个集团军,八路四个军,新集团军两个军,共六个军。二、华北、华中、西北防地均维持现状。三、释放叶挺充任军职。四、释放皖南所有被俘干部,拨款抚恤死难家属。五、交还所有皖南人枪。六、下令停止向我进攻。七、停止对《新华日报》的压迫。八、停止全国政治压迫,承认共产党合法地位,释放四安、重庆、贵阳及各地被捕人员,九、成立各党派联合委员会,周恩来为副主席。十、周恩来加入参政会主席团。十一、承认边区的合法地位。十二、承认敌后抗日政权。参见中央档案馆编《皖南事变(资料选辑)》,中共中央党校出版社1982年版,第222—223页。

论，使国民党在政治和道义上处于被动境地。周恩来和南方局全体人员，通过各种渠道和方式，竭力争取和团结了一切可以争取与团结的力量，特别是中间势力站在中国共产党一边，在国民参政会与中国共产党相呼应，使国民党在国内外处境更加孤立。周恩来还率领南方局同志大力加强外事工作，他亲自多次同苏、美、英等反法西斯国家驻华使馆接触，向相关国家驻华使节说明国共两党关系的现状，特别是此次反共高潮对中国坚持抗战与世界反法西斯战争的严重危害，争取他们对中国共产党的同情和支持，并遏制国民党反共分裂行径，收到显著效果。苏、英、美等国家驻华大使多次发表谈话，表示鉴于国民党进行反共分裂活动，将考虑停止对国民政府的军事援助，美国国务院和英国外交部甚至直接给蒋介石发来信函，要求他不要同共产党人完全决裂，向蒋介石集团施加了强大的政治压力。在各抗日根据地的坚决反抗和全国人民反对声中，在国际舆论和反法西斯国家施加的政治压力下，蒋介石被迫亲自在中共参政员拒绝出席的第二届第一次国民参政会上，对中国共产党提出的关于皖南事变的两个"十二条"解决办法作公开答复，并做了"以后绝无剿共军事"的"保证"①。这是蒋介石在为其发动的第二次反共高潮敲响了退堂鼓。此次参政会后，蒋介石两次约见周恩来，询问中共中央的意见，做出缓和两党关系的姿态。这表明国民党顽固派发动的第二次反共高潮至此已被击退。而此时，重建后的新四军已经完全摆脱国民党的羁绊，在共产党的完全领导和直接指挥下，与华北八路军并肩战斗，驰骋于大江南北广阔的敌后抗日战场，迅速发展壮大，部队由原来的6个支队扩编为7个师，从皖南事变前的10多万人发展为30多万人，建立了更多抗日根据地，从此开创了新四军战斗征程的新篇章。

第六件大事是营救叶挺军长出狱。皖南事变中叶挺前往国民部队谈判时被扣押，从此身陷囹圄达5年之久。他在监狱中坚贞不屈，坚决粉碎了包括蒋介石在内国民党中各色人等对他软硬兼施企图使他屈服的阴谋诡计，始终保持一个坚定的共产主义战士的崇高革命气节。自国民党当局蛮

---

① 重庆市政协文史资料研究委员会、中共重庆市委党校编：《国民参政会纪实》下卷，重庆出版社1985年版，第887页。

横地关押叶挺之日起，中国共产党即一直在为营救叶挺进行不懈地斗争，以周恩来为核心的南方局为此做了大量工作。

还在抗击第二次反共高潮的斗争的过程中，中共中央和南方局一再严厉驳斥国民党顽固派所发布的污蔑新四军为"叛军"和"革除"叶挺军长职务，交"军法审判"的反动命令和谈话，要求立即释放叶挺，恢复其军职。中共中央先后提出的解决皖南事变善后问题的两个"十二条"办法中，都包含"恢复叶挺自由，继续充任新四军军长"的内容，当然也包含有"释放皖南所有被俘干部，拨款抚恤死难家属"等要求。第二次反共高潮被打退后，周恩来在1941年3至5月，三次与蒋介石会谈，每次都提出释放叶挺的要求，蒋介石都采取敷衍搪塞态度，没有结果。为了在更广泛的政治层面提出释放叶挺的问题，以便引起社会的广泛关注，南方局经中共中央同意，决定以释放叶挺、解决新四军事件善后问题和发给八路军军饷作为中共参政员出席第二届第二次国民参政会的条件，其中首要条件是释放叶挺。各个中间党派一直赞成和支持中国共产党的这一主张。经周恩来等一再向国民党交涉后，蒋介石表示过些时候释放叶挺，而国民党内实权人物张群和王世杰则说将在这次参政会后设法释放叶挺，这样中共参政员董必武才出席了这次参政会。不过国民党方面并没有兑现其承诺。但是社会上已经获悉蒋介石和国民党做出的释放叶挺的承诺，这对中国共产党方面来说，取得了主动，对营救叶挺是有利的。

此后在中国共产党与国民党的每一次交涉和谈判中，释放叶挺都是重要内容之一。南方局始终关心叶挺在狱中的处境，并多方设法改善其生活状况，特别是同他取得联系。1942年1月至12月，叶挺被移送重庆关押，周恩来巧妙地安排叶挺夫人李秀文前来探监，利用这个办法使得叶挺和南方局取得联系。叶挺在监狱中所写的《囚歌》就是这时候传出来的，这是一首惊天地泣鬼神的现代版《正气歌》。1942年叶挺被移送湖北恩施关押。周恩来利用国民党当局组织慰问鄂西抗战将士的机会，派遣《新华日报》记者陆诒参加慰问团，实际上是专程去恩施看望叶挺。陆诒向叶挺转达周恩来的口信说："两党谈判此刻仍在断断续续举行，在每次谈判中，都提出恢复你的自由问题，劝你耐心等待，多多保重"。叶挺非常感谢党中央和周恩来对自己的关心，表示"我的信念坚定不移"，他请陆诒转告："请党释念"。叶挺被关押期间，生活费用一律自筹，拒绝使用国民党的经费，南方局则设法在经济上给以关怀。叶挺被关押到广西后，南方局通过地下党的关系和当地统战关系关注叶挺的安全和生活。中共中央和南方局每一次要求释放叶挺出狱的斗争，都是对蒋介石集团的政治上的打击，都使国民党当局受到一次国内外正义舆论的压力。经过五年多坚持不懈的斗争，叶挺终于被营救出狱，回到了他热爱的中国人民中间，回到了他热爱的中国共产党的队伍中来。这是正义的胜利、人民的胜利。

第六件大事是为新四军第五师（以下简称新五师）输送青年干部。由李先念率领的新五师及其创建的鄂豫皖湘赣边根据地，位居中原腹地，既可控纵贯中国南北的陆路交通线，又可扼横穿中国东西的长江水道，直接对素有"五洲通衢"之称的武汉三镇构成威胁，具有重大的战略意义。中共中央十分重视新五师在这个战略要地的发展。1941年2月1日，正值皖南事变爆发后，国统区白色恐怖日益严重，中国共产党和进步人士不断遭到迫害之际，中共中央书记处在致周恩来的电报中明确指示："李先念部队有绝大战略意义，办事处（指重庆八路军、新四军办事处——本文作者注）、《新华日报》及重庆、桂林、贵阳各地一切应疏散的党与非党干部，应千方百计尽其可能送到李先念那里去"①。周恩来和南方局坚决执行了中共中央的这个指示，在几年的时间内，先后向该师输送过许多干部，特别是1945年夏秋输送的干部就达510人。之所以要在这时开展向新四军第五师输送青年干部的工作，是因为这时以新五师为主的中原解放区部队已激增至6万余人，中原解放区的面积已达10万平方公里，拥有1000多万人口，这个解放区拥有7个专区和37个县的抗日民主政权②，迫切需要大量知识分子去充实那里的干部队伍。南方局遂经过周密筹划和细致安排，在重庆、成都等地开展动员和组织具有政治觉悟、工作能力和一定理论水平的知识青年到新五师及其创建的鄂豫皖湘赣边根据地参加革命工作。这项工作从1945年6月至8月分批进行，输送工作选择了3条不同路线。去新

---

① 参见《中共中央文件选编》中关于南方局部分，南方局党史资料征集小组1983年编印。
② 王震：《李先念与中原突围》，《人民日报》1992年7月26日。

五师的青年冲破日伪和国民党顽军的重重封锁,到达中原解放区,有的被分配到部队各级机关,有的到地方的文化、群众、扩军、征粮、医务、军火生产等部门工作,大大增强了部队和解放区各条战线的干部力量。

第七件大事是大力声援被围困的新五师和中原解放区。由于拥有6万兵力的新五师及其所创建的中原根据地,当时称中原解放区,具有随时切断中原地区东西南北水陆交通大动脉的重要战略地位,犹如插在国民党统治集团心脏的一把尖刀,国民党反动派对新五师的存在非常痛恨,早就企图一举将这支人民军队加以"全歼"。抗日战争刚取得胜利,蒋介石集团即加紧进行包围新五师的部署。1945年10月,国共双方重庆谈判结束的几天之后,国民党即先后令八九个军十五六个师的兵力包围、封锁中原解放区,并从几个方面发动进攻,扬言"限11月内'肃清'鄂豫皖解放区"[①]。1946年1月10日,尽管国共两党签署了《停战协定》,蒋介石却言而无信,出尔反尔,竟然调动30万大军,将东西长200里,南北宽50里的中原解放区团团包围,在其周围构筑6000多座堡垒,将中原军区部队分割成互不相连的"品"字形态势,不仅在军事上步步压缩,还在经济上进行封锁,不准运入粮食、衣服、布匹、医药等生活必需品,企图将新五师困死、饿死、冻死在中原地区,以便一举歼灭这支部队,荡平中原解放区。这就使新五师和中原解放区陷入极其严峻的被围困状态。

为了解救新五师和中原解放区,中共中央和南方局采取了以下对策:

一是周恩来以马歇尔负责的调处国共两党关系的军调处中共代表的身份,叶剑英以北平军调处中共代表的身份,分别与重庆军事三人小组美方代表马歇尔和北平军调处执行部美方代表罗伯逊进行商谈,说明国民党大军继续加紧包围和进攻新四军中原部队之举有违"停战协定",且国民党军队禁止一切生活与医药用品运入中原解放区乃是惨无人道的行径,要求迅速予以解决。他们又就上述问题向国民党代表提出质问。随后,周恩来、叶剑英又分别在军事三人小组和北平执行部三方代表会议上提出尽快派员赴中原地区进行调处的主张,获得了美方与国民党的同意。经军事三

---

① 中国人民解放军总部编:《中国人民解放战争军事文集》第一集,东北军区司令部1949年印,第197页。

人小组商定由重庆直接派人组成北平执行部第九执行小组,前往中原调处。该小组于1946年1月21日抵达河南罗山进行实地调查,并同有关各方进行商谈,最后由国共双方军队代表同执行部第九小组代表共同签署了《关于停止中原冲突的罗山停战协定》(简称"罗山协议"),规定"国共双方军队停留于现在各自所在地区","中国共产党所领导之军队得在其所驻地区之间运送给养"。虽然蒋介石集团并没有执行这个协议,但它却能对新五师争取时间,拖住敌人和缓解解放区军民生活给养上的困难起一定的作用。

二是董必武赴中原解放区慰问,传达中共中央关于新五师做好突围准备的指示。1946年3月22日,周恩来自延安电告董必武:"中共中央决定五师应争取全部合法转移,在转移前,应接济粮食,如交涉不成而遭大规模袭击,只有突围。我五师应有此准备。"周恩来并要董必武亲往新五师传达中央的这一指示①。自3月30日开始,董必武偕同八路军、新四军武汉办事处主任刘绍文,在中原解放区开展了一周的慰问活动,首先同李先念、郑位三等中原解放区领导人进行长时间交谈,传达中共中央和周恩来有关指示,转交了重庆各界致新五师的慰问信和捐款以及中共中央用北方解放区的粮食向国民党政府换来的3万万元。董必武表示:这次我是"代表党中央来慰问你们,也可以说是代表全国各地区的同志来慰问你们"。"虽然不能完全解除你们的困难,但我相信经过八年艰苦锻炼的同志在李先念、郑位三和中原军区的领导下,是有办法克服困难的"。董必武在宣化店的一周里,同中原解放区领导同志研究了贯彻执行中共中央3月22日决定的措施和办法;就近在军民中进行了视察;向军民各界人士宣传了中共的立场和主张,介绍了当前形势,指明革命的前途,大大增强了中原解放区军民斗争的信心与决心,鼓舞了军民的斗志。

三是通过《新华日报》和《群众》周刊向国民党展开政治攻势。自1946年1月以来,《新华日报》和《群众》周刊,陆续刊登新五师和八路军、新四军武汉办事处抗议国民党部队包围和进攻新五师和中原解放区的

---

① 《董必武年谱》编写组编:《董必武年谱》,中央文献出版社1991年版,第250页。

声明和文章，接着又发表大量谴责国民党反动派倒行逆施、声援中原解放区军民的读者来信，登载了读者捐款声援中原解放区军民的消息，产生了广泛的社会影响。写信声援和捐款帮助新五师的各阶层群众越来越多，大大地鼓舞了中原解放区军民的士气。

四是通过周恩来到新五师视察，与新五师领导制订突围方案。到1946年4月，蒋介石已调集30万大军形成对中原五师的包围态势，中原大战一触即发。5月1日，周恩来在重庆同国民党方面军事三人小组代表徐永昌和美方代表马歇尔严正交涉，建议由共产党代表周恩来、国民党代表徐永昌和美方代表白鲁德三人前往新五师视察，以制止国民党的进攻。由于周恩来的坚持，美方同国民党方面被迫接受了这个建议。周恩来明知此行并不能制止国民党军对新五师的进攻，他之所以要力争实现这次视察，其用意在于：①如此行能达成某种协议，将使中国共产党赢得政治上的主动，使国民党处于被动地位，由此可以延缓国民党军队进攻的时间，使新五师得以充分做好迎战的准备。②他可以名正言顺地到宣化店去详尽了解敌我双方态势并与李先念、郑位三等中原解放区领导人商讨突围的方略和行动计划。5月5日，周恩来同徐永昌飞往武汉与先期抵达的白鲁德会合。这时，徐永昌托病不去宣化店而由武汉行辕副参谋长王天鸣代为前往。5月6日，周恩来率军事三人小组以及第九、第十一执行小组人员和新闻记者60余人，冒雨向宣化店进发，于5月8日抵达目的地。周恩来立即到中原军区司令部听取李先念、王震等汇报部队情况和敌我双方态势，并仔细查看五万分之一军事地图，不时用红蓝铅笔标示记号。下午，同美国和国民党代表进行会谈。这天深夜，周恩来在听完李先念等的汇报后，传达了中共中央5月1日做出的关于新五师立即准备向西突围的指示，并和中原军区负责人一起，制定了突围作战方案，一直工作到次日清晨。5月9日，周恩来一行回到武汉。次日，周恩来、白鲁德、徐永昌三人在汉口达成关于停止中原内战的汉口协议6条。其中最重要的成果，是国民党方面同意将2000多伤病员、非战斗人员以及部分被国民党蚕食地区的地方干部，遣送到河南安阳。这对保证这部分人员的安全，减轻部队的负担和便于部队突围，都是很有利的。

1946年6月26日，蒋介石悍然下达向中原解放区发起总攻的命令，扬言在48小时内消灭中原解放区的人民军队。然而就在蒋介石发动总攻的前夕，这支久经考验的人民军队，已遵照中共中央指示和周恩来在宣化店时同李先念等商定的作战部署，分三路发起突围，到6月29日即已突出国民党三十万军队的包围圈。蒋介石"全歼"五师的计划终于落空。

五　南方局为新四军开展的日常工作

南方局开展的有关新四军的日常工作，主要是通过八路军、新四军重庆办事处来进行的，并形成了工作机制。南方局在七年多的时间内为新四军处理了多方面的日常事务。只是皖南事变后，办事处名称上没有再冠以"新四军"这个名义。这些日常事务主要为以下四个方面：

（一）转送新四军同国民党最高军事当局的往来公文，并就有关问题与事件进行联系和交涉。皖南事变前，国民党最高军事当局发往新四军的公文多数由办事处传递，新四军至国民政府军事委员会的电文亦大多由办事处转呈。经过办事处转送给国民党军事当局的新四军重要电文有：罗炳辉、张云逸为国民党军翁达所部大举进攻新四军于1940年4月25日致蒋介石的电报；叶挺于1940年6月30日、8月3日给蒋介石的两个电报；朱德、彭德怀、叶挺、项英于1940年11月9日致何应钦、白崇禧的电报；朱德、彭德怀、叶挺、项英联名于1940年11月28日致蒋介石的电报；1940年12月18日，朱德、彭德怀、叶挺、项英为新四军北移及苏北事件致刘为章的电文等。这些电文，一般由中共中央先发往红岩，经周恩来、叶剑英等阅后，由南方局军事组和办事处同志按公文格式抄出来，再以新四军重庆办事处或八路军新四军重庆办事处名义转送给国民政府军事委员会及相关部门。1939年至1940年间，新四军上报给国民政府军委会的战报发到红岩后，先要送南方局领导人审阅并做出批示，再由新四军重庆办事处依据这些批示，分送出去。经常性的战报只送何应钦、白崇禧、徐永昌、刘为章等，重要的则送蒋介石、冯玉祥、孔祥熙、于右任、孙科、陈诚等国民党党政军要人，有的还发送给各党派负责人、各国使馆、各报馆及中外新闻记者。有少数战报是南方局军事组和办事处将新四军来电加以综合重新拟成文稿，经周恩来、叶剑英等审定修改后才抄送出去的。国民党于1939年1月召开五届五中全会后，反共军事摩擦日益加剧，国民党顽固派除制造了平江惨案、竹沟惨案外，还发动皖南事变等一系列屠杀新四军官兵和猖狂进攻新四军的事件，对此，新四军重庆办事处出面向国民党当局进行了交涉，并送交新四军、八路军以及各抗日根据地群众和全国各人民团体的抗议电函，南方局领导人周恩来、博古、叶剑英、董必武等则直接同国民党当局进行面对面交涉，提出强烈抗议。

（二）负责新四军同国民政府军委会之间的情报交换。皖南事变前，尽管国民党嫉恨新四军的赫赫战功和它的迅速发展壮大，不仅在新四军刚开始进入对敌作战时即加以种种限制，并逐步酿成军事摩擦与军事冲突。然而，新四军出于团结抗日的目的，仍坚持同国民党军事当局进行有关对侵华日军的情报交换工作。新四军常常将自己掌握的日伪军番号、部署、主官情况、作战行动、作战特点、实力、武器装备、后勤保障等情报向国民政府军委会报告，其中，重要情报随时报告，一般情报每月综合报告。国民政府军委会也将每天抄收的"敌伪广播"和每周的"敌情通报"印发给新四军。以上相互往来的情况通报，一般都通过办事处转送。

（三）为新四军办理部分后勤事务。新四军是国民革命军的一个军，根据国共两党达成的协议，国民政府军委会必须按正规军待遇每月发给军饷，及时补充枪械弹药及其他军需物资，办事处则将新四军在前方所需之枪弹、医药用品及其他物资造表呈报国民政府军委会，并就所需数量、拨发日期、领取地点进行交涉。自1939年至1940年夏秋，国民党当局常常拖欠新四军军饷，对枪支弹药和医药物资也不能按期拨发，往往需经办事处一再交涉催要，对方才发给一部分。办事处领到军饷、枪支弹药及医药用品等物资后，便设法将其运送到新四军部队。这方面的工作，实在是如同"讨债"一般，即使"讨"到了一些，国民党方面也是零零星星拨发。办事处几乎每周都要面对接受和转运这类物资的问题。海内外人士对新四军缺乏军用物资的情况是了解的，不少海内外爱国群众团体和个人，纷纷伸出援助之手，为新四军募集捐款和医药用品。这方面的捐款和物资的相当一部分也是通过新四军重庆办事处转送至新四军的。

（四）接送过往的新四军领导人和护送干部与进步青年去新四军。自1939年以来，新四军领导人叶挺、袁国平、饶漱石、张云逸、李先念等曾来过重庆，有的来渝不止一次。对他们的每一次到来，南方局都通过办事处派专人将其接到红岩，离开时又用周恩来的专车送出红岩，然后又派专人将他们送到预定地点。南方局派往或疏散到新四军的干部，也通过办事处精心安排，由专人沿途接送，以保证安全。对大后方志愿去新四军参加抗战的进步青年，办事处将他们按一定人数组织起来，分批护送，每批三五人、七八人不等，一直把他们护送到安全地带。1945年6至8月，南方局输送了510多名知识青年到中原解放区与新四军第五师，充实了解放区和军队的干部队伍。

以上事实说明，以周恩来为书记的南方局对新四军战斗历程中的每一步都牵挂在心，时时处处都在为促进新四军的发展壮大而奋斗。而新四军在敌后抗战的节节胜利与部队的发展壮大，敌后抗日根据地的不断发展，也有力地支持了南方局在大后方的统战工作。中国共产党领导的武装斗争和国统区的统战工作就这样相互配合，相互支持，推动中国的民族民主革命不断走向胜利。

六　结语

本文主要内容是探索抗战时期中共中央南方局在新四军发展壮大过程中所进行的各项工作和产生的影响，但却从1937年7月周恩来在上海与叶挺见面，动员他出面负责南方红军游击队的改编说起，而且依次论及长江沿岸委员会和长江局为新四军的组建和发展所做的一系列工作及其重大贡献。这是因为南方局成立在后，对新四军发展壮大所办的一系列大事和开展的有关新四军的日常工作，同之前两个中共中央代表机关对新四军所做的工作具有不可分割的连续性。长江沿岸委员会、长江局和南方局都是设在国民党统治区政治中心的中共中央代表机关，其性质、任务、历史地位都是相同的。中国共产党对新四军的领导，除了体现在中共中央和中央军事委员会对新四军直接发布的指示、命令、决定和做出的决策，采取的人事调动的举措外，就体现在这三个中央代表机关对新四军的各项工作中。

中国共产党对新四军的这种领导方式的产生，是由第二次国共合作时期国共两党之间既合作又斗争的历史特点和新四军所处的社会环境造成的。由此说明，在民主革命时期，虽然武装斗争是革命的主要形式，具有决定性意义，但是必须要有统治阶级所控制的白色区域党的地下斗争和统一战线工作相配合，这一点在上述三个中共中央代表机关对新四军的工作中都体现出来了。将这三个中共中央代表机关对新四军的工作联系起来进行考察和研究，就能够看出其工作发展的脉络和规律，就能更好地总结历史的经验教训，尤其可以从中得出这样一个历史结论：从南方红军游击队改编，到新四军的建立及其发展壮大，其在征途上迈出的每一步，都离不开以毛泽东为首的中共中央的关怀和直接领导；离不开长江委员会、长江局和南方局为之开展的各项艰苦卓绝的工作；离不开周恩来自始至终为之殚精竭虑付出的辛劳。

另一方面，周恩来物色叶挺作为南方8省红军游击队改编和新四军组建的负责人，在一定意义上说，是为新四军的组建解决了一个重要的关键问题，也为新四军组建正式拉开序幕。周恩来抗战时期是中共中央政治局常委、中共中央军委副主席，又是对南方8省红军游击队改编、新四军组建及其发展壮大相继进行一系列工作的中共中央三个代表机关的主要领导者，在中共中央创建新四军的过程中，周恩来自始至终为之谋划操劳，付出巨大心血。他不仅是三个中共中央代表机关开展对新四军工作的主导者，而且是新四军这支光荣的人民军队的主要缔造者之一。

作者单位：重庆师范大学历史与社会学院；重庆市红岩革命历史博物馆

重庆大轰炸档案文献采择之一
——《轰炸经过与人员伤亡(区县部分)》述评

闫 峰 王兆辉

一 相关背景

"重庆大轰炸"是世界反法西斯战争史上与"伦敦大轰炸"一样,具有国际地位与战略影响的战略轰炸与反轰炸斗争,也是抗日战争时期与"南京大屠杀""731 细菌战"并称为日本帝国主义对中国人民实施侵略屠杀的三大铁证之一[①],集中反映了中国人民万众一心、同仇敌忾的历史画卷。"重庆大轰炸"研究领域的权威专家潘洵教授在新近的论文成果中,着重指出:"'重庆大轰炸'制造了对中国城市无差别轰炸的新纪录,开启了第二次世界大战中大规模持续战略轰炸的恶例,成为世界战略轰炸发展历史进程中的重要链条。"[②] 近些年来,为了挖掘整理抗战历史文化,"为重庆大轰炸的研究提供最基础的史料,作最实在的贡献"[③],在中共重庆市委抗战工程办公室指导下,主要由重庆市档案馆、西南大学等单位的专家学者负责编纂出版了"重庆大轰炸档案文献"系列著作。

重庆大轰炸档案文献之《轰炸经过与人员伤亡(区县部分)》(上下册)系国家出版基金重大资助项目"中国抗战大后方历史文化丛书"的最

---

① 唐润明:《关于抗日战争时期"重庆大轰炸"研究的几个问题》,《民国档案》2014 年第 4 期。
② 潘洵:《时空视野下重庆大轰炸历史地位的思考》,《抗战史料研究》2015 年第 2 期。
③ 唐润明:《轰炸经过与人员伤亡(区县部分)》,重庆出版社 2015 年版,《序》。

早的一批成果之一，由重庆市档案馆的唐润明主编，重庆出版社于2015年7月出版发行。该档案文献主要来自于重庆市档案馆、四川省档案馆及各相关区县档案馆馆藏。主要内容为现行的重庆市行政区域内各区县，包括万县、涪陵、北碚、巴县、长寿、江津、合川、永川、南川、綦江、铜梁、荣昌、璧山、梁山（梁平）、城口、丰都、忠县、开县、云阳、奉节、巫山、巫溪、石柱、秀山、彭水等25个区县在抗战时期"重庆大轰炸"期间所遭受日军飞机空袭轰炸及人员伤亡、财产损失等相关情况，共有427则档案文献，计有75万字。其中，所涉"重庆大轰炸"的相关数据，全面而具体，翔实且可信。

二　档案内容

重庆大轰炸档案文献《轰炸经过与人员伤亡（区县部分）》基本上按照抗战时期国民政府对重庆区县的行政区域，将日军实施空袭轰炸的相关档案文献进行归类整理，具体内容包括：

1. 万县。收录了1939年1月14日至1944年8月23日有关万县遭受日军轰炸的档案文献，计有85则。主要包括聚兴诚银行万县分行关于敌机袭万、被炸情况及防范措施的报告、通缄。（四川省）万县市（区）防空指挥部、四川省第九区行政督察专员公署关于敌机袭万情况以及敌机空袭统计表、损失调查表，防空情况报告表，敌机行动标示图表，（单架）敌机行动月报图表给四川全省防空司令部的代电。此外，还有《贸易委员会万县收货处1939年财产损失报告表（1939年）》《万县警察局造报1940年10月4日万县被炸人员伤亡及财产损失汇报表（1940年11月）》《万县县政府造具1943年3月16日被炸后抚恤急赈清册（1943年4月）》《万县关在职员工私人财产损失报告总表（1944年3月24日）》等。

2. 涪陵。包括1940年5月31日至1948年4月15日有关涪陵被日军轰炸的档案文献，计有21则。主要是涪陵县政府为报告涪陵被炸情况、被炸善后办理情况及损害情况调查表给四川全省防空司令部的代电。另有《涪陵县政府为报告因避空袭迁移县监狱有关事宜给四川省政府的代电（1940年8月13日）》《涪陵县政府关于召开全县富绅认捐会的通知

(1940年8月25日)》《涪陵县被炸商家联名请求涪陵县商会转请税局免征税款的呈（1941年9月）》《涪陵邮局（石培基）为报告1941年8月11日、8月23日两次被炸情况给东川邮政管理局呈（1941年9月4日）》《涪陵县政府为转报涪陵女中要求抗战损失赔偿给四川省政府的呈（1948年4月15日）》等。

3. 北碚。收集了1940年2月17日至1941年10月11日北碚地区有关日军轰炸情况的档案文献，计有33则。主要包括嘉陵江三峡乡村建设实验区署为报告被炸善后情况、填报抗战损失表、伤亡报告表给四川省政府、行政院、军事委员会、中央赈济委员会、四川省赈济委员会、重庆空袭紧急救济联合办事处等机构的呈稿、代电。黄桷小学、黄桷短期小学、中华平民教育促进会办事处、区立民教馆、区立民众博物馆、营业税局稽征处、禁烟稽查处、北新书局、建国书店、大明染织股份公司、国立江苏医学院附属医院以及金映雪、刘张氏等单位或个人为被炸情况、请求拨款、被炸伤亡抚恤等相关事宜给嘉陵江三峡乡村建设实验区署的呈、函等。还有《嘉陵江三峡乡村建设实验区1940年5月27日被炸赈恤登记表（1940年）》《嘉陵江三峡乡村建设实验区北碚镇1940年7月31第三次被炸发放恤金手印册（1940年8月10日）》《黄桷镇居民为出租房屋被炸请求豁免房捐给镇公所的申请书（1940年11—12月）》《大鑫火砖厂1940年10月10日被炸财产损失报告单（1940年10月22日）》《嘉陵江三峡乡村建设实验区署为填报1940年遭受空袭人民伤亡数字统计表给四川省赈济委员会的呈（1941年7月5日）》等。

4. 巴县。汇集了1939年2月5日至1947年10月1日巴县关于日军轰炸情况的档案文献，计有49则。包括巴县县政府为报告县城及其县属白市驿、广阳乡、白市镇、白市乡、龙隐实验乡、白桥乡、龙溪乡、广阳坝、西永乡、鱼洞乡、人和乡、跳蹬乡、南泉小温泉、鹿坪乡、南温泉、长生乡、太和乡、永石乡、人和镇、二圣乡、新发乡、马王乡及大中坝机场等地空袭被炸情况、伤亡损失、敌机空袭损失调查表给四川省政府、四川全省防空司令部、重庆防空司令部的报告、代电。还包括《四川省第三行政督察专员公署为转报1939年1月7日、10日敌机空袭巴县损失调查表给四川省政府的呈（1939年2月5日）》《巴县县政府为报告1943年8月23日敌机过境情况给重庆防空司令部的报告（1943年8月26日）》《巴县县政府为转报人民财产损失汇报表给四川省政府的呈（1947年10月1日）》等。

5. 长寿。包括1941年7月30日至8月22日长寿县政府为报告被炸情况给四川全省防空司令部、重庆防空司令部的代电，计有5则档案文献。

6. 江津。唯有《江津县政府为报告1940年6月25日被炸情况给四川全省防空司令部的呈（1940年6月30日）》1则档案文献。

7. 合川。收罗了1940年5月30日至1941年8月29日合川被日军轰炸的档案文献，计有17则。包括合川县政府、合川县防空支会、合川县防护团为报告被炸情况、被炸经过及善后情况给四川省政府、省赈济会、四川全省防空司令部、重庆防空司令部的呈、代电。另有《合川县政府造具1940年5月30日遭受空袭负伤调查表（1940年6月）》《赵涤凡关于1940年7月22日合川县被炸情况给重庆防空司令部的军情报告（1940年7月24日）》等。

8. 永川。搜罗了1940年8月22日至9月4日永川有关日军轰炸的档案文献，计有4则。分别是《四川省地方行政干部训练团第三区训练班为报告1940年8月17日永川县被炸伤亡损失及救济情况给四川全省防空司令部的代电（1940年8月22日）》《永川县紧急救济联合办事处为报告1940年8月17日永川被炸伤亡及善后救济情况给四川全省防空司令部的代电（1940年8月29日）》《第十二补充兵训练处永川城隍庙军需仓库1940年8月17日被炸损失被服装具统计表（1940年8月）》《四川省银行永川办事处为报告1940年8月17日行址被炸迁址办公给空袭紧急救济联合办事处函（1940年9月4日）》。

9. 南川。包括1939年11月10日至1941年8月18日有关日军轰炸南川的档案文献，计有6则。主要是南川县司法处、南川县政府为报告被炸情况、被炸损害情况调查表及请求拨款赈济给四川高等法院第一分院、四川全省防空司令部、重庆防空司令部的代电。

10. 綦江。采集了1940年7月6日至1941年8月28日有关綦江遭受日军轰炸情况的档案文献，计有6则。包括綦江县政府为报告被炸情况及善后情况给四川全省防空司令部、重庆卫戍总司令部、重庆防空司令部的呈、代电。另有《綦江县商会等法团士绅为1940年7月5日该县被炸县长李白英处置有方请予奖叙给四川全省防空司令部的呈（1940年9月30日）》。

11. 铜梁。包括1940年6月至1945年有关铜梁遭受日军轰炸的档案文献，计有7则。主要是铜梁县政府为报告被炸情况及善后救济情况及请予核奖赈恤给四川全省防空司令部的呈。铜梁县防护团为报告被炸情况、被炸团员伤亡情况给县防护团的签呈。还有《铜梁县政府关于1940年7月31日被炸经过概况（1940年8月2日）》《铜梁县政府为奉报抗战以来遭受空袭损失情况给重庆卫戍司令部的呈稿（1945年）》等。

12. 荣昌。唯有《荣昌县防护团为报告1940年7月10日仁义镇被炸情况给四川全省防空司令部的呈（1940年7月21日）》1则档案文献。

13. 璧山。收集了1939年1月7日至1942年2月14日有关璧山被日军轰炸的档案文献，计有9则。包括璧山县政府为报告被炸情况给四川省第三区行政督察府、四川全省防空司令部的呈、代电。璧山县大鹏乡、蒲元乡、第二区署、县城南乡中心学校、来凤乡等县属单位为报告被炸情况及请予赈恤给璧山县政府的呈。另有《赈济委员会运送配置难民璧山分站为请璧山县政府转告熊海廷领取医药救济费的函（1939年2月20日）》《第五乙种医务团为报告1940年8月2日赴璧山县救护经过情况给重庆空袭服务救济联合办事处医护委员会的呈（1940年8月3日）》等。

14. 梁山（梁平）。搜罗了1938年10月4日至1948年6月7日有关梁山县被日军飞机轰炸情况的档案文献，计有82则。涵盖了梁山县防护团、梁山县政府、四川省第十区行政督察专员公署、万县市防空指挥部、梁山县防空支会、梁山县卫生院等机构为报告被炸及损失情况给四川省政府、四川全省防空司令部、四川省赈济会、川康绥靖主任公署、四川省卫生实验处的呈、代电。梁山县防护团、梁山县第三区属、梁山县空袭紧急救济联合办事处等为报告被炸情况给县政府的呈、代电。

15. 城口。唯有《万县区防空指挥部为报告1944年6月1日城口县被炸情况给四川全省防空司令部的代电（1944年6月21日）》1则档案文献。

16. 丰都。收录了1941年8月8日至8月23日丰都县政府、丰都县防护团为报告被炸情况给四川全省防空司令部、重庆防空司令部的呈、代电，计有5则档案文献。

17. 忠县。收录了1940年9月17日至1946年5月22日忠县被日军轰炸的档案文献，计有13则。主要是忠县县政府、忠县防护团、万县区防空指挥部为报告被炸及善后情况给四川全省防空司令部的呈。还有《忠县县政府为整修县政府被炸房屋费用事宜给四川省政府的呈（1941年11月）》《忠县县党部财产损失报告表（1946年5月）》《忠县县立女子中学为报送抗战损失调查表给县政府的呈（1946年5月22日）》等。

18. 开县。收编了1940年1月29日至1941年10月有关忠县被日军轰炸的档案文献，计有8则。包括万县市防空指挥部、四川省第九区行政督察专员公署为报告敌机空袭开县情况给四川全省防空司令部的呈、代电，以及《1941年8月11日敌机空袭开县情况表报（1941年10月）》《1941年8月17日敌机空袭开县情况表报（1941年10月）》等。

19. 云阳。汇编了1940年8月20日至1944年5月17日有关云阳被日军飞机轰炸的档案文献，计有26则。涵盖有四川省第九区行政督察专员公署、万县市防空指挥部、云阳县政府、万县市防空指挥部、云阳县动员委员会、关于云阳县被炸情况、空袭伤亡表、空袭伤亡损失表给四川省政府、川康绥靖主任公署、四川动员委员会、四川全省防空司令部等机构的电稿、签呈。云阳县卫生院、云阳县政府警察所、云阳县第一区中心镇公所、杨百丰、魏质光等给县政府的呈。还有《云阳县政府警察所造报1941年8月24日被敌机轰炸死亡及损失情形表（1941年8月24日）》《云阳县第一区中心镇公所汇报1941年8月24日午后敌机袭云狂炸全镇人民伤亡调查册（1941年）》《云阳县国民兵团自卫队造报1941年8月30日该队人员伤亡情况表（1941年）》《云阳县防护团消防队死伤队员姓名表（1941年）》等。

20. 奉节。收录了1939年7月6日至1941年8月29日有关奉节被日军飞机轰炸的档案文献，计有20则。涵盖有四川省第九区行政督察专员公署、川江航务管理总处、奉节县卫生院、奉节县政府、万县市防空指挥部、奉节县空袭紧急救济联合办事处、四川省防空协会等机构给四川省政府、川康绥靖主任公署、四川全省防空司令部、四川省卫生实验处等单位的呈、代电，报告奉节被炸情况、敌机投弹情况、请求拨款赈恤、空袭损失调查表、人物损失及救济工作汇报表、被炸与救护情况等内容。另有《1939年6月28日奉节县被炸损失调查表（1939年7月2日）》等。

21. 巫山。辑录了1939年8月16日至1941年10月7日有关巫山地区遭受日军飞机轰炸的档案文献，计有22则。主要是四川省第九区行政督察专员公署、川康绥靖主任公署、四川省防空协会、万县市防空指挥部、巫山县政府、巫山县防护团等机构给四川省政府、四川全省防空司令部、四川省赈济会的呈、代电。主要内容包括巫山被炸情况、被炸损失调查表、被炸损失报告表、救济工作报告表、伤亡人数报告表等。

22. 巫溪。仅有《万县市防空司令部为报告1941年8月8日巫溪县被炸情况、给四川全省防空司令部电（1941年8月10日）》《巫溪县防护团为报送1941年8月8日空袭损失调查表给四川全省防空司令部的呈（1941年8月18日）》2则档案文献。

23. 石柱。仅有《石柱县政府为报告1940年4月3日被炸情况给四川全省防空司令部的代电（1940年4月5日）》《石柱县政府为报告1940年5月27日被炸情况给四川全省防空司令部的呈（1940年6月4日）》2则档案文献。

24. 秀山。唯有《秀山县政府为报该县被炸情况并请求拨款赈济给四川全省防空司令部电》1则档案文献，且原稿无具体时间。

25. 彭水。唯有《彭水县政府为报告1941年8月12日江口、汉葭两镇被炸情况给四川全省防空司令部的呈（1941年11月17日）》1则档案文献。

三　档案简析

重庆大轰炸档案文献《轰炸经过与人员伤亡（区县部分）》（上下册）

广泛搜罗了从1938年10月4日到1948年6月7日间重庆所属的25个区县有关遭受日军飞机空袭轰炸的档案文献，汇集了涵盖四川省政府、四川全省防空司令部、重庆卫戍总司令部、重庆防空司令部、四川省赈济会、四川省防空协会、四川省卫生实验处、四川省第九区行政督察专员公署、嘉陵江三峡乡村建设实验区署、巴县县政府、梁山县政府、万县市防空指挥部、合川县防空支会、巫山县防护团、云阳县动员委员会、奉节县卫生院、聚兴诚银行万县分行等各大小机构有关"重庆大轰炸"所形成的报告、呈、函、代电等，全面系统地反映了重庆各区县遭受日军飞机长期的"无差别轰炸"及其所带来的人员伤亡、财产损失等情况，详细确切地记载了日本侵略者对抗战大后方人民所犯下的战争罪行，同时也集中展现了重庆军民暨全中国人民以爱国主义为核心的民族精神与抗战精神。

《轰炸经过与人员伤亡（区县部分）》（上下册）所辑录的档案文献在时间跨度与时间密度上，客观反映了日军实施"重庆大轰炸"的时间与事件脉络。档案文献所载明的如四川省防空协会、万县市防空指挥部、忠县防护团、奉节县空袭紧急救济联合办事处等各类机构，则真实表现了中国人民在"重庆大轰炸"的应对措施与斗争情况。其中，档案文献中出现频率较高的关键词分别是：空袭、被炸、损失、伤亡、情况、善后、救济（救护）等，有些关键词多是一同出现。该档案在具体内容上，汇编了重庆25个区县的政府机构、金融、工商业、水利、学校、医院、民房及其他或政府或民用基础设施在"重庆大轰炸"期间遭受日军飞机空袭被炸、人员伤亡、财产受损及救济抚恤等相关情况。尤值得强调的是，《轰炸经过与人员伤亡（区县部分）》（上下册）由各相关档案馆馆藏档案原件编辑整理而成，收录了大量的表格、统计及调查数据，涵盖了敌机行动月报表、防空情况报告表、空袭损失调查表、被炸损失情形概况表、被炸伤亡损失放赈表、被炸赈恤登记表、财产损失报告单、财产损失汇报表、人口伤亡汇报表、人口伤亡调查表等，从而极大提升了本书的史料研究价值。本书所辑录的档案文献，是见证日本侵华战争罪行的强有力的铁证，也是社会各界了解和研究"重庆大轰炸"的第一手珍贵的文献史料，具有弥足珍贵的历史价值与现实意义。

基金项目：重庆社科规划青年项目"抗战大后方日本侵华战争罪行文献史料整理研究"（项目编号：2015NQCB17）的阶段性成果。

作者单位：重庆商务职业学院；重庆图书馆

研究生论坛

丰富多样的战时人物速写

——论抗战时期上海《孤岛》周刊中的人物通讯

蔺玉娇　李文平

《孤岛》周刊是最早创刊并发行于上海"孤岛"的抗战文化刊物之一，1938年3月1日创刊，1938年8月13日终刊，坚持出刊近6个月。原为半月刊，后因刊物适应了上海"孤岛"爱国民众对祖国抗战的高度关注，备受欢迎，自第1卷第4期改为周刊，20开本，第1卷共出13期，第2卷出刊9期，共出版22期。《孤岛》周刊前16期由吕绍虞和汪家培担任主编，后6期的编辑调整为黄孟超、程炎泉、汪家培和陈允熙，吕绍虞任社长。《孤岛》周刊主要刊登国内各战场动态时事通讯；分析国际国内形势走向的时评；抗战大背景下的各国政要、军事将领的人物通讯和反映战况的个人行记等。其中，所占篇幅最大的是抗战期间中日双方的政治人物、高级将领和大汉奸的人物速写，刻画出民族抗战风云际会的历史画卷，特别值得我们今天关注与研究。

一　国共两党政治领袖、抗战将领的英姿

1937年9月22日国民党中央通讯社发表《中共中央为公布国共合作宣言》，至此国共两党第二次合作最终形成，抗日民族统一战线正式建立。在《孤岛》周刊上出现了大量的对国共两党政治领袖、前线高级将领的采访、速写——《朱德印象记——忆陕北之两次会见》（第1卷第1期，作者：赵英声）、《刘湘的一生》（第1卷第1期，作者：孙雄白）、《东战场

主将李宗仁》(第 1 卷第 2 期)①、《运筹帷幄之白崇禧》(第 1 卷第 2 期,作者:狂风)、《桂军健将李品仙》(第 1 卷第 2 期,作者:狂风)、《迭膺懋赏之邓锡侯》(第 1 卷第 2 期,作者:剑啸)、《叶剑英将军素描》(第 1 卷第 3 期,作者:赵英声)、《彭德怀印象记》(第 1 卷第 4 期,作者:Snow,译者:孜)、《访叶挺项英》(第 1 卷第 5 期)、《李宗仁将军会见记》(第 1 卷第 6 期,作者:律生)、《毛泽东在上海执行部时》(第 1 卷第 6 期,作者:海客)、《扬威沙场之张发奎》(第 1 卷第 6 期,作者:狂风)、《张自忠访问记》(第 1 卷第 7 期)、《西战场的游击队》(第 1 卷第 8 期,作者:廷龙)、《林主席在重庆》(第 1 卷第 9 期,作者:阿斗)、《坚守临沂之张自忠将军》(第 1 卷第 6 期,作者:太平)、《蒋委员长访问记》(第 1 卷第 11 期)、《忆李骧骐将军》(第 1 卷第 12 期,作者:匡澂芬)、《滕县殉国之王铭章将军》(第 1 卷第 8 期)、《纪王敬久将军》(第 2 卷第 1 期,作者:东花)、《北战场战将商震》(第 2 卷第 1 期,作者:狂风)、《朱德演讲反侵略斗争》(第 2 卷第 1 期,作者:之)、《八路军将领贺龙奋斗史》(第 2 卷第 1 期,作者:谢德宏)、《何应钦陈诚访问记》(第 2 卷第 8 期,作者:振声)等。《孤岛》周刊是上海"孤岛"较早客观报道共产党政治领袖与军事将领的刊物,这种将对国共两党的政治人物和抗战将领的人物特写与采访通讯无差别地刊发,真实地反映了抗战时期国共两党团结御侮的政治文化氛围,也可以看出《孤岛》周刊编辑们对民族抗日统一战线的积极拥护与支持。

1938 年 4 月 23 日《孤岛》第一卷第六期刊发了律生的《李宗仁将军会见记》,这是一篇记者对李宗仁将军的采访的通讯。在记者的笔下,作为皖省主席的李德邻先生"具有平民化的作风,好客而健谈",即便是学生的拜访,他也是"很诚恳很谦虚的接谈"。记者与李宗仁将军的会谈围绕着当下全国民众最关心的抗战问题展开。在李将军看来,战争打到目前为止,日本人已由最初的主动转变为被动了。在津浦战线上,中方掌握了一定的主动权,采取积极有效的运动战术,给予日军较大的打击。在与日

---

① 文中没有标注作者的文章,为原刊未标明作者,以下同。

军长期的拉锯式战争中，消耗日军的战斗力，使他们在"长期间的被动应付中，逐渐丧失了斗志"。而反观中国军队，李宗仁说："我们是哀兵哀民。"官兵们在目睹国土被侵，田园被毁，同胞被杀等种种惨状之后，誓与敌人血战到底，内心汹涌着满腔的战斗激情，士气高昂。此外李宗仁也强调"抗战，原来是一种伟大的考试"，通过抗战清除陈腐势力，"铲除贪官污吏，土豪劣绅"，涤清行政机构。同时也要加紧团结和动员民众力量，培养具有救亡热忱的有志青年，"与敌人战斗到底！"最终"完成这个时代的艰巨任务"，在全国人民的大团结中，"争取中华民族自由与平等"。从李宗仁将军诚恳、坚定而自信的言谈中，可以看出其给予中国民众坚持团结抗战的莫大信心与勇气。

1938年6月4日《孤岛》第1卷第10期刊登的《蒋委员长访问记》转载自《译报》，原作者托马森（Thomasson），由董枢翻译。这是一位来自法国的外报记者的采访记录。通过这位外籍记者的笔向世人呈现出国民党领袖蒋介石的风采。在这篇人物访问记的开篇，记者对沿途的见闻进行了详细的描写。如江水泛黄、船舶纵横的长江，武昌市内遍布的士兵和难民，插着青天白日党旗的汽车和头戴钢盔全副武装的卫兵等描写，都可以看出战时的萧条与冷落。而进入蒋委员长的行营，映入眼帘的是"一幢石制的西洋式别墅；想是为着防空起见，全屋都漆着深灰色"。这里对蒋介石在武昌时期住宅环境的描写，从侧面反映出战争局势的紧张。接下来记者便对初见蒋委员长的形象进行了生动的描写——"身材中等面容瘦削"，"穿着黄色的裤和胴衣，足跋着黑靴"，服装"简朴"但"仍显着优美"与"威严"。在这位外国记者的笔下，蒋委员长是"敏锐""礼貌""冷静""威严""可亲"的。在访问中，蒋介石从中国军队的英勇抗敌，全国人民对政府的拥护，国共两党的团结合作等方面表达了对未来中国抗战必胜的信心与决心。蒋介石严正表示："对于日本侵略者的态度，中国是要以抗战到底为答复的。"这篇对抗战时期国民党政治领袖人物的报道极大地激发了国民的抗战热情，增强了国民对抗日民族统一战线的信心，积极投身到抗战的洪流中。

在全国抗日民族统一战线的感召下，《孤岛》周刊也登载了大量共产党抗日将领的人物通讯和特写。通过实地采访和报道及时地让民众了解共产党人的真实情况，积极响应、宣传国共合作，呼吁各界精诚团结，共同抗战。在《孤岛》第1卷第5期的《访叶挺项英》一文中，记者以钦佩的笔触来书写新四军军长叶挺和副军长项英。在记者的笔下，"百粤骁将"叶挺将军生活简朴，夜以继日地为战事操劳，充满睿智地分析全国抗战形势和我军的战略战术，对抗战前途信心十足，情绪乐观。新四军副军长、战区游击队的领导人项英将军，诚恳坦白，积极支持政府在地方的征兵工作，极力维护抗日统一战线。

以国共两党为主导的抗日民族统一战线的形成，确立了共产党的合法地位，国内舆论界也纷纷刊发文章，引导国人客观公正地认识共产党及其领导的军队。1938年4月9日第1卷第4期上刊载的翻译自美国战地记者埃德加·斯诺的文章《彭德怀印象记》，就是其中之一。该文对共产党高级将领彭德怀进行了比较全面而详细的介绍，不但生动地塑造了彭德怀将军的形象，也从侧面让读者对陕北红军有了更为真实的了解。文章从彭德怀将军在国民党军队中的"反叛"开始追溯，梳理了1927年间的国民党清党运动、对共产党的"大屠杀"以及对红军发动的"围剿"这一系列的历史事件，最终促使彭德怀走上了"反叛"的道路，彻底与国民党决裂，加入中国共产党，并走上了艰苦的长征之路。除此之外，还对彭德怀的性格进行了细致的描写。即便陕北的生活条件极其艰苦，甚至只有"两件制服"，但在记者斯诺的眼中，"他是一个愉快爱笑的人"，他"坦白""进步""敏捷""诙谐""爱动""耐劳"、爱护下级士兵。斯诺通过长期与彭德怀近距离的接触而写下的这篇文章，真实地书写了彭德怀将军的个性，也让读者看到了这位抗日将领艰苦朴素、乐观向上的生活状态。虽然文章主要叙述的是国内革命战争时期的旧事，但在抗战时期刊发出来，有助于国民正确认识和了解这位共产党的抗战将领。

《孤岛》选刊的这些人物通讯作品，通过对国共两党政治人物与高级将领抗战风采的书写与讴歌，可以看出《孤岛》周刊编者对国共抗日统一战线的拥护和坚持宣传团结抗战的宗旨，不仅有利于"孤岛"民众了解这些人物的风姿，也增强了他们坚持抗战的信心与勇气。《孤岛》周刊所呈现的这一独特风貌真实地反映了全面抗战前期国共两党捐弃前嫌，团结抗战，共同御辱的政治文化氛围。

二 日本政治人物与军方将领的嘴脸

《孤岛》周刊刊载了不少日本政治人物与日军高级将领的人物速写，揭露其全面侵华的险恶用心与丑恶嘴脸。除第1卷第8期的《鲁南大战中之矶谷与坂垣》外，主要集中于《孤岛》周刊第2卷第2期的"日本特辑"——《宇垣外相与池田藏相》（作者：念英）、《今年日本陆军第一线的人物》《杉山元》（作者：怀成）、《近卫·宇垣·秋山》（作者：[日]室伏高信，译者：司徒古）、《畑俊六大将》《兰封一役几陷绝境之土肥原贤二》《矶谷师团》《鲁南大战中之主角坂垣征四郎》《日本海军统帅长谷川清》（作者：韦陀）等。这些文章有的直接出自日本人的手笔，有的转载节译自国外的报刊，还有的是中国记者的速写。

《宇垣外相与池田藏相》一文，写了1938年5月日本新上任的内阁外务大臣宇垣一成，探求对华"谋和"之路，欲以"和平外交"的政策，对国民政府采取政治诱降的手段，企图故伎重施，以其在东北建立伪满洲国的方式，最终实现吞并中国的野心。另一篇《宇垣的外交政策》，是刊载于《孤岛》周刊第2卷第2期的一则节译自《字林西报》的短评。编者巧妙地通过翻译英文报纸的评论文章，对新上任的宇垣一成的外交政策进行了评述，揭露了其"和平外交政策"背后隐藏的独霸中国的野心。宇垣一成希望尽快改善与英美俄国之间的紧张关系，缓和其对日本侵略中国的阻挠，和"能够了解日本地位的国家维持最高的和谐关系"，并将"劝列强放弃助华政策"作为自己外交政策的三大原则之一。通过分析这位新上任的外交大臣的对华政策可以看出其"和平外交"的虚伪面目，揭露其欲排除一切阻力侵略中国的真实野心。

与《宇垣的外交政策》一文较为冷静客观的叙述语调不同的是，在《宇垣外相和池田藏相》中，作者的语言处处显示出戏谑与讥讽，以彰显自己的政治立场和对日本侵略者的蔑视——这位"屡次做首相不成的宇垣一成"，此次担任外相"不能不说是一个奇迹"。对这位打着"和平"旗号的外交大臣，作者直指其暗藏的阴谋——"何尝不是想企图吞并中国呢？"曾经就读于陆军大学的宇垣一成深受田中义一的赏识与提携，然而宇垣一成最终却走向了与田中义一政见的对立面，在此作者引用日本政论家阿部真之助的一句颇有深意的话——"宇垣这人的性格是莫测高深的。"由此可见宇垣一成的城府及其性格中诡诈的一面。

在《兰封一役几陷绝境之土肥原贤二》[①]一文中作者这样描写"日本最'优秀'的特务人才"——日军将领的土肥原贤二："据说土肥原一师团，已溃不成军了"。1938年5月23日华北战场的土肥原率第十四师团进攻兰封时，守将桂永清全线溃退，后接手的八十八师师长龙慕韩竟擅自放弃兰封，日军占领兰封如入无人之境。但随后经过七十一军、七十四军、六十四军和二十七军的全力反击，终于在血战两天后于27日收复兰封。在这篇短短的人物通讯中，作者以轻蔑的态度对日本几大"赫赫有名"的陆军将领进行了讥讽，言语间对侵略者充满了鄙夷与嘲弄："土肥原虽说不是个战将，像坂垣，矶谷那样以'骁勇善战'见称，但他毕竟总算是个我们耳熟的人物，何况他正是和矶谷廉介、多田骏、梅津美治郎一道，负着'支那通'四将军的美誉呢。"

由于当时的"租界当局迫于日军的淫威，对其管区的中国民众各种抗日爱国活动有所阻挠压制，不准刊物出现'日寇''敌寇''日伪'等字样及鲜明激烈的反日抗日言词"[②]，这些文章语言比较隐晦，貌似以客观的态度来描写日本政治人物与侵华日军将领，以便通过审查。而事实上，编者与作者的态度不言自明，所谓"知己知彼，百战不殆"，刊发类文章既有助于国民了解侵略者的真实面貌，也在巧妙的针砭中帮助民众驱散对侵略者的恐惧心理，表达对侵略者的蔑视。

三　揭露卖国求荣的汉奸

1938年3月28日，以汪精卫为首的汉奸政府在南京成立，梁鸿志出任"行政院"院长。围绕这一傀儡政权，一批国民党文化人士卑躬屈膝，

[①]　《兰封一役几陷绝境之土肥原贤二》，《孤岛》1938年第2卷第2期。
[②]　陈青生：《抗战时期的上海文学》，上海人民出版社1995年版，第77页。

丧失民族尊严，投靠日本侵略者，破坏抗日民族统一战线，沦为汉奸。《孤岛》周刊陆续刊登了一些反映此类汉奸卖国贼的文章，如《郑孝胥之死》（第1卷第8期，作者：慎庵）、《清算：唐绍仪》（第1卷第2期，作者：狂风）、《王克敏与高凌蔚》（第1卷第4期，作者：王季深）、《华北"新贵"缪斌》（第1卷第10期，作者：益凡）、《中宣部副部长周佛海略记》（第1卷第7期，作者：雨苍）、《不堪重忆昔年情：梁鸿志的一封旧牍》（第1卷第10期，作者：陈其珊）、《牢狱余生之陈锦涛》（第1卷第10期，作者：亚榴）等。这些文章中提到的郑孝胥、周佛海、王克敏、梁鸿志等人都是后来"赫赫有名"的大汉奸。此类文章在绵里藏针的叙述中，对这些道貌岸然、言行背离、卖国求荣的汉奸们，给予了揭露和鞭笞。

在《华北"新贵"缪斌》一文的开头，作者直指缪斌"现在是坐着所谓'临时政府'中的高位"，社会舆论一片哗然，缪斌的卖国行径已人尽皆知。该文的作者因在故乡的时候与缪斌"住得相隔不远"，为了满足读者的好奇心，故而写下这篇介绍缪斌的文章。文中作者重提缪斌曾经贪污渎职的不堪往事——缪斌任江苏省民政厅长时期，公开卖官，"职位的高低，由他以代价的多寡而定"，严重败坏社会风气，并在即将被查办之前，公开为母亲做寿，以此作为敛财的手段。这篇人物特写在揭露缪斌这个狡猾的投机主义者的同时，也对他卖国求荣的行径给予了无情的嘲弄。

除了任职于伪政府的汉奸政客外，抗战时期也有不少文人沦为汉奸。如曾经担任"伪满洲国""总理"职务的郑孝胥，表面上以一个旧文人自居，精于诗歌（"同光体"的倡导者之一）、书法，但文人的身份也掩盖不了其汉奸的嘴脸。在《郑孝胥之死》一文中，作者以同为"同光体"诗派代表人物的陈三立的事迹与之对比。陈三立在卢沟桥事变后面对日本的劝降，拒不接受，为表明立场，"绝粒而死"。陈三立的崇高气节与郑孝胥的屈膝投降形成鲜明的对比。然而，在当时抗战局势下，在日本的威逼利诱下，仍有不少文人"愿意重蹈着郑孝胥的覆辙"，作者于愤恨之下，转用孔子的"老而不死"，对这些丧失脊梁的汉奸文人予以无情地嘲讽。

在抗日民族统一战线如火如荼地展开过程中，犹有此类的汉奸国贼倒行逆施，为虎作伥，背叛民族，不能不引起广大民众的愤恨。因上海"孤岛"文坛特殊环境的限制，这些揭露汉奸的人物速写现在读来因多使用曲笔而显得揭露抨击的力度不足，但人心朗朗，在当时的广大读者心中却能引起强烈的激愤。

四　国际风云人物的特写

《孤岛》周刊在人物通讯的选编上还体现出国际性的视野。编者们对世界战局的发展眼光敏锐，刊发了不少对国际政治风云人物的特写。如《从艾登到哈利夫克》（第 1 卷第 4 期）、《齐亚诺访问记》（第 1 卷第 8 期）、《苏联赤军统帅：伏罗希洛夫将军》（第 1 卷第 9 期）、《甘地访问记》（第 2 卷第 7 期）、《李维诺夫小史》（第 2 卷第 8 期）以及在刊物的第 2 卷第 3 期和第 2 卷第 4 期分别出版了"苏联特辑"和"国际人物特辑"。

《甘地访问记》（作者：王寇泽）一文围绕对印度的"政治怪杰"摩哈德玛·甘地的访问展开叙述。身患重病的甘地"每天仍能工作十二至十四小时"，在接受作者的采访时其幽默的话语，使这位印度的"圣人"和政治家的形象变得生动而可爱。这位"对抗英帝国将近半个世纪的瘦小而坚强的战士"，六十九岁高龄仍在为印度人民解放——摆脱英国殖民统治而不懈地努力着，他说："现在没有一样东西能够阻止他。"足见其为印度的自由而斗争的决心。这位伟大的印度民族解放运动的领导人在对英国殖民统治不屈不挠的反抗中，表现出的大无畏精神和坚韧不拔的决心与毅力，对当时的中国反对日本法西斯的侵略战争具有强烈的启示作用。

作为同样卷入第二次世界大战的苏联，在抗战初期曾给予中国军事援助，中苏双方于 1937 年 8 月 20 日签订的《中苏互不侵犯条约》也在《孤岛》周刊第 2 卷第 3 期上全文刊载。"苏联特辑"中的《苏联赤军统帅：伏罗希洛夫将军》一文，可以算得上是伏罗希洛夫将军的一篇人物小传。该文从伏罗希洛夫贫乏、饥饿的童年开始讲起，直至俄国十月革命的大潮造就了英雄的伏罗希洛夫。他在一战期间表现出出色的作战天赋，"使老于战场的德军，抱头鼠窜"，也因此被世人誉为"拿破仑再世""苏联军界的无冕帝王"等。这样一篇情绪昂扬的人物通讯不但让读者一睹伏罗希洛夫将军的风采，也对中国军队的对日作战具有一定的激励作用。

中国的抗日战争作为世界反法西斯的重要组成部分，国际局势的变化对中国战局可能会产生重大的影响，《孤岛》周刊刊载的这些各国风云人物的人物通讯，不仅体现了编者对国际局势的关注，也为关心时局的上海"孤岛"人民打开了一扇了解外界的窗口。

综上以观，《孤岛》周刊所刊发的大量的人物通讯，在客观描写的基础上运用文艺的手法进行处理和渲染，同时加入了作者的认识与评析，生动地为读者呈现了抗战时期国际国内舞台上形形色色的风云人物——崇高与卑劣，刚正与奸诈，褒扬与抨击并存。其中尤其是反映国共两党政治领袖与抗战将领的人物通讯和揭露抨击汉奸卖国贼的文章，在宣传抗战、激励民众、打击敌人方面起到了积极作用，也为巩固抗日民族统一战线，争取抗战的最后胜利，作出了不可磨灭的贡献。

基金项目：重庆市抗战文史研究："两江学者"计划的阶段性成果。
作者单位：重庆师范大学文学院

论力扬抗战诗歌的美学特征

赵爽静

引言

新诗发展到二十世纪三四十年代，已经呈现多样化的趋势，在经历"白话诗"、新月派、象征派的探索之后，自 1932 年中国诗歌会成立以来，一股与现实、与群众结合的大众化的诗风开始袭来。诗歌不必是时代的反映，但应该给予生活在这一时期的中国土地上的人民苦难生活应有的关注。延续中国现代文学的乡土书写，新诗并不仅仅将探索的步伐局限在诗艺内部，它们有责任去反映我们这个深受动荡与苦难的民族同胞们的感情与生活，它们应该代替千千万万发不出声音的底层同胞们去呐喊，去申诉。力扬的诗歌创作一开始就是扎根在土地上的。他早年由于参加左翼美术家联盟活动而有过入狱的经历，在这期间写下了关注个人命运与国家命运的诗篇《枫》《我在守望着》等，极具抒情特质。抗日战争爆发后，他写出了大量反映抗战的诗篇，对于个人而言，他不需要从诗歌"个人化"的诗歌殿堂走下来，不需要像卞之琳、艾青那样转变自己的诗学观念来适应时代的需要，他更像是为抗战诗歌而生的。本文将着重从力扬抗战时期创作的代表性的诗歌作品出发，揭示其诗歌如何做到历史的和美学的结合。

一 民族意识与史诗品质

全国抗战爆发后，1937 年的冬天，力扬创作了《风暴》一诗，后刊载

于1940年《战时青年》,现将该诗原文录如下:

> 从亚细亚的高原
> 我们先民
> 所游牧的草野,
> 风暴起来了。
>
> 它呼啸在森林,
> 呼啸在山谷,
> 呼啸在万里的长流
> 与荒冷的大漠。
>
> 奴隶们,在风暴里
> 勇敢地扭断锁链,
> 驰向亚细亚的海岸,
> 迎击着夜袭的匪盗。
>
> 而且,将举起
> 浴血的巨臂,
> 仰向东方的黎明,
> 呼唤着新生的太阳。
>
> ——1937年冬天于长沙碧沙河①

该诗以《风暴》为题,共分为四节,诗歌一、二节写风暴,三、四节写风暴中的奴隶们。和戴望舒《我用残损的手掌》、艾青《雪落在中国的土地上》相似的是,力扬同样将笔触扩展到整个中国的土地上,用痛苦的眼光注视着1937年开始陷入敌人铁蹄下的祖国大地。在第一节中,开门见

---

① 力扬:《力扬集》,中国社会科学出版社2008年版,第18页。

山，呼喊着"亚细亚的高原""风暴起来了"；有所不同的是，诗人想到这满目疮痍的土地是"我们先民/所游牧的阜野"，而如今昔日我们的原野上，"风暴起来了"。四个短句，将眼前的祖国大地放置到历史的坐标中，世世代代中国人所居住的广阔的原野正开始遭受外族的侵犯，一股民族忧患意识陡然升起。接下来，在第二节中，诗人以抽象的手法开始描写"风暴"的肆虐，它呼啸在"山谷""万里的长流""荒冷的大漠"，在诗歌形式上，列举方式排列下来的宏大意象——"山谷""长流""大漠"所形成的画面感给人以情感上的逐渐升温。顺势而为，诗人在第三节中开始引入我们的主人公们，千千万万的不愿做奴隶的中国人，"在风暴里"，"扭断锁链""驰向海岸""迎击着匪盗"，难能可贵的是，诗人在描写这些抗争的行为时，并不用高亢的语气和呼叫的口号，它更像是一个古老民族深沉的呐喊，为这个土地上苦难的人民呐喊，为民族的尊严长久地呐喊。诗人用奴隶们的英雄般的抗击举动代替了传声筒，风暴中的人们在抗击，并且手臂，"仰向东方的黎明""呼唤着新生的太阳"，诗歌在最后一节，引向了无限的可能性，因为从抗战诗歌的结构来看，结尾并不意味着诗歌的完成，它更是一种精神的生发，它不是"光明的尾巴"，但它是希望，是"捐住希望的阀门"，放更多的勇士前行。

  整首诗中，诗人以"高原""草野""森林""山谷""长流""大漠""海岸""黎明""太阳"等意象，组合成深受战争蹂躏的祖国大地的镜像，用"呼啸""扭断""驰向""迎击""举起""呼唤"等动作行为传达着人们的抗争。整首诗形成一股动态的浪潮，它以燎原之势试图唤醒所有的中华儿女，要"仰着东方的黎明"，要去"迎击着夜袭的匪盗"。诗歌拒绝了口号式的抒情，在形式的规整之下，暗藏着诗人的愤怒，暗藏着汹涌之势已经来临，暗藏着对整个民族的担忧与期望。将这种民族忧患的痛苦精神化为冷静沉着的诗行，力扬的这首诗蕴含了史诗的品质，他试图记录这个民族的艰难抗争史，将现实中艰难的斗争放置在民族的历史进程当中，放置在英雄的斗争史中，将战士们的战斗化为普罗米修斯式的不屈不挠的抗争精神。

  这一类反映抗战精神的宏大场面的诗歌在力扬的诗歌创作中很普遍，

例如诗人 1939 年在去重庆的途中创作并发表在同年的《抗战文艺》上的《黎明》一诗。诗人依旧用"风""云块""峰峦""森林""河流"等宏大意象来描写战争中的祖国大地。有所不同的是，诗人十分细腻地观察和描写了底层大众的生活景象。"辛劳的农妇/赤着双足/在河边/汲取晨饮的水"，"流离的人民/走出昏暗的旅店/背起包袱/又踏上苦难的旅途"，诗人将战争的惨烈与民众的苦难结合起来，读来令人心中不忍。和艾青笔下的大堰河有所不同的是，劳苦的大众不仅要承受贫困与劳累，还要遭受流离失所的痛苦，战争给底层人民的苦难生活雪上加霜。力扬将这些苦难都写在了自己的诗中，将家国的灾难与个人的灾难放置在同一诗行，将忧郁的风格与坚定的抗争精神融为一体。在力扬的这些诗歌中，我们可以看到民族得到了认同，诗人的忧患是与时代的忧患连在一起的。此外还有创作于 1939 年 6 月的《原野》、7 月的《七月颂歌》、1938 年的《太阳照耀着中国的春天》等都是专门为抗战而作的，这类诗歌大体和上文所分析的《风暴》风格相似，这里不再赘述。

二 苦难叙事与抒情品格

熟读力扬在抗战期间的诗歌，我们会发现除了直接描写战争的如《台儿庄》《五月》《把强盗们撵出去》等诗歌之外，诗人亦写了很多感情真挚的诗歌，如《苗民》《山城》《原野》《慰劳》《仇恨》《吕丽》等。这些诗歌以战争中的人民，以战争中的离别、逃亡为主题，展现了诗人独特的抒情品格，表达了深深的人道主义关怀。

以诗人创作于 1942 年皖南事变之后的《歌》为例，我们将看到诗人如何将生活的苦难诉于诗意的空间。诗如下：

> 我呼吸着
> 你底歌声所曾震荡过的阳光，
> 走在你底足迹所曾经过的大野
> 寻觅你
> 于黎明所曾嬉戏过的林间

但是，你在哪里？
我沿着祖国的每一条河流
注视那歌唱着的流水
想像起你汹涌的生命
我在寻觅你
行走于满生芦苇的岸边

但是，你在哪里？

我冒着漫天飘舞的风雪
登上那最高的峰顶
寻觅你
在黎明与黑夜所争夺的壕堑
在严冬与春天诀别的路边

于是，
我走向那座潮湿的阴暗的屋外，
贴伏在窒息的窗口，倾听着
——像有你受难的步声，
像有你愤恨的呻吟。

难道你就在那里？

——1942 年 5 月于重庆[①]

很明显，这首诗不是一般的现实主义风格，甚至可以说它有象征主义的特征，但这个不重要，重要的是力扬本人如何在创作过程中将现实的苦

[①] 力扬：《力扬集》，中国社会科学出版社 2008 年版，第 153 页。

难与诗意的象征结合起来。

全诗共分四节，诗人在第一人称与第二人称的切换中，以独白的句式试图唤起"对话"的可能。这首诗和当时国内的政治事件有关，诗人感受到了这个国家许多扭曲的地方，感慨政治波动与个人命运的牵连，从而有感而发。那么诗人在诗中不断"寻觅"的究竟是什么呢？由于诗歌主题指意的不明确，也给这首诗的解释留下更多的空间。诗人每节的开始以第一人称的口吻，呼唤着第二人称的"你"，以第一节为例，"我"呼吸着"阳光"、走在"大野"、在林间"寻觅你"。诗人没有作简单的排列，而是将"阳光"延宕为"你底歌声所曾震荡过的阳光"、走过的也是"你底足迹所曾经过的大野"，这样诗歌内部的想象空间就被打开，所有的阳光、大野和林间都是和"你"有关的，这很容易让人想到爱情的题材上去，但是与后文中"汹涌的生命""受难的步声"等意象，又显然不符。假定诗人在这里追忆的很可能是过去和恋人的美好时光也未尝不可，因为"爱情"是建立在"家园"之上的，而如今家园破碎，诗人不得不一遍遍地寻觅，一遍遍地呼唤逝去的和平安逸的岁月。

在诗歌的后三节中，诗人一直没有作出回答，而是将其进一步延宕。在四十年代的中国，特别是在抗战陪都重庆，人民饱受着大轰炸的灾难，诗人在诗歌第二节中，写到"沿着祖国的每一条河流""注视着歌唱着的河水"，以对祖国大地上的深重苦难的同情和对坚持寻觅的执着精神灌入全诗。抗战已持续了五年之久，诗人感到一些迷茫，所以表现在诗歌中的也是这种不确定的情绪。诗人和无数中国人民一样呼唤着胜利的到来。诗人倾听着祖国"受难的步声""愤恨的呻吟"，与这个灾难深重的民族一起承受着，一起呼吸着，诗人可能呼唤的是祖国母亲，为母亲的受难感到深深的痛苦。

值得注意的是，这首诗难能可贵之处在于摆脱了当时很多抗战诗歌的写实风格和时代的号角角色。诗歌的多义性让我们可以这样思考：或许诗人是以孩子的口吻呼唤着祖国母亲，或许是在呼唤着昔日的和平时光，或许是在呼唤着正义的力量的到来等等。不管具体的旨意是什么又或者没有具体要歌唱与呼唤的，但我们还是被这首诗的抒情特质深深地打动。当

"我走向那座潮湿的阴暗的屋外",当"我""贴伏在窒息的窗口,倾听着"的时候,"我"是以探望者抑或是探监者的身份在看望遭受苦难的"你","我"苦苦寻觅的"你",难道"就在那里"吗?直到诗歌结束,诗人也没有给出回答,可见试图"对话"的目的失败了。

这首诗的抒情对象不确定,情感也不确定,甚至主题也不确定。但正是这种不确定透露了诗人茫然的情绪与渗入骨髓的同情与思念。诗人茫然而不知所措,像个离家的孩子一般,无助地不停地呼唤着祖国母亲。此刻仿佛祖国大地上都是轰炸的哀鸣与流离失所的人们,诗中的苦难叙事和抒情品质像眼泪般溢出诗行,滴在每一个饱受战争摧残的国人心上。这类叙述如《给我的村庄》中的"我正痛苦地思念着/我底古老年代里的村庄/我好像听见它仍旧在哭泣"一样让人哀痛。再如在《弟弟,你为什么要哭泣》中反复追问的"弟弟!你为什么要哭泣……/你应该替我们底家族报仇/弟弟!你为什么要哭泣?"力扬在这类诗中将民族的血泪融入个人痛苦的情感体验之中,以个体的生命体会去揭示整个民族的创伤。

三 力扬抗战诗歌的独特美学意义

抗战时期的诗坛,呈现着民间化、大众化、朗诵化、散文化等特征,正如朱自清所说:"抗战以来,一切文艺形式为了配合抗战的需要,都朝普及的方向走,诗作者也从象牙塔里走上十字街头。"[①] 因此我们看到新诗从"神圣的殿堂"走下来,走向了街头诗、朗诵诗等。力扬的独特之处在于,首先,他的诗歌创作并不是从诗歌理论、理念出发,他并不是在新的诗歌观念转型下的诗人,他的诗歌从一开始就是从个人的生命体验出发。早年他积极组织并参加抗日救国运动,在后来的入狱经历中,他创作了起点很高的《枫》《我在守望着》等诗,这些诗都与他的早期人生经历相关。这个青年在积极探索实践中用诗歌记录自己的内心。后来抗日战争爆发,在这片生他养他的土地上,在他遍及各地的活动中,他目睹了战争下的祖国大地。他的多愁善感的诗人气质,他的描写现实的感染力和对诗艺的不

---

① 朱自清:《抗战与诗》,《新诗杂话》,作家书屋1949年版,第57页。

断探索，同时因为力扬本人在抗战期间接触底层民众的生活，使得他的诗歌创作一开始就带着浓厚的乡间气息。他并不是站在知识分子高高在上的启蒙者的位置，而是放低自己的位置，将自己的一腔热情洒在祖国满目疮痍的大地，他是少有的将抗战诗歌写得真实而感人的诗人。

其次，在某种程度上，力扬抗战诗歌的成功创作来源于他将民间伦理与家国认同感结合在一起。尤其是他的长篇叙事诗《射虎者及其家族》，依然是建立在中国传统的民间伦理上。他将一个家族四代人的苦难史与时代的特征结合起来，其中如《童养媳》《纺车上的梦》《不幸的家》《童年的伙伴》等诗篇，诗人叙述了传统社会"童养媳"的不幸，写祖母的日常生活，写童年时家里的小长工等等，诗人将这些反映日常生活与家族衍变的细节放置在时代的浪潮中，使其想要表达的政治控诉在"家族伦理"的"面"上得以表达。例如《弟弟，你为什么要哭泣》，将由战争、贫穷所带来的苦难"衣服穿得太单薄""被盖里没有了棉絮""不能忍受的饥饿""死去了的母亲"诉诸反复的强烈的追问"弟弟，你为什么要哭泣"，读来令人心痛不已。把对可怜的弟弟的命运的同情转化为对战争的控诉，这样的诗歌比单纯地控诉战争的罪恶的诗歌更加打动人心，从而达到诗人的情感目标。龙泉明在《中国新诗流变论》中说到，"力扬的《射虎者及其家族》……等诗都在叙事中融合着昂奋的激情，都以饱满的革命热情和生动感人的人物形象打动人心"[1]。

我们知道，抗战诗歌在诗歌多样化方面做出了许多贡献，但同时，我们也不应该放弃诗歌的一些基本准则，比如在讨论诗歌是客观现实世界的直接反映时，我们应该坚持的是任何诗之所以成为诗就在于它是必须经过诗人这一情感主体之后的产物。诗不是客观世界的直接反映，它必然经过诗人主观世界的情感斗争和沉淀才得出。周晓风说："抗战中后期现实主义新诗的成熟不仅表现为诗歌创作中写实倾向的普遍增强，还表现为诗人的主观战斗精神得到了高扬。"[2] 力扬正是成功实践这一诗学观念的诗人，他将战争的事实放置在个人的情感体验中，他笔下的诗都是经过他情感渗

---

[1] 龙泉明：《中国新诗流变论》，人民文学出版社1999年版，第444页。
[2] 周晓风：《新诗的历程》，重庆出版社2001年版，第318页。

透过的战争下的生存体验和命运思考。他认为诗人无论采用何种体裁,诗歌必须是自由的形式。他说:"在这暴风雨的时代,诗歌必须是自由的形式,才能容纳了我们民族的可歌可泣的内容与万马奔腾似的情绪。"[①] 所以我们在他的诗歌中几乎看不到单纯的口号式的语句,看不到群众化的口语,他的每一句诗都是在自己的诗歌美学观念下的真情创作,即使在今天读来,依然有着不可磨灭的艺术魅力。

基金项目:重庆市抗战文史研究"两江学者"计划的阶段性成果。
作者单位:重庆师范大学文学院

---

① 力扬:《关于诗的民族形式》,《文学月报》1940年第1卷第3期。

论赵清阁"抗战+恋爱"的小说创作
——以长篇小说《月上柳梢》为例

徐 璐

赵清阁作为现当代文学史上的优秀剧作家,已广为人知;但对于她的小说创作,文学史却鲜见论及。《月上柳梢》是赵清阁在抗战时期唯一的长篇小说创作。小说聚焦了从晚清到抗战近四十年间,夏家一门三代人各不相同的人生选择,重点表现了五四青年和后五四青年在追求个体自由和封建家长意志之间、参与革命事业和自由恋爱之间、私人生活与国族安危之间的种种冲突与抉择。小说不仅塑造了典型的抗战人物形象,展现了革命与爱情之间的复杂关系,也反映出在抗战的时代背景下,国民从个人主义向"国家至上"的转变。

小说的"恋爱"主题,可以说上袭20世纪20年代后期到30年代初,文坛上风行的"革命+恋爱"的文学潮流。由于这一文学模式弥漫着较为浓重的浪漫主义氛围,或隐或显地表达了革命知识分子的个人情感需求,因此围绕着这一模式展开过种种热烈的探讨和批评。1931年11月15日,左联执行委员会正式通过《中国无产阶级革命文学的新任务》的决议,要求作家们将"小资产知识分子式的'革命的兴奋和幻灭','恋爱和革命的冲突'之类等等定型的观念的虚伪的题材"[①]抛去,这种权威性的定论使得这类题材的创作在长时间内被无情打入文学"另册"。那么,作为思想

[①] 冯雪峰:《中国无产阶级革命文学的新任务》,《中国新文学大系 1927—1937 第11集 文学理论集》,上海文艺出版社1987年版,第421页。

"左倾"的作家,赵清阁为什么要在革命爱情小说风潮散去经年后,选择创作这种边缘题材的小说作品?作为赵清阁抗战期间唯一的长篇小说,《月上柳梢》对革命罗曼蒂克的创作模式做了怎样的承袭和取舍?作家是如何将爱情书写和抗战救国结合到一起的?同样是抗战加恋爱的长篇作品,《月上柳梢》和陈铨的《狂飙》有什么相通之处吗?

一

首先,"革命加恋爱"是指,文学作品中的革命知识分子在面临社会革命需要与个人恋爱需求之间的矛盾所做出的选择。它"以新的方式书写了知识分子在特定时代的革命和爱情经历"[①],因为社会革命的根本目的在于推翻封建专制制度,为个体解放发展奠定基础,这是革命与恋爱目的相一致的层面;但在实现社会革命的过程中,为达到革命目的,必然要求对个人行为进行一定的规范,使之符合国家利益,这就使革命与恋爱之间存在冲突。比较典型的如丁玲的"革命加恋爱"小说《韦护》,革命者韦护与美丽温柔的丽嘉坠入爱河,然而不仅革命同志指出二人缠绵悱恻的爱情影响了革命工作的顺利进行,韦护自己的内心也始终伴随焦虑和自责,在经历了长时间煎熬和考虑之后,韦护毅然决然地抛弃了丽嘉,全身心投入革命的洪流,丽嘉病死。在这样的模式中,革命性成为衡量恋爱是否正确的唯一标准,同时,恋爱成为考察革命者意志的试金石。恋爱不能阻碍革命的进行,为了革命,必要时应当舍弃恋爱。

赵清阁小说中设置的第一对恋人芹小姐和胡庆华,就落入了上述"为了革命,舍弃恋爱"的窠臼。得知父亲要包办自己婚姻的芹小姐写信给是表兄也是恋人的胡庆华,请他尽快从北平回来,帮助自己一起逃婚。但胡庆华当时正在完成"五四"运动的革命任务,未能赶回也没有回信,芹小姐无奈投水殉情后,胡庆华十分悔恨:"芹!芹!我对不起你,是我害了你!为了革命工作,我牺牲了你!……"摆在革命者胡庆华面前的,正是革命与恋爱的冲突,但他最终像丁玲笔下的韦护一样,选择了革命,牺牲

---

① 李蕾、凤媛:《早期普罗小说"革命+恋爱"模式的青春特质》,《中国现代文学研究丛刊》2005年第5期。

了爱情。有学者认为,"革命加恋爱"小说的这一点体现了"左翼知识分子在20年代末所经历的集团性的共同体验:转型再生焦虑"[1],但他们并不是心甘情愿地做出弃"爱情"取"革命"的选择的,他们的灵魂始终体验着一种特殊的转型再生焦虑。在焦虑与自责中,青年知识分子意识到阻碍其成长为历史主体无产阶级的根本原因就在于他们自身局限的小资产阶级劣根性。渴望转变为无产阶级的强烈愿望使他们在面对爱情这个最能体现个性的东西时,做出了相似的决定。受恋人以死反抗封建家庭专制的刺激,胡庆华选择将"革命"进行到底,自虐式地保持独身,投身教育救国;抗战爆发后,又在当地组织游击队抵抗日寇侵略。逝去了的爱情(或者在胡庆华的生命中,那已成为永生的爱情)在这里继续发挥着"动力"的叙事功能,推动着主人公将革命进行到底。

妹妹胡湘琳曾跟胡庆华辩论新时期的婚恋观,胡湘琳认为,芹小姐已经成了旧时代的牺牲品(一定意义上,也是革命的牺牲品),胡庆华不应该再"赎罪般"地自我惩罚,正确的做法是自由地爱人,追求幸福,这才是革命者对封建专制制度最有力的还击。胡庆华在深思熟虑后,思想上仍无法解脱,拒绝了她的劝解,这侧面表明革命者始终对恋爱存有疑虑,担心爱情的行为会削弱革命的激情,所以他当年无法放弃参加五四运动的机会,在后来的革命中也不敢、无法再允许自己接受爱情的召唤。胡庆华和芹小姐这对青年男女,俨然是现代文学史上的另一对觉慧与鸣凤,也体现了《月上柳梢》小说对"革命加恋爱"模式的承袭。

实际上,"革命"与"恋爱"在本质上是有着相通之处:"它们都能截断日常生活,打破其固有的平衡与稳定,以动荡与激情复活板滞、干涸的心灵,使长期受压抑的人们名正言顺地加入生命的狂欢"[2]。所以在赵清阁塑造的第二对恋人夏之澄和胡湘琳身上,我们可以看出,作家同等重视"革命"和"恋爱"这两种"生命的狂欢",既没有刻意抬高革命的意义,

---

[1] 王一川:《左翼作家的转型再生焦虑》,《中国现代卡里斯马典型——20世纪小说人物的修辞论阐释》,云南人民出版社1994年版,第127页。

[2] 王智慧:《激情叙述下的个性言说——蒋光慈小说创作简论》,《中国现代文学研究丛刊》2002年第2期。

也没有刻意地用爱情来衬托革命的伟大和崇高，贬低爱情对人生的珍贵意义，而是把它和革命对人生的积极作用放置在同一水平线上。

夏之澄和胡湘琳是赵清阁心目中最为理想的爱情伴侣，他们的爱情中一开始并没有出现任何矛盾，因为芹小姐的以死反抗，封建家长在悔恨中不再阻碍儿女们的婚事，所以夏、胡二人是情投意合的自由恋爱结合，婚恋的基础是源于两性之间自然而然的相互吸引而不是因为革命因素的输入。夫妻之间的矛盾是出现在婚后，抗战全面爆发之际，夏之澄想回部队抗日报国，但又舍不得新婚燕尔的妻子胡湘琳。他痛苦地告诉妻子，是爱情使得自己在个人与国家间难以抉择。这说明在烽火抗战面前，革命者的心理是相当矛盾复杂的，摆在革命者面前的变成了抗战报国与个人婚姻家庭的冲突。胡湘琳"由衷的不愿丈夫有'用武之地'"，因为用武之地是要流血，甚至牺牲，但经过了思考，向丈夫表明自己的态度："我也矛盾过，但是'国家兴亡，匹夫有责'，何况你是军人！我们不能因为儿女私情，放弃杀敌救国的责任；澄，你应该立刻奔赴前线参加抗战，我决不拦阻你。我希望你成为一个民族英雄！"[①] 虽然作为妻子，胡湘琳的内心并不希望夏之澄置身危险的战场，但"她懂得君子不能夺志，……他们的奋斗目标还是一致的，他们都愿为正义而战斗，所不同的只是文和武的战斗方式不同"。夏之澄回到部队后，胡湘琳随即加入了后方宣传抗日的教师队伍之中，夫妻二人一起克服了在国族安危和私人爱情之间的矛盾，从爱人正式发展成为志同道合的革命同行者。由此可见，在作者心中，真正的革命者并不排斥爱情，革命和爱情相结合才是最完美的革命方式。夏之澄和胡湘琳的革命与爱情就是在自我完善、彼此成就的基础上，同样实现了抗战救国，国家至上。

胡湘琳、夏之澄的这一条爱情叙事线索暗合了茅盾在《"革命"与"恋爱"的公式》中所总结的最后一道公式，小说家不再把革命作为促使恋爱中的男女同心协力，共赴革命的一种阻碍，而是采用"革命至上"的方式，革命已经不再是青年男女追求爱情的条件；革命就是爱情。[②] 通过

---

① 赵清阁：《月上柳梢》，宁夏人民出版社1986年版，第102页。
② 茅盾：《"革命"与"恋爱"的公式》，《茅盾全集》第20卷，人民文学出版社1990年版，第337—352页。

胡庆华和夏之澄这两对恋人面对革命与爱情的选择，作家试图阐明，无论是大革命时期还是抗战时期，最恰当的方式是把二者结合起来，"抗战第一，国家至上"是保障个人家庭幸福的最重要的条件。这样兼顾的爱情和革命才是自我完善和拯救人类的行为，夏之澄、胡湘琳这样的革命者才是最理想的革命者。

由此可见，赵清阁承袭了"革命加恋爱"的部分叙事安排，但毕竟自抗战爆发后，革命罗曼蒂克的风潮已散，"这一论述及创作的终止既代表国家及社会叙事风格的改变，也暗示革命话语的正确性受到越来越严密的监控。除此之外，这一论述的终止也标示着一代革命作家的青春不再"[1]。经过反思，20世纪40年代的赵清阁十分清楚革命恋爱文学在叙事和主题上不合理的层面，所以《月上柳梢》对这种小说模式做了一些修正。首先，有别于曾经流行的《野祭》《冲出云围的太阳》等大部分革命恋爱小说的是，主人公并未陷入三角恋爱或多角恋的泥潭，因为在抗战救国的时代背景下，多角恋的恋情设置实在对凸显抗战中心论的主题无所裨益；其次，作者没有狭隘到以革命作为标准来取舍爱情。相反，作者通过胡湘琳和侍女秋云的言行和反映表达了自己对革命者胡庆华因革命而放弃爱人的行为的不满，也通过塑造胡湘琳和夏之澄这对革命恋人形象，表明她认为真正的革命方式是革命和恋爱可以兼顾的。

之所以在抗战时期仍然创作爱情主题的小说作品，或者小说重点写爱情和革命的冲突，这是赵清阁将个体与家国革命紧密连接叙事的一种手段和途径。首先，书写《月上柳梢》的赵清阁无力撰写集体性、宏大的抗战叙事，因为这是她不够熟悉的创作范围，于是把重点放到了个人身上，期望通过个体的爱情叙事折射国族革命和抗战现实。赵清阁在小说中不仅沿袭了"革命加恋爱"的小说模式，也根据抗战时期的时代要求将其变体为"抗战加恋爱"的文学形式。其次，在内容上，爱情依然是五四青年或后五四时代青年实现自我完善的重要内容，"革命的罗曼蒂克"因此不只是小说写作的陈腔滥调而已，它展现的是青年知识分子如何将爱情这一极其

---

[1] 王德威：《革命加恋爱》，《历史与怪兽：历史、暴力、叙事》，（城邦）麦田出版社2004年版，第93页。

私人化的情感体验革命化和集体主义化的过程，直指彼时的青年男女徘徊于私人生活与国家安危、肉体欲望与精神信仰、个人理想与社会现实之间，所串演的一幕幕悲喜剧。而在形式上，爱情的加入可以让作家进一步通过个人的内容去反映整个时代。通过把爱情和革命相结合，在爱情中来表现青年革命者的复杂性，这样就弥合了国族叙述和个人叙述的矛盾，使得作家在自己力所能及的范围里描绘了自己所关注、宣传的抗战事业。

二

文学史上的作家可以分为两种，一种是"经典传世"型的，他们留下传世的作品为后世的文化构建提供不朽的精神资源，即便时代变迁，也无法阻止作品的流传，读者依然会提起作家作品，表达或正或反复杂的看法；另一种是"应世应时"型的，他们顺应时代，作品在一定时期内产生了较大的影响，但时过境迁，后世或许不再流传他们的一些作品，但在文学史回顾的时候却无法绕过他们的名字。赵清阁和陈铨都是比较典型的"应世应时"型的作家。战国策派作为在抗战时期应时而生的一种国家主义文化思潮的倡导者，在文学层面上的代表人物是陈铨。他在抗战期间不仅创作了一系列体现国家至上的戏剧作品如《野玫瑰》《金指环》等，也创作了长篇小说《狂飙》《天问》。

在文学创作历程上，陈铨与赵清阁有一些有趣的共通之处。根据高天星等人整理的《赵清阁文艺生涯年谱》[①]《赵清阁文艺生涯年谱（续）》[②]和陈学勇补充纠错的《赵清阁文艺生涯年谱补正》[③]，以及李扬的《陈铨著译年表》[④]和刘美的《〈陈铨著译年表〉正误及补遗》[⑤]等年谱资料，将赵清阁和陈铨在1949年前的文学创作以抗战的全面爆发进行分期，可以发现，前期两人主要致力于编辑杂志刊物、创作小说。赵清阁在青年时代即担任《女子月刊》《妇女文化》的主编，代表作有短篇小说集《华北的

---

① 高天星、高黛英等：《赵清阁文艺生涯年谱》，《新文学史料》1995年第3期。
② 高天星、高黛英等：《赵清阁文艺生涯年谱（续）》，《新文学史料》1995年第4期。
③ 陈学勇：《赵清阁文艺生涯年谱补正》，《中国现代文学研究丛刊》1996年第3期。
④ 李扬：《陈铨著译年表》，《新文学史料》2009年第2期。
⑤ 刘美：《〈陈铨著译年表〉正误及补遗》，《新文学史料》2010年第4期。

秋》、中篇小说《凤》等；陈铨曾主编《清华文艺》月刊、《弘毅》月刊等，代表作有长篇小说《革命前的一幕》《彷徨中的冷静》等。前者的小说倾向于社会现实主义创作方法，旨在揭露社会阶级矛盾；后者倾向于浪漫主义手法，重在表现个人意志，但此一阶段他们的创作都没有在文坛上产生太大的反响。两人在抗战爆发后很少再进行小说创作，创作重心都转向了戏剧。赵清阁和老舍合作了话剧《桃李春风》《王老虎》，独立创作改编了一系列戏剧如《此恨绵绵》《雨打梨花》等，1942年起开始进行《红楼梦》的戏剧改编；作为剧作家的陈铨，则有《野玫瑰》《金指环》等一系列出色的作品。而且两人都对戏剧理论深有研究，赵清阁著有《抗战戏剧概论》等理论著作，陈铨著有《戏剧与人生》等。陈铨于1941年3月在西南联大完成的长篇小说《狂飙》，和赵清阁的长篇《月上柳梢》也有一些值得比较的相通之处。

首先，在内容上，两部小说都表现了后五四青年在抗战期间从"个人主义"走向"国家至上"的转变，特别展现了青年女性逐步走上革命道路的成长历程。经过抗战烽火的淬炼，她们迅速完成由小资产阶级知识女性向革命者的蜕变，成长为具有坚定精神理想的抗战中坚。《狂飙》作为一部"抗战加恋爱"的小说，以抗战全面爆发为界，可分为前后两部分内容，前三十一章围绕着后五四青年薛立群、王慧英、黄翠心、李国刚之间的多角恋情为线索展开叙事，而《月上柳梢》前十一章是写三对青年男女的恋爱经历。恋爱当然是小说的主题之一，但这两部抗战小说的中心主题都是宣传抗战救国，前期的爱情书写是为后文在抗战中转型做铺垫，表现青年们在抗战中如何转变，得到真正的成长。

两部小说在塑造了夏之澄、胡庆华，李铁崖、李国刚等男性英雄人物的同时，都着重表现了小资产阶级知识女性在抗战中的转变和成长。《月上柳梢》中的胡湘琳在抗战爆发前的人生目标是在学校中教书育人，写写诗文，宣传反封建思想、宣传新文化，还停留在五四青年的实现个人理想的阶段；而《狂飙》中同样大学毕业的黄翠心在抗战爆发前，是一个沉溺于交际、享乐生活，试图追寻高尚的人生理想却不得的少奶奶形象，王慧英则是一个典型的家庭主妇、贤妻良母。抗战的突然爆发，大环境的变化促使她们的个人思想迅速发生了转变。胡湘琳在丈夫夏之澄等人的启发下，成长为后方抗战的中坚力量，宣传抗日救国，组织妇女救护团队；黄翠心也走出了个人生活的小天地，在民族抗战中找到了责任感和归属感。由于陈铨始终对中国社会发展的进程保持着整体性的关注，《狂飙》中所描写的主要人物在抗战期间的心理变化大都富有民族主义思潮的意义。黄翠心在南京沦陷后和众人联络、筹建了南京难民区国际委员会，并亲力亲为，进行伤兵救护和难民救助等工作，在耳闻目睹日寇惨绝人寰的屠杀和国人可歌可泣的抗争后，促使她的态度彻底转变，成为时刻准备"牺牲一切，来拯救受苦受难的同胞"的"后方战士"。她在忙碌的救护中不忘自我剖析，反省自己在抗战前的几年里完全沉溺在个人享乐中，"对于国家民族没有尽到半点责任，而我们中国正是由于二十年来和平主义、个人主义、内战和懒惰"①，才有了现在南京沦陷、大屠杀这样惨痛的教训。身为家庭主妇的王慧英接受了李铁崖和李国刚"人人抗战"的影响，帮助李铁崖在乡间开展游击战，组织妇女救护前线撤下的伤员，伤兵们给她取了"小观音"的绰号，她在救国的忙碌中发现自己"完全变成另外一个人"，真正由小家庭的贤妻良母发展成长为大家国的守护力量。

《狂飙》从黄翠心的视角描写了惨绝人寰、震惊世界的"南京大屠杀"，翠心在日军司令官的威逼面前，临危不惧，引刃自尽，表现了伟大的民族气节；慧英掩护伤员突围不成，被日寇侮辱后精神受到重创，凄惨死去。《月上柳梢》则通过胡湘琳的所见所闻展现了日军在华北的奸淫掳掠、滥杀无辜的暴行，胡湘琳在日军企图侵犯之时，以死明志。两部小说由抗战青年之死的故事高潮升华为悲剧，不仅揭露、控诉了日寇的暴行，旨在宣传"国家兴亡，匹妇有责"，也歌颂了抗战中的女性同样英勇无畏。

其次，在小说的艺术表现形式上，赵清阁和陈铨不约而同地将一些戏剧艺术的思维投射到了小说叙事中，呈现出戏剧化和跨文体创新的试验意图。赵清阁在小说的序言中表示："有人觉得我写的小说太戏剧化了，这

---

① 陈铨：《狂飙》，正中书局1942年版，第379页。

我承认，因为写戏习惯了，难免受影响；比如情节结构方面较注重于技巧，人物塑造方面较注重于动作。不过这并不违反写小说的原则……"①两部小说的叙事都呈现出一些利弊杂陈的戏剧化特征。

《月上柳梢》的叙事类似于话剧的场景化叙事。因为话剧往往是由多幕构成，一幕就是一个场景，编排一段情节，而且要紧凑设置人物的矛盾冲突以引起观众的兴趣。所以赵清阁的抗战小说叙事通过多幕场景化来完成，小说的每个章节基本上都是寥寥几人构成一个叙事场景，造成了《月上柳梢》虽有宏大的家国历史背景，但很少有众人共同在场的场面，主要人物有胡庆华、芹小姐、夏之澄、胡湘琳、胡兆华、夏进士、吴顺等人，除了前面几章类似于话剧主要人物一个个上场亮相之外，后面的章节基本上是主要人物之间矛盾冲突的场景化表现。虽然小说背景有华北村镇、京沪都市、抗战前线、后方游击战，但小说并未显现出环境的差异性。比如夏之澄和胡湘琳的成婚，作为反封建的自由恋爱最终胜利，只有夏之澄和胡湘琳的几句对白。小说情节的急速推进，话剧化的场景叙事造成小说缺乏环境的渲染描写，人物对话代替了丰富的心理、细节描写——实际上整部作品都极少见到作家洞察人物内心世界的描写；胡庆华建立暮云山民团军，发动广大群众投身敌后抗战的宏大场景，只有一个性格不明的道具人物的发言，未免有失实之嫌。整部小说，除了主要人物夏家一门三代，其他人物都是性格模糊的道具性人物。这使小说显得较为粗糙，不够精致，没有对自我的创作做出根本性的突破。

《狂飙》在这一点上与《月上柳梢》大不相同，小说的战争叙事真实而震撼，透过不断变换的人物视角，从救护人员黄翠心、王慧英，游击队组织者李铁崖再到空军战士李国刚、政府工作人员薛立群，再现了南京沦陷、日寇惨无人道的大屠杀，国际难民区艰难的救护与抗争；无锡乡间如何组织残兵游勇安排游击战，妇女们如何自发救护前线撤下来的伤员，以及在长江中游，为掩护下游的国军和难民撤离，我方与敌机进行的空战等等宏大场景；而作家不时穿插的人物心理描写，真实细致，如慧英在被日

---

① 赵清阁：《月上柳梢》，宁夏人民出版社1986年版，第2页。

寇包围前，躲在苇塘边，紧张惊惶中忽然思绪返回儿时与薛立群在塘边垂钓的平静时光，不愿相信自己面临即将被捕的战争现实，人物内部细腻的心理变化与外部步步紧逼的日寇形成了时空上微妙的落差，体现出叙事丰富的层次感。

但《狂飙》的人物语言表现出明显的戏剧化特点。小说表达某种观念，原无可非议，问题在于如何艺术地表达，陈铨强烈的民族主义思想使得他赋予小说的核心主人公李铁崖一系列过于质直的民族主义话语，可以说，李铁崖就是陈铨的思想代言人。在他看来，能够拯救中国的，首要的是个人民族意识的养成，所以在小说中的"五四"时期，李铁崖便指出："处在现阶段的国际局面，一个民族要求生存，最要紧的条件，就是要牺牲个人，保卫团体。人人都把个人的利益看得轻，团体的利益看得重，整个民族才能够有团结，有组织。现在新文化运动所提倡的，大部分都是个人自由，个人愈自由，国家愈分裂……"① 后来，李铁崖的儿子儿媳全部死在抗战的斗争中，他没有安慰幼小的孙儿，取代的是灌输民族主义的观点："常常都想到战争，常常都预备战争，再不要像你父亲那一代，成天希望国际的和平正义。"② 陈铨在这位颇具传奇色彩、历史整体感的革命人物身上倾注了自己太多的积郁和政治文化见解，所以通过大段的人物对话抒发出来。但这种人物对话总是像剧本的台词，充斥了口号式的宣言和政论式的演说，一定程度上造成人物形象刻板僵硬，不符合常理，也正是因为主人公对话与陈铨思想有着太大的重合，所以对观念的表达远远压倒了对艺术的追求。

当然，由于"故事讲述的年代"和"讲述故事的年代"之间有着根本的区别，赵清阁、陈铨在抗战时期写爱情，无论是写五四时期的爱情还是后五四时代的爱情，都必然受制于抗战这一大的时代背景。此间的爱情书写，革命与战争成为爱情发生、发展的重要的、甚至决定性的因素，个人与爱情则被置于从属位置。所以，借爱情表现"抗战救亡"的中心主题，爱情本身的内容不会得到深入细致的表现，而且呈现出从属性强烈、线索

---

① 陈铨：《狂飙》，正中书局1942年版，第19页。
② 同上书，第401页。

性明显的特点,这样的爱情书写自然有着充足强大的历史缘由,但从考察爱情书写的角度看来,未免有失偏颇。

赵清阁曾说:"附骥于政治之尾的文艺作品,便必然会为了政治的淘汰而淘汰。"① 而在1938年《弹花》的创刊号上,她则以"本社"的名义发表创刊词《我们的话》:"时代的动力,把'象牙之塔'里的艺术推迫到'十字街头',把'为艺术而艺术'的作品,推迫到变为'宣传的工具'","中国社会已经到了生死存亡的关头,站在民族战争的大时代,阵容不分前线和后方,作战不分军队与民众,动员除了人力与物力,还要加上精神。文艺就是精神动员的有力因素之一,被侵略民族为要生存而抗战,是神圣的,是有真实性的,唯有充分表现这种真实性的文艺作品,才是真正的艺术,才有它历史的不朽性。"② ——前后对比可以看出,赵清阁与抗战文艺的复杂关系与矛盾处境。抗战的爆发使赵清阁正式迈入了文章报国的共名时代。大敌当前,抗战第一;服务抗战救国,进行精神动员——这可以说是赵清阁抗战文学的创作理念。如此看来,小说《月上柳梢》对"革命加恋爱"题材的承袭和大胆改造,进行革命与爱情复杂关系的再探讨,表现后五四青年在抗战中从小资产阶级知识分子成长为抗战中坚力量等等,都是为了附和"服务抗战救国,进行精神动员"这一理念。也正因如此,作家主动进行了小说艺术的战术性撤退,成为文学大众化的倡导者和实践者。

基金项目:重庆市抗战文史研究"两江学者"计划的阶段性成果。
作者单位:重庆师范大学文学院

---

① 赵清阁:《纯文艺与民主文艺》,《文潮月刊》1946年第1卷第5期。
② 赵清阁:《我们的话》,《弹花》1938年创刊号。

浅析《财主底儿女们》中的知识分子形象

唐　静

"七月派"作家路翎曾于20世纪40年代受到大量赞誉：著名评论家唐湜曾认为其"无疑的是目前最有才能的，想象力最丰富而又全心充满着火焰似的热情的小说家之一"①，邵荃麟认为其《饥饿的郭素娥》"在中国的新现实主义文学中已经放射出一道鲜明的光彩"②，而胡风直接将其《财主底儿女们》誉为"中国的《约翰·克利斯朵夫》"，认为该书的出版是"中国新文学史上一个重大的事件"③……然而遗憾的是，正是这位"最有才能的"小说家路翎，却在20世纪80年代被钱理群先生指认为"一个早被遗忘，却不应该被遗忘的名字"④，个中因由，因牵涉到二十世纪中国知识分子的精神炼狱而让人感慨万端。但无论如何，当我们今日重新走近路翎的精神世界时，仍会为其"主观战斗精神"感动，而当我们今日重新阅读路翎的小说作品时，仍会为其笔下那些农民、市民、矿工尤其是知识分子形象叫好。

在中国现代文学作品所塑造的人物长廊中，吕纬甫、魏连殳、潘先

---

① 唐湜：《路翎与他的〈求爱〉》，杨义、张环、魏麟、李志远编：《路翎研究资料》，知识产权出版社2010年版，第79页。
② 邵荃麟：《饥饿的郭素娥》，杨义、张环、魏麟、李志远编：《路翎研究资料》，知识产权出版社2010年版，第54页。
③ 胡风：《〈财主底儿女们〉序》，杨义、张环、魏麟、李志远编：《路翎研究资料》，知识产权出版社2010年版，第60页。
④ 钱理群：《探索者的得与失——路翎小说创作漫谈》，杨义、张环、魏麟、李志远编：《路翎研究资料》，知识产权出版社2010年版，第140页。

生、倪焕之、静女士、高觉新、汪文宣等知识分子形象堪称经典。其中，路翎在《财主底儿女们》中所刻绘的蒋蔚祖、蒋少祖、蒋纯祖、金素痕，是不容忽视的四个存在。

然而在路翎研究史上，研究者们更多地集中于蒋纯祖个人意识的阐释，而未能从更宏阔的视野，对蒋纯祖周围的知识分子如蒋蔚祖、蒋少祖以及金素痕进行细致考察。这种研究的缺失，使我们忽略了对蒋纯祖形象成长土壤的深入挖掘，更重要的是，不利于我们透过这几个性格、选择各异的人物，去照亮当时知识分子多样的生存状态，从而不利于我们更透彻地了解彼时中国饱受折磨的真实情状。基于此，笔者不揣冒昧，尝试着对这四个知识分子形象逐一分析，以就正于方家。

一 蒋蔚祖——"软弱"与"疯狂"的纠缠

《财主底儿女们》讲述的是一个大家族掌权人死后，其子女争夺财产的故事，其中不乏蒋少祖、蒋淑珍、蒋淑媛、王定和、傅蒲生、金素痕、金小川之类贪恋权势、财富之辈。而蒋蔚祖独立于这纷争纠葛之外，沉溺于自己的生活，不为金钱所动，如浊世中的一股清流，带着一股单纯的气息，缓缓注入这个表面平和却暗流涌动的大家庭。但在这个心怀鬼胎的大家庭中，他只能无奈地慢慢泯灭，最终失去自己的那片小天地，因而这个颓废的地主阶级子弟身上蕴含着巨大的悲剧成分。

首先，蒋蔚祖出生在一个富足的家庭，不说锦衣玉食，但也衣食无忧；其父亲受到封建思想的熏陶，对长子寄予厚望，所以蒋蔚祖一直备受宠爱。这样闲适无忧的环境成就了他的纯真平和，没有好高骛远，也没有远大的理想追求，爱着金素痕，只想在自己的小天地里享受平凡生活的美好。但就是这么一个被上天眷顾的人，却始终不能维持家庭的和谐，夹在亲情与爱情之间痛苦不已。当父亲与妻子"斗法"时，他能选择的只有沉默。而在蒋捷三和金素痕的斗争与妥协下，蒋蔚祖的灵魂在传统封建意识和现代自我意识之间反复徘徊游走，两种思想的激烈冲撞导致其迷失于自己的精神世界中。

其次是蒋蔚祖对金素痕畸形的爱。一个是在封建礼教熏陶下长大的、单纯善良、与世无争的蒋蔚祖,一个是钩心斗角、贪婪狡诈、为物欲所控的金素痕。在这段婚姻中,爱得更深的蒋蔚祖越发显得懦弱无能。他对妻子一往情深,"他在那个女子身上发现一切,他觉得她是不可企及的,他觉得,他将完全幸福,假若这个世界上除了他们以外没有别人"①。金素痕是他的依恋对象,只有金素痕才能让他纷乱的心安静下来。所以面对妻子的红杏出墙,他既愤怒又无奈,即使妻子放荡不羁,间接害死了自己的父亲,但他仍然恨不起来,不顾亲人的劝告一次次逃回她的身边。其实蒋蔚祖所追寻的,除了那份依恋之外,更多的是金素痕身上那种他所缺失甚至不可企及的自由与自我意识。读过政法大学的金素痕深谙经营之道,无拘无束地享受现代生活。她聪明、自信、特立独行,不受约束,身上散发着自我意识的魅力。相比之下,蒋蔚祖显得更加软弱无能,而这种精神气质的匮乏驱使着他不断靠近金素痕。那是一种迷恋与追求,是对自我缺失的救赎。

　　第三是蒋蔚祖对父亲情感态度的变化。蒋蔚祖懦弱、无能、颓废,在读者看来是一个消极的人物,但其身上所体现的疯狂与悲剧意识却值得我们深思。蒋捷三是蒋家的统治者,在蒋家拥有无上的权力。蒋蔚祖与蒋捷三的思想并不完全契合,在接受父爱的同时也受到了父权的压制,在这股压力下他并不想顺从,期待着冲破与爆发,所以在蒋捷三把蒋蔚祖困在父权统治的笼子里时,蒋蔚祖选择了逃跑,这是他的反击。但他自己的叛逆最后却换来了父亲的死亡,这使他无法原谅自己并且开始疯狂。父亲成为他生命中权力的永恒,而对父亲的愧疚连着多年来熏陶渲染于心的父权意识不断加强,最终熔铸成深深的信念。在蒋蔚祖成为乞丐后,他帮人抬棺椁、扛二十四孝图,正是他这个知识分子受到"精神奴役创伤"的表现。在从南京步行回杭州这一段疯狂旅程中,我们也可以看到蒋蔚祖的自我惩罚,而这种自我惩罚也是对这个抚育自己长大的老人赎罪的一种方式,在途中,他从始至终都不肯说出自己的名字、来处和去向,是因为他怕别人羞辱他的父亲,体现了蒋蔚祖从心底里对父亲的维护。他"以一个儿子对

---

① 路翎:《路翎文集》第1卷,安徽文艺出版社1995年版,第73页。

自我的唾弃去验证父亲的正确，并表述了希望得到父亲的宽恕与收留"①，在爱与孝中选择流放自己当作惩罚，这让人触目惊心。

疯狂已经成为阐释文学创作的一种方式。透过历史去寻找那个沉默时代中的疯狂，所能看到的是当时社会精神的象征。在那个非理性的时代，人们不想甚至不敢直接暴露出个性的自己，唯有通过这种疯狂将自己所压抑的情感释放出来。那是一种竭尽全力的嘶吼与爆发，但疯狂下所隐藏的，是对毁灭旧世界的强烈呐喊。正如鲁迅先生在《我怎么做起小说来》中所提到的："所以我的题材，多采自病态社会的不幸的人们中，意思是在揭出病苦，引起疗救的注意"②。就像《狂人日记》中的狂人，他们都是众人口中的疯子，语无伦次且多荒唐言，用特殊的心理逻辑方式与"疯癫式"的语言表述方式，将抽象性与写实性相结合，从病态疯狂的心理中体现出大脑深处所固有的思想。从蒋蔚祖的癫狂中，我们能看到的除了对父亲的忏悔与赎罪之外，还有他对爱情的乞求，也是他在挣扎与努力中寄托的"自我"意识遭到毁灭后的自暴自弃，带着一丝绝望的气息。从狂态的蒋蔚祖痛斥封建家庭与社会的声音中，我们甚至能感觉到，在蒋家众人中，只有他一人是独醒者。

二 蒋少祖——"封建传统"与"个性解放"的回旋

蒋少祖是蒋家第一个叛逆的儿子，也是走出蒋家这个"铁屋子"而睁眼看世界的第一人。

赴日留学的他深深受到了新思潮的影响，向往西方的现代文明，所以当他回到这个被封建束缚、如牢笼般的蒋家时便毅然出走。与陈景惠自由恋爱并且结婚、组建家庭，在国内办报纸，积极参加政治活动，这个年轻人有着那个年代的知识分子所特有的热情，努力探索实现民主之路。投身革命的他开始思考家庭、婚姻、社会与自己，他对这些事物已经有了较为理性的认知，也反映了部分知识分子对民族社会问题的反思与选择，似开

---

① 陈少华：《阉割、篡弑与理想化：论中国现代文学中的父子关系》，广东人民出版社2005年版，第153页。

② 鲁迅：《我怎么做起小说来》，《鲁迅全集》第4卷，人民文学出版社2005年版，第526页。

拓者般走在社会历史的前端。

但社会形势瞬息万变，蒋少祖渐渐成为一名无聊的政客，无所作为。在提倡自由主义和民主主义的理想与荒诞残酷的现实里，他开始醉心于中国传统经典文学。胡风说："在那个蒋少祖身上，作者勇敢地提出了他底控诉：知识分子底反叛，如果不走向和人民深刻结合的路，就不免要被中庸主义所战败而走到复古主义的泥坑里去。这是对于近几十年的这种性格底各种类型的一个总的沉痛的凭吊。"[1] 他在一本本古书中追求心灵的独立与自由，寻找陶渊明般悠然的田园之乐以求逃避现实，实现所谓的个性解放。这不仅仅是他个人的迷茫，也是整个中国知识分子和中华民族的迷茫。

他从离开封建传统到追寻民主自由、个性解放再到回归传统家族文化，这个线型回环的过程也折射出了"蒋少祖们"个性解放的程度与深度。鲁迅《在酒楼上》中的吕纬甫最初便是一个受到先进思想熏陶、充满激情、传播新思想的年轻人。他的内心火热、激昂。但随着时间的推移，他慢慢变得麻木、颓废、浑浑噩噩。最后，为了生存，他选择了放弃。当然，他的内心是痛苦和矛盾的，但奋进激昂的意志与勇气在遇挫后颓然消失，瘫倒在革命前进的车轮下，这一点与蒋少祖如出一辙，也从侧面反映出了当时某些知识分子身上存在的软弱性与妥协性。

其实，蒋少祖从一开始就未与家庭彻底决裂。在物质方面，蒋少祖一直享受着父亲的"补贴"过着富足的生活并开展他的宏大"事业"。他自欺欺人，说服自己是"为革命所贡献"而回家继承巨额财产。在感情方面，虽然他是蒋家的第一个"叛徒"，但却一直被兄弟姐妹所挂念与支持，从未真正与这个家庭一刀两断。作为富家公子哥的他从未独立，始终依靠家庭和亲戚过着悠闲的日子。但当父亲去世后，他却没有负起自己的责任，而是为了保住自己的财产甚至与最亲的人决裂，也让爱他的人伤透了心。

或许就是这份摇摆不定与"依恋"，使"蒋少祖们"未能坚定自我，

---

[1] 胡风：《〈财主底儿女们〉序》，胡风：《致路翎书信全编》，大象出版社2004年版，第153页。

回到了开始最蔑视的"充满铜臭味"与"被关进笼子"的大家族。

三 蒋纯祖——"旷野流浪"中的个人主义

蒋纯祖是路翎倾注了大量心血所塑造的人物,他是蒋家最小的儿子,也是在反抗的道路上走得最远、最坚定的叛逆者。胡风在与路翎讨论《财主底儿女们》的创作时,也谈到"'五四'以来的新文学,'左联'以来的文学活动,是到了应该结出更多的果实来的时候了"[①]。《财主底儿女们》就是这来之不易的"果实"。在小说中,作者用了大量篇幅描绘与刻画的蒋纯祖是与他自己最为相似的一个人物,可以说,通过这个知识分子一生跌宕起伏的命运,我们可以发现路翎的内心世界。

蒋纯祖第一次出现在我们视野里时,还是一个穿着短腿裤、兴奋而粗野的少年。在姐姐蒋淑媛的生日宴上,他表现出了对表外甥女陆积玉的爱恋,从这段不顾世俗的爱情中我们能感受到他内心的狂放不羁。从战火被点燃的那一刻,蒋纯祖再也抑制不住自己那颗蠢蠢欲动的心,狂热与执拗驱使着他不顾家人的劝诫来到上海,寻找不同于以往苦闷的生活,开辟思想与生活的新天地。在《财主底儿女们》的第二部中,蒋纯祖从南京到各地一直漂泊,艰难地寻找自己的出路,这段生活是他心路的搏斗历程,在动乱中得到锤炼并渐渐成长、成熟。在抗战演剧队里,有着一群志同道合的年轻人,他们在为民族贡献自己的一分力量,同时享受着充满热情积极的生活,蒋纯祖兴奋地追寻着这种光明的生活。但很快,他发现演剧队里有一个带着权威神秘色彩的小集团操控着一切,由于对集团的不满、蒋纯祖与高韵恋爱的曝光,他遭到了王颖等人的暗算,成了团里的重点声讨对象,而蒋纯祖也在备受压制后开始反抗,用个人主义猛烈回击,从而捍卫了自己的尊严。在演剧队解散之际,蒋纯祖加入了另一个大剧团,在这里没有了斗争与热情,每个人都活在自己的世界里,演出沦为商业的附属品,没有了对国家民族的激情。在纸醉金迷的诱惑下,蒋纯祖开始堕落、沉沦,变成了自己眼中厌恶的庸俗之人。后来,蒋纯祖逐渐觉醒,离开了

---

① 路翎:《一起共患难的友人与导师——我与胡风》,路翎著,张业松编:《路翎批评文集》,珠海出版社1998年版,第290页。

这个昏暗的城市，来到了石桥场。这是他内心挣扎后"个人主义"的选择，也开启了他人生的一段新征途。在这里，他立志消灭一切的丑恶与黑暗，争取自由与光明，并在石桥场办起了小学，希望给底层的人民带来思想启蒙。然而天不遂人愿，在学校改革中由于开除了几十个不缴学费的学生而触碰了富人们的利益，最终他的心血在这场黑暗而残酷的斗争中付诸东流，而蒋纯祖也开始了新一轮的"流浪"。

蒋纯祖是蒋家第二个反叛者，和巴金《家》中的觉慧一样，虽是出生于封建家庭的少爷，但都受到了新思潮的影响，反对封建礼教的束缚，不妥协、追求个性的解放，与旧制度决裂，成为家族中最为彻底和激烈的反叛者。他们都不是完人，觉慧性格幼稚，蒋纯祖屡战屡败。但与在环境的压迫下止步理想、回归"古书"的蒋少祖不同，他在动乱的时代中不断寻找与前进，有过徘徊和犹豫，奋力地反抗使他摆脱了虚无，最终从纸醉金迷的沉沦中觉醒，回归初心。尽管两人都没有彻底冲破这个社会的束缚，成为一个真真正正"独立于自由之林"的人，但在作品的最后，蒋纯祖虽因疾病缠身倒下了，也靠自己的信仰与坚定，回到了心心念念的石桥场，结束了自己的一生。

蒋纯祖的一生是流浪的一生，从离开蒋家开始就一直辗转各地，从南京到上海，从城市到乡村，每一次离开都是一种选择，都是一种对世界的开拓与探索，都是一种对信仰与自我的追寻，除了肉体上的锤炼，更多的是精神上的洗礼。"在这部大史诗里面，激荡着神圣的民族解放战争的狂风暴雨，燃烧着青春的熊熊的热情火焰，跃动着人民的潜在的力量和强烈的追求"[①]，"始终贯穿着对于封建主义和个人主义的痛烈的批判和对于民族解放、个性解放的狂热的要求"[②]，在那片使人显得十分渺小的旷野中，唤起了蒋纯祖对"广阔"的向往与虔诚，而这片旷野，也成为他心灵最深处的感情慰藉之地。蒋纯祖是一个精神与思想一直处于纠葛状态的知识分子，在他看来只有内心才是最高的命令、最高的光荣，应该用自己的内心标准来对待整个世界。但这个狂热、野心勃勃的知识青年触碰了这个庞杂

[①] 张传敏编：《七月派文献汇编》，高等教育出版社2015年版，第650页。
[②] 同上。

的社会后感受到了悲哀，个人主义与社会的矛盾使他一直遭受着精神的折磨，当自我与社会现实不相吻合时，痛苦是无法避免的。他所追求的是重大而严肃的东西，剧烈的痛苦和悲剧性的毁灭结局所带给我们的，除了痛惜，留下的更多是蒋纯祖困惑与痛苦的声音：现在我们的中国需要个性解放吗？作者在小说中大胆直率地提出了这个问题，矛盾贯穿了他整个人生经历，这个缠绕于他心间的问题令我们无法回避，在数年后依然值得思考。我们和蒋纯祖一起跋山涉水，在石桥场、在旷野上不停地观察与发现，看到他狂热与神经质的内心让我们禁不住想逃开，曲折而连绵不断的内心图像瞬息变幻，最终心灵陪着那个困惑的蒋纯祖迷失在旷野的星光下。觉醒的、孤独的知识者个人与整个社会的对峙，并以自身的失败与悲剧性结局而告终，所折射出的是知识分子的觉醒与艰难、也是社会的黑暗。

当然，他对光明、自由的追求在那个半殖民地半封建的社会是有积极意义的。路翎曾指出，"抹杀"知识分子的"存在价值及前锋价值"，也就是在实质上"否认理论""以及世界性的先进经验底领导"[1]。野艾说："他那坎坷的道路、痛苦的自我异化过程、对于庸俗市侩主义的鄙弃和不屈于邪恶势力迫害的正直与坚毅，在那个时候，具有特别的昭示作用，使我们敢于否定自己而求取新的精神解脱。"[2] 也正是因为"这个蒋纯祖是举起了他的整个的生命在呼唤着"[3]，在复杂而激烈的心路历程中，在一次次超越中达到了更高层次的"个人主义"，化为了千千万万个蒋纯祖，激励着知识分子们用生命呼唤一个充满生机的社会，直击心灵。

就如胡风所说，悲剧是为了"使他们在观众心灵中化成更大的更高的力量，去面对现实的人生斗争或历史斗争"[4]。蒋纯祖死了，他用他的生命

---

[1] 余林（路翎）：《论文艺创作的几个基本问题》，《泥土》1948年第6辑。
[2] 野艾：《对一个熟悉的陌生人的问候——向路翎致意》，路翎著，林莽编：《路翎文集》第4卷，安徽文艺出版社1995年版，第374页。
[3] 路翎：《〈财主底儿女们〉题记》，杨义、张环、魏麟、李志远编：《路翎研究资料》，知识产权出版社2010年版，第26页。
[4] 胡风：《为〈云雀〉上演写的》，杨义、张环、魏麟、李志远编：《路翎研究资料》，知识产权出版社2010年版，第73页。

震动了整个世界，他的搏斗所展现出来的是更为深刻的社会意义，带着作者所寄托的希望，这个微弱而深沉的呼声唤起的是新中国的觉醒，是中国人民痛苦而原始的反抗。当然，这种新意识的发展是缓慢且复杂的，渗透于人民日常的生活与伟大的革命斗争中，但接受了精神洗礼的蒋纯祖们，或许在那么一瞬间所爆发出来的，就是中华民族千百年来所积淀的勇气，去迎接新生的曙光。

四　金素痕——"欲"与"恶"交织下的柔弱

从古至今，由于男性在经济、历史和文化中占有决定性地位，女子都是依附男子生活，所以在男权社会森严的等级秩序的压制下，女子始终处于社会的最底层。而金素痕就是众多女子中的一个。

在大多数人眼里，她更多的是一个恶魔般的存在。没有底线和原则，利用自己的婚姻换钱、奴役丈夫的感情、不尊重长辈、婚内出轨。在蒋家时使尽一切手段敛财，在南京将自己的丈夫锁起来却扮成寡妇向公公要人，逼迫蒋捷三交出田契文书。当蒋捷三怀疑是金素痕将人藏起来的时候，命令捆起她，虽然她暴跳如雷，但旁边的妇女和抱手的男子见状也没有一个上前援助的。当着公公和长辈的面破口大骂的她，活脱脱的是一个泼妇。当她要回苏州与公公和丈夫和解时，我们以为她终于良心发现却又在得知公公死讯后立即夺走了家里的财政大权，并转移大批财物为自己所用，其手段的残酷无耻，为人所不齿。无论是在苏州还是南京，她始终过着荒唐而疯狂的生活，经常将孩子与丈夫留在家中，自己出去鬼混，彻夜不归。从她的身上，我们能感受到的是来自其心灵深处的恶，那是一种疯狂的挣扎。而这样的"恶"也将她自己推入了深渊，她的离经叛道让她付出了代价，被夫家抛弃后夫死子亡，而自己也踏上了逃难的路途，金钱与权力最终也没能拯救这个沉沦于时代的女子。

但她的童年是不幸的，出生于没落的家庭，母亲早亡，父亲无赖贪财，姐姐"放白鸽"，她被当作工具嫁到蒋家为娘家谋取财富而被迫离开了自己的爱人。从小生活在一个缺乏亲情的家庭的她，长大后嫁入婆家又被众人所不喜，没有爱情与亲情，在她的世界里剩下的唯有掠夺，唯有吞噬与野心，能抓到手里的、使她感到有安全感的唯有金钱。在那个时期的大多数女子都还被禁锢在封建牢笼里，每天践行着古往今来被奉为法则的三从四德，没有独立自主的意识。我们暂不说她的做法是否正确可取，她想的只是用自己所能达到愿望的方式朝自己心中所向往的地方前进，创造属于自己的天地。她近乎疯狂地敛财，"老人底逻辑是，尽可能地顺从媳妇，使得媳妇尽可能地顺从儿子——最初是这个逻辑，以后还是这个逻辑；以后是不得不是这个逻辑"[①]。利用蒋蔚祖对她的爱控制他，利用蒋捷三对儿子的爱与他"斗法"，在蒋家横行霸道，抛弃了所谓的道德伦理，毫无底线的追求自我享乐。她是一个被金钱、权力和欲望控制的女人。在这一系列的疯狂举动中除了她的恶，我们所不能忽视的还有她的智。

"欲"与"恶"是金素痕的代名词，但有多少人能看到，在魔鬼的躯壳中隐藏着的是怎样一个柔弱的灵魂呢？弗洛姆说过，孩子与母亲的关系是最基本的自然关系之一，母亲是孩子生命的源泉，是一种无所不包的保护和滋养的力量。金素痕虽然读过政法大学，是一个接受过高等教育的知识分子，但从小缺乏母爱的她，既没有父爱的呵护，又没有家庭的温暖，无论在外面多么放荡不羁，但在精神上她始终是一个孤独者。

王熙凤和金素痕很像，除了相似的美与治家之才，剩下的应该是都靠张牙舞爪的姿态不断吞噬与掠夺，将自己武装成一个强人，填满内心的空虚与不踏实。丈夫的软弱与婆家的不喜让金素痕越发地想逃离这个家庭，带着对失败婚姻的失望，她在外面与人厮混。一方面这是对婚姻与道德的不忠诚，而另一方面也是逃避现实的一种方式，是对自己感情归宿的一种追求，在某一程度上也体现了对封建道德伦理的束缚的挣脱，勇敢地追求自己内心真实的想法，找到属于自己的幸福与归属感。而这种个性的突破，在那个时代只能从这样一个女子身上以特殊的方式体现出来。对野心的极度渴望其实是内心某种程度上对自卑和残酷现实生活的反击与对抗，利用报复性的快感以寻求存在感，证明自身价值。

[①] 路翎著，林莽编：《路翎文集》第1卷，安徽文艺出版社1995年版，第121页。

金素痕，一个将自私和冷酷演绎到惊世骇俗的女子，带着几分疯狂与毁灭满足着自己的野心，显得触目惊心。或许，在这份歇斯底里下所隐藏着的，不过是一个女人对爱情与生活的渴望与追求。

结语

路翎是灵魂奥秘的探索者，从他的作品中我们可以体悟知识分子的心路历程，并从中感受到身处于当年那个时代的作者对人性解放的渴求和对新一代知识分子寄予的厚望。"他企图在知识分子中，发现强大的个性力量，这种力量将使他们有可能经由自己的探索，独立不倚地达到'神圣的真理'"[1]，所以，面对这样"一个亟待毁灭，也亟待新生、创造的时代"[2]，在充塞着阴暗和悲壮的中国里，路翎用知识分子的矛盾心理诉说着时代的苦闷，"他企图从知识分子的苦闷的'内心'中找出崇高的一面足以引导他向前进的一面"[3]，去追寻人民的原始动力与个性解放，怀着对新生活的渴望不停探索着。

《财主底儿女们》带给我们的便是这种青春与热烈，用它的炙热打破社会的沉默，屡战屡败而又屡败屡战，用羸弱的身躯扛起时代的大旗，走在知识分子的前列。在那个时代最强的东西就是斗争，而"这斗争首先是用了为人生态度的战斗这一形态反映在我们的知识分子身上的"[4]，知识分子的斗争，并不是中国旧士大夫所谓的人生态度，而是社会斗争的反映。在追寻革命力量的道路上，中国根深蒂固的封建宗法势力必将成为其阻力，知识分子在困兽般的搏斗中挑战整个世界，其心理正是社会心理的反映。也许在行进中会颓然倒下，但前进的本身就存在意义，那便是人生的战斗。路翎对中国知识分子的思考折射出了中国历史时代的动态，价值重

---

[1] 赵园：《艰难的选择》，上海文艺出版社1986年版，第337页。
[2] 路翎：《〈财主底儿女们〉题记》，杨义、张环、魏麟、李志远编：《路翎研究资料》，知识产权出版社2010年版，第26页。
[3] 胡绳：《评路翎的短篇小说》，杨义、张环、魏麟、李志远编：《路翎研究资料》，知识产权出版社2010年版，第94页。
[4] 路翎：《〈云雀〉后记》，杨义、张环、魏麟、李志远编：《路翎研究资料》，知识产权出版社2010年版，第27页。

大，对现代文学有着极其深远的影响。

基金项目：四川省大学生创新创业训练项目"路翎作品中的知识分子形象研究"（编号：201610639086）的阶段性成果。

作者单位：绵阳师范学院文史学院

信息传真

国家社科基金重大招标项目"抗战大后方文学史料数据库建设研究"开题报告会成功举行

"抗战大后方文学史料数据库建设研究"课题组

2017年4月15日，由重庆市"两江学者"、重庆师范大学周晓风教授担任首席专家的2016年度国家社科基金重大招标项目"抗战大后方文学史料数据库建设研究"开题报告会在重庆师范大学顺利举行。重庆师范大学校长周泽扬、中国抗战大后方研究协同创新中心主任周勇、重庆市社科联副主席阳奎兴、重庆市社科规划评奖办主任唐旺虎、本次开题报告会评议组专家、重庆师范大学人文社科处、研究生院、文学院有关负责人以及项目团队成员出席开题报告会。

周泽扬校长在致辞中介绍了我校抗战文史研究的历史和现状，对兄弟院校和各位专家给予学校发展的支持表示感谢，并表示学校高度重视和全力支持项目团队服务国家文化发展战略，开展抗战大后方文学史料数据库建设研究，相信项目团队在国家社科规划办和有关方面的大力支持下，一定能够高水平完成项目建设研究任务。项目首席专家、重庆师范大学周晓风教授代表课题组就项目的研究背景、主要内容和创新之处、重点难点问题、实施方案、研究团队等进行了全面翔实的汇报。周晓风教授在报告中指出，抗日战争是中华民族近代以来争取独立自由史册上可歌可泣的一页，也是中华民族自近代以来抵御外侮第一次取得完全胜利的壮烈史诗。全面抗战爆发以后，文学感应着时代的脉搏，唱响了一曲曲饱含血泪催人奋起的抗战之歌。抗战以来中国文学所创作的作品之多，质量之高，影响之大，实为"五四"新文学以来的第二个高峰。同时，由于诸多复杂的历史原因，20世纪中国抗日战争时期的中国社会及文学历史地形成了国统区、解放区、沦陷区和所谓孤岛地区（外国租界）等区域分化，表现出区域性与统一性相结合的历史特征。其中，以重庆为中心的抗战大后方在抗战时期集聚了全国大多数内迁政府部门、工矿企业、文化机构、学校，这些来自全国的作家和文化人在以重庆为中心的抗战大后方度过相对安宁的战时生活的同时，以笔为枪，创作出版了大量反映战时生活的文学作品。这些文学作品真实记载了那个血与火的时代，留下了先辈们浴血奋争的足迹，吐露出他们对美好生活的期盼，表现出中华民族热爱祖国不畏强暴勇于抗争的伟大的抗战精神，值得我们永远记取和发扬光大。然而由于诸多原因，这些抗战时期文学作品至今大量散遗在各处，有的濒临损毁，不为公众所知，甚至许多专业人士也不甚了解。这就需要我们在深入开展中国人民抗日战争研究的背景下，运用历史唯物主义思想方法，全面系统发掘整理抗战时期文学史料，深入推进抗战时期文学研究，做到让历史说话，用史实发言，取得更多话语权，讲好中国故事。为此，本项目研究将按照有见必录的原则，全面系统收集整理抗战时期公开出版发行的抗战大后方文学史料，在此基础上，利用大数据处理和云计算存储等技术，将上述抗战时期大后方文学史料以当年出版发行时的原初面貌分门别类存储，建成一个富有特色、长期储存和便于查询的抗战大后方文学史料的云数据库系统（Cloud DB），并利用大数据技术检索使用，为研究人员和社会公众提供一个全方位、动态化的查询服务平台。本项目研究成果必将极大开拓抗战时期大后方文学研究的史料视野，提高抗战时期大后方文学研究利用史料的水平，从而为深入推进抗战时期大后方文学研究学术水平的提高奠定坚实的史料基础。

随后，本次开题报告会专家评议组与会专家就项目设计和实施规划有关内容进行了广泛讨论和深入探讨。专家组组长、教育部"长江学者"特聘教授、南京大学研究生院副院长吴俊教授认为，项目的成功立项已经体现了本身的质量，项目的目标指向、设计本身与价值都非常好，希望重庆师范大学在本项目的拉动下，建立起有世界影响的抗战文学研究平台，深度服务国家文化发展战略；华东师范大学中国现代文学资料与研究中心主任陈子善教授就项目的版块设计、与已有的数据库的衔接、数据库的边界、相关研究成果在数据库中的体现，以及抗战时期旧体诗词与文言写作整理等给予积极评价并提出建设性意见；上海交通大学人文学院特聘教授、中国现代文学研究会副会长兼秘书长、《抗战文化研究》主编、著名抗战文学研究专家张中良教授，对重庆师范大学重庆市抗战文史研究基地成功申报该项目表示祝贺，认为项目设计视野开阔，很好地继承和发展了《中国抗日战争时期大后方文学书系》的成果，希望项目研究在战时作家生存状态史料、未刊作品以及特殊文体如墓志铭等方面有新的拓展；北京大学中文系吴晓东教授肯定文学史料数据库建设是开拓创新之举，强调史料重于研究，指出数据库的区域设计非常完整，希望以完整性作为前提，以原始面貌呈现，对正式出版物采取有差异性的处理方式，提醒注意非文学期刊的历史存在；辽宁省社科院高翔研究员指出本项目拉开了抗战文学大数据时代的帷幕，意义重大，期望本项目研究取得圆满成功；南京大学文学院马俊山教授也对本项目的成功立项给予高度评价，指出以往的抗战文学研究过于狭隘，致使难以与国际二战研究话语真正对话，期望本项目研究在对大后方文献史料的收集、数据库网络空间处理以及未来向公众开放等方面取得新的突破；暨南大学文学院宋剑华教授指出重大课题之荣誉与困难并存，不可能尽善尽美，需要宽容的环境和研究团队的持续努力；中国抗战大后方研究协同创新中心主任周勇教授也指出，本项目的立项和开题是中国抗战大后方研究的新成果，是重庆师范大学继参加"中国抗日战争时期大后方文学书系"后有望产生的又一新的标志性成果，建议将数据库定位为"中国立场、世界眼光、一流水准、开放兼容、持续发展"。

此外，本项目六位子课题负责人重庆师范大学文学院张全之教授、重庆师范大学文学院靳明全教授、西南大学文学院王本朝教授、四川大学文学与新闻学院陈思广教授、西南交通大学段从学教授等及与会项目团队成员也就相关问题发表了意见。

经过广泛深入讨论，与会专家一致认为，本项目内容设计服务国家文化战略需要，顺应学术发展趋势，计划周全，框架合理，必将极大推进我国抗战文学研究。与会专家一致同意按照"开题报告"计划开展项目研究，并且建议项目团队进一步拓展研究视野，做好顶层设计，建设世界性学术平台，争取相应学术话语权，把我国抗战文学研究推进到一个新的阶段。

最后，周晓风教授代表项目团队感谢与会专家给予的鼓舞与建议，表示课题组将在认真消化专家组意见的基础上，进一步增强责任心和使命感，按照计划扎实推进研究，希望各位专家在未来的推进过程中继续予以支持，希望项目组成员之间加强交流和沟通，高水平完成项目建设的各项任务，交出各方都满意的答卷。

稿　约

《抗战文史研究》诚约稿件

《抗战文史研究》是一本专门研究抗战文化与文史的纯学术刊物（书代刊）。本刊以"抗战文史"为论域，集中展示和推介相关研究成果；坚持"双百方针"，强调社会责任，为地方文化建设和当代人文学术服务。本刊暂定一年一期，由中国社会科学出版社出版，全国发行。

为此，本刊向学界同仁诚约稿件，欢迎选题独特精当、内容充实、思想深刻、观点新颖、具有前沿性和前瞻性的学术论文。敬请学界同仁关注，不吝赐稿，并予以批评指正。

为联系方便和技术处理，来稿要求如下：

（一）论文篇幅最好不要超过10000字。书评最好不超过3500字。

（二）请在论文题目后随附下列信息：

1. 作者简介：姓名、职称（或学位）、研究方向及工作单位。

2. 300字以内的中文提要，并附3—5个中文关键词。

（三）注释格式及规范

1. 一律采用脚注，注释序号用①②③标示，每页重新编号。

2. 中文注释具体格式如下列例子：

例1：余东华：《论智慧》，中国社会科学出版社2005年版，第35页。同上书，第37页。

同上。

《马克思恩格斯选集》第2卷上册，人民出版社1972年版，第25页。

刘少奇：《论共产党员的修养》，人民出版社1962年第2版，第76页。

例2：［美］弗朗西斯·福山：《历史的终结及最后之人》，黄胜强等译，中国社会科学出版社2003年版，第7页。

例3：刘民权等：《地区间发展不平衡与农村地区资金外流的关系分析》，载姚洋《转轨中国：审视社会公正和平等》，中国人民大学出版社2004年版，第138—139页。

例4：袁连生：《我国义务教育财政不公平探讨》，《教育与经济》2001年第4期。

李波：《坚守我们的岗位》，《抗战儿童》1940年第1卷6期。

杨侠：《品牌房企两级分化中小企业"危""机"并存》，《参考消息》2009年4月3日第8版。

例5：费孝通：《城乡和边区发展的思考》，转引自魏宏聚《偏失与匡正——义务教育经费投入政策失真现象研究》，中国社会科学出版社2008年版，第44页。

参见江帆《生态民俗学》，黑龙江人民出版社2003年版，第60页。

例6：赵可：《市政改革与城市发展》，博士学位论文，四川大学，2000年，第21页。

任东来：《对国际体制和国际制度的理解和翻译》，全球化与亚太区域化国际研讨会论文，天津，2006年，第9页。

《汉口各街市行道树报告》，1929年，武汉市档案馆藏，资料号：Bb1122/3。

例7：陈旭阳：《关于区域旅游产业发展环境及其战略的研究》，2003年11月，中国知网（http：//www.cnki.net/index.htm）。

李向平：《大寨造大庙，信仰大转型》（http//xschina.org/show.php?id=10672）。

例8：《太平寰宇记》卷36《关西道·夏州》，清金陵书局线装本。

姚际恒：《古今伪书考》卷3，光绪三年苏州文学山房活字本，第9页a（指a面）。

（汉）班固：《汉书》，中华书局1983年标点本，第××页。

《太平御览》卷690《服章部七》引《魏台访议》，中华书局1985年影印本，第 3 册，第 3080 页下栏。

乾隆《嘉定县志》卷 12《风俗》，第 7 页 b。

《旧唐书》卷 9《玄宗纪下》，中华书局 1975 年标点本，第 233 页。

《清德宗实录》卷 435，光绪二十四年十二月上，中华书局 1987 年影印本，第 6 册，第 727 页。

3. 外文注释如下列例子：

例 1：Seymou Matin Lipset and Cay Maks，*It Didn't Happen Hee*：*Why Socialism Failed in the United States*，New York：W. W. Norton & Company，2000，p. 266.

例 2：Christophe Roux-Dufort, "Is Crisis Management (Only) a Management of Exceptions?" Journal of Contingencies and Crisis Management, Vol. 15, No. 2, June 2007.

（四）来稿一律采用电子版，并在文末注明作者姓名、出生年月、籍贯、学历、职称、联系电话、电子邮件、详细通讯地址及邮编，以便联系有关事宜。

来稿经采用出版后，将寄样刊二册。

本刊地址：重庆市沙坪坝区大学城重庆师范大学文学院《抗战文史研究》编辑部

邮政编码：401331

电子邮箱：1017506995@qq.com

重庆师范大学重庆市抗战文史研究基地

《抗战文史研究》编辑部